末代皇帝的五个女人

中国末代皇妃
额尔德特·文绣传

王庆祥 著

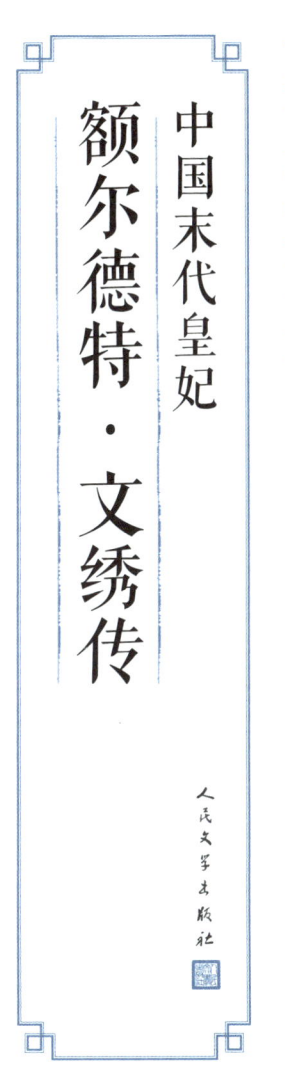

人民文学出版社

图书在版编目(CIP)数据

中国末代皇妃额尔德特·文绣传 / 王庆祥著. —北京：人民文学出版社，2015

(末代皇帝的五个女人)

ISBN 978－7－02－010838－1

Ⅰ.①中… Ⅱ.①王… Ⅲ.①文绣(1909～1953)—传记 Ⅳ.①K828.5

中国版本图书馆CIP数据核字(2015)第057855号

责任编辑　马爱农　曾少美
特约策划　李江华
装帧设计　李思安
责任印制　芃　屹

出版发行　人民文学出版社
社　　址　北京市朝内大街166号
邮政编码　100705
网　　址　http://www.rw-cn.com

印　　刷　北京凯达印务有限公司
经　　销　全国新华书店等

字　　数　230千字
开　　本　710毫米×1000毫米　1/16
印　　张　16
印　　数　1—6000
版　　次　2015年5月北京第1版
印　　次　2015年5月第1次印刷

书　　号　978－7－02－010838－1
定　　价　32.00元

如有印装质量问题，请与本社图书销售中心调换。电话：01065233595

额尔德特·文绣像

文绣从小受的是三从四德的教育，不到十四岁，开始了"宫妃"生活，因此"君权"和"夫权"的观念很深。她在那种环境中敢于提出离婚，不能说这不是需要双重勇敢的行为。

——爱新觉罗·溥仪

目　录

第一章　少女时代
- 一　不盼而来的女孩 …… 003
- 二　幼年文绣 …… 006
- 三　文绣进了洋学堂 …… 008
- 四　少女年华 …… 010
- 五　御笔圈定 …… 013
- 六　平步青云 …… 018
- 七　日记存真 …… 021

第二章　囿鹿喋血
- 一　迎娶 …… 025
- 二　皇家初度 …… 030
- 三　香飘宫闱 …… 033
- 四　喜欢文学 …… 038
- 五　景仰珍妃 …… 043
- 六　花前月下 …… 047
- 七　屈居妃位 …… 051
- 八　孤灯瘦影 …… 056
- 九　袖藏利剪 …… 062

第三章　裂痕微露

一　在醇王府客厅的屏风后 …… 067
二　她的看法不同凡响 …… 070
三　驾幸淑妃的"丹阐"家 …… 074
四　仗义执言再劝"困龙" …… 076
五　随驾入窟 …… 079
六　佛前的一幕丑剧 …… 082
七　初犯"天颜" …… 084
八　困龙"抬头" …… 086

第四章　政治分野

一　泪洒津门 …… 088
二　在过眼的政治风云中 …… 096
三　孤灯伴泪夜难眠 …… 099

第五章　皇家兴讼

一　撕掉留给胞妹的遗书 …… 104
二　悄悄离开了静园 …… 108
三　淑妃啊，到哪儿去了？ …… 111
四　炸了营的静园 …… 114

第六章　惊世震俗

一　"妃革命"震荡了海河两岸 …… 119
二　忙坏了静园的胡大管家 …… 122
三　真意难寻 …… 124
四　只能招架，无力还手 …… 127
五　严重的对峙 …… 130

第七章　黑云压顶

- 一　拍案而起的卫道士 ……………………………………… 134
- 二　文绮的第二封信 ………………………………………… 136
- 三　黑云压顶 ………………………………………………… 140
- 四　回击恶势力 ……………………………………………… 143

第八章　龙凤分飞

- 一　尚未绝情的夫妻 ………………………………………… 147
- 二　皇后不愿再喝苦酒 ……………………………………… 149
- 三　离婚之议的提出 ………………………………………… 151
- 四　"御前会议"上 …………………………………………… 154
- 五　扳倒虚设的障碍 ………………………………………… 156
- 六　载涛出面 ………………………………………………… 157
- 七　"贝勒"也无能为力了 …………………………………… 160
- 八　谁都不愿先说"脱离"二字 …………………………… 162
- 九　祖宗家法还管用吗？ …………………………………… 164
- 十　溥仪希望"早了" ………………………………………… 165
- 十一　讨价还价 ……………………………………………… 168
- 十二　甩出了杀手锏 ………………………………………… 170
- 十三　艰难的谈判仍在继续 ………………………………… 172
- 十四　拍板成交 ……………………………………………… 173
- 十五　宣告离婚 ……………………………………………… 176

第九章　大节不亏

- 一　重返北平 ………………………………………………… 182
- 二　恶作剧 …………………………………………………… 185
- 三　贵妇生活 ………………………………………………… 187
- 四　拒绝回到皇家 …………………………………………… 189

第十章　再婚生活
　　一　街头叫卖……………………………………………… 193
　　二　再婚生活……………………………………………… 195
　　三　在她最后的日子里…………………………………… 198

文绣生平年表……………………………………………… 205
附录一　《直庐日记》中有关淑妃离婚案的记载……………胡嗣瑗 213
附录二　历史不能在戏说中延续……………………………王庆祥 240
附录三　国家广播电影电视总局电视剧管理司给王庆祥复函………… 245

额尔德特·文绣，又名蕙心，自号爱莲，小时候读书以及与溥仪离婚后当教员时用的名字叫傅玉芳。额尔德特氏隶属于镶黄旗，是满洲八旗中最负盛名的几大家族之一。文绣的祖父锡珍，在清朝历任工部右侍郎、刑部右侍郎、户部右侍郎、吏部右侍郎、吏部尚书等职，逝于一八八九年，遗有成片房产、田产。文绣的父亲端恭，系长房，但一生不得志，以候选同知郁郁而终。

文绣是我国历史上最后一位合法的、为社会公认的皇妃，她也是中国历史上第一个敢于向封建皇帝提出离婚并诉诸法院获得成功的皇妃，从而摆脱了如同婉容那样的悲惨命运。

第一章　少女时代

一　不盼而来的女孩

在紫禁城太和殿的宝座之上，刚刚度过登极周年纪念日的小皇帝宣统快满四岁了。这时，离他并不遥远的交道口大方家胡同，正在发生着后来与他有过重大关系的事件。

这是大清朝吏部尚书额尔德特·锡珍的府邸，府门之前曾是冠盖云集、车水马龙的地方，现在虽趋萧条冷落，但看上去还相当有气派。进入府门，穿越厅堂，通向一个别有天地的小花园。园中有假山、水池、石板弯桥和幽雅小亭，树也秃了，花也落了，可这天很晴和，是初冬季节中令人喜欢的暖日。

在花园中一个阳光充沛的角落，有一老一少两个男子，坐在从室内搬出的木椅上，谈天说地。老的，五十岁出头，体态清瘦，目光冷峻，此人正是锡珍的长房长子端恭。他年轻的时候也曾屡赴考场，却不获功名，如今老矣，虽说"茶来伸手，饭来张口、出入轿马"的生活并不差样，"棋琴书画、喝酒吟诗、附庸风雅"的格调也不降等，可他内心之中，总觉得身为长房长子，对不起祖宗。由于官场抑郁，端恭人生态度已趋消极，无论国事家事，一概不闻不问，似乎与人无争，与世无争。其实，还是满腹牢骚。少的，三十多岁，乃锡珍第六子，端恭的老弟。哥俩闲聊的那天，正是一九〇九年（宣统元年）十二月二十日（旧历十一月初八）。忽然有个婢女姗姗而来，向老爷端恭施礼后连声报喜。要问喜从何来？端恭心里明白：妻子蒋氏分娩了。

端恭原配博尔济吉特氏，系清太宗皇太极的孝庄文皇后博尔济吉特氏的后裔，由锡珍亲自做主成婚。该女身材高大，性情急躁，虽与端恭共同生活多年，但感情一直不睦。她在给端恭留下一个被人唤作"黑大姐"的女儿之后，病故了。

端恭继娶蒋氏，虽出自汉族，却也属大家闺秀，心地善良，性情柔和。自从嫁给端恭，便完全按满族习俗装扮自己，信守"三从四德"，绝不违拗丈夫的意愿，是典型的贤妻良母。端恭盼她生出几个儿子光耀门楣，如今第一胎已经落地，到底是男是女？端恭急不可待地要向报喜的婢女问个究竟。婢女再度施礼，答曰："是位格格！"

端恭闻言，一张期待的脸上立即布满阴云愁雾，失望地向六弟说："你看又是一个丫头，真是家门不幸啊！"

这时，蒋氏的心情可不像丈夫那样，她看着自己的头生女儿，心里甜甜的，欢喜得很。既然能生出丫头，又何愁下胎不能生出个小子呢？她仔细看几眼这个刚来到人世的小丫头，眉眼还算周正，便给她取了个文气的乳名叫"大秀"。

端恭何曾想到，十几年后他的大秀竟能步入金碧辉煌的宫禁，倘晚死几年，自己也能当上举国侧目的国丈，到那时他自然不会再有生女不如生男之慨叹了。

旧社会有地位的人家，生了男孩叫"弄璋"，生了女孩叫"弄瓦"。当大秀快满月的时候，亲友们你一言我一语的都要表示表示，向端恭庆贺"弄瓦"之喜。对此，端恭完全没有兴趣。"又没有生下儿子，何必多此一举呢！"端恭心灰意冷地说，他确实不想给大秀办"满月"。

然而，家中最有发言权的五弟华堪否定了大哥的偏见，他坚持说："不管是男是女，都该好好办一办，别让大嫂心里委屈。"遂命管家到北新桥石雀胡同的"增寿堂"准备酒席。当时，饭庄对外包办酒席，规矩是由厨师预备好，挑运到办红白喜事的人家支灶来做。按大件主菜确定席名的酒席，以质论价共分四等，即燕窝、鱼翅、海参、和菜。尽管那时家道已趋中落，华堪还是为大秀的"满月"要了十桌鱼翅席。

办事那天正值滴水成冰的严冬之季，原打算近亲之外概不通知，应付一下场面也就算了。不料亲朋故旧，贺客盈门。客人愈来愈多，十桌之数显然

清末普通旗人妇女的市井生活

已不能应付,华堪当机立断,又派管家再去"增寿堂"补了十桌。虽说加大了破费,却给府中上下增添了欢乐的气氛。人们眼见这渐趋冷落的门庭,终于又车水马龙地热闹了一番。

"满月"办得这样排场,蒋氏心中美滋滋的。闲来无事,她就打开梳妆台上那个嵌有宝玉图案的小长方形的福建产雕漆首饰盒子,数一数贺客们贡献的铸有"长命百岁"字样、轻重两数不一的小金牌子。当然,大秀的脖颈上也挂了一块较轻的金牌。

大秀不是端恭盼来的,但当父亲的很快也就喜欢上自己的女儿了,并为女儿起了一个大号——蕙心。

二　幼年文绣

大秀出生后，家里为她找了一个年约三十、身强力壮、奶水充足的奶妈。另外还有一个专门洗洗涮涮，帮着奶妈照料大秀的丫头。也许与奶水好有些关系，几个月后，大秀出落得又白又胖。蒋氏吩咐奶妈，每天早晚两次把孩子抱到她的房中来，让她看看。有时端恭见了也高兴，就伸手摸摸大秀的小脸蛋儿。

蒋氏第二次怀孕后，端恭断言一定生个男孩儿，结果仍是不能如愿，二秀又来到人间。端恭抑郁成疾，把两房的三个女儿扔给年轻的蒋氏便撒手人寰。

端恭一死，年轻的蒋氏自有无尽的凄苦，可她打定主意，不论遇到多少灾难，也要把丈夫的骨肉——前妻生下的"黑大姐"和自己所生的大秀、二秀，拉扯成人。她向大秀的五叔华堪说："我们娘儿几个，今后就请五叔您多照应了！"

蒋氏是汉族人，相比之下门第也低些，然而，曾为清朝二品大员的华堪并不因此而轻视蒋氏，相反一向敬重这位大嫂。蒋氏说："蕙心这名字叫着太不顺口了，请五叔再给大秀取个名字吧！"华堪想了想，就对蒋氏说："我看这孩子挺文气的，就叫文绣吧！"随后，又给二秀取名"文珊"。这就是若干年后轰动一时的两个名字的由来。还有的学者引征古籍，认为古代在丝帛上刺绣，称为"文绣"，以区别于文锦。(《孟子·告子上》："令闻广誉施于身，所以不愿人之文绣也。"赵岐注："文绣，绣衣服也。"《汉书·贾谊传》："且帝之身自衣皂绨，而富民墙屋被文绣。")可见"文绣"者，美名也！

蒋氏本想借助封建大家庭的荫庇，把几个女孩拉扯大，然而好景不长，她所凭依的那个家庭，很快就在辛亥革命牵动的沧桑剧变中瓦解了。

额尔德特氏家族，隶属于满洲八旗中的镶黄旗，也是最负盛名的几大家族之一。

文绣的祖父锡珍，当了半辈子吏部尚书，后来的民国大总统徐世昌曾是他的门生。清人笔记《道咸以来朝野杂记》中有一则"粉侯捉御史"的轶事：都察院副都御史的车马因未及时给粉侯即恭亲王奕䜣的女儿荣寿公主让路，被粉侯手下扣留，经副都御史叩头求情才获放行。这位副都御史正是文绣的祖父锡珍。

锡珍去世时在北京东城安定门大街方家胡同，给子孙留下五百余间房产，并在西郊大兴县内留有大片田地。他的六个儿子就依靠这些产业，维系着方家胡同封建大家庭的局面，聚族而居。长子端恭，文绣之父，终其一生只谋得内务府的一名主事小差使，其余弟兄除老五华堪官至吏部尚书，较为得意外，都是纵情于声色玩乐的纨绔子弟。

晚清之际，他家不管怎样还算是官宦人家，到时候总有旗人钱粮进户，加上房租利息（俗称"吃瓦片"），足够支撑门庭。大清鼎革后，情况就大不一样了。顶戴花翎一律作废，俸禄钱粮全部丧失，坐吃山空，曾为吏部尚书的华堪也只好闭门谢客、念经礼佛了。

最初，还有房租、地息收入和少量的银行存款。可是家族的子弟们谁也不知勤俭度日，使奴唤婢，大吃大喝，过了今宵，不想明晨。酒足饭饱之余，照例提笼架鸟，斗蛐蛐，听唱戏，硬是打肿脸充胖子似的挂出一副贵族之家的脸谱。

存款很快就消耗殆尽，在入不敷出的情况下，每每捉襟见肘之时，只有举债度日了。时间一长，难免有难以应付的时候。于是，他们把祖宗留下的古玩书画压价抵给当铺和琉璃厂的古玩商人，结果，到期又无力赎回，都白白便宜了古玩商人。随后又开了卖房之戒，今天一个院套十间，明天一趟北房五间，零敲碎打地脱手而去。当华堪也终于身陷病老之中，再无力避免这六房聚居的封建大家庭的崩溃时，方家胡同这大片的园宅也就很自然地先后易主换姓了。

分家时，这方家胡同的大片宅院早已走到形存实亡的地步，延续了数代的四世同堂的局面，不过是一张虚空的外壳而已。蒋氏以长房地位的分家所得，除房内家具外也只有数目甚微的一笔现款。

曾几何时，这里本是达官贵人的府邸。今天，老房已经抵债易手，原主人只好迁居异地，另立门户。分家后蒋氏带着黑大姐和文绣、文珊姊妹，还有跟随多年的两位忠心耿耿的老年女仆，离开了世居的老宅。

搬家骡车即将启动，走的、送的无不动情挥泪。举目茫茫的蒋氏，顾念前程，

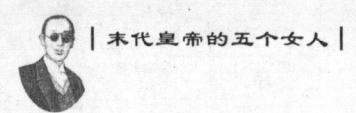

祸福未测，实有满腹难言的苦衷。

平时，长房和五房处得最近，互相有些体己话，你开导我，我安慰你。因为五房的儿媳妇知道蒋氏还有一笔可观的私房钱和一批金银首饰，曾劝她买一处像样的房子，享几年清福。可这时蒋氏哪里还能想到自己？她对侄儿媳妇说明了自己未来的打算："我以后再也没有进项了，三个女孩子又都这么小，就得精打细算着过日子了，哪还能腾出钱来买房？我只盼着把她们姐妹拉扯大，将来找个门当户对的好人家，我死也就闭眼了。"

骡车慢慢地从方家胡同拐出来，"吱吱嘎嘎"地行进在古城的石板路上。蒋氏领着黑大姐和文绣，两名女仆轮流抱着文珊，一行数人紧跟在骡车后面，向哈达门（今崇文门）外走去。蒋氏已在花市上头条租好了几间房子，那将是她们的新居。

三　文绣进了洋学堂

在哈达门外花市上头条的四间平房中，寡母领着三位"格格"，还有两名女仆，相依为命地过着平静的生活。蒋氏虽在贵族之家生活多年，却并不曾沾染贵妇人那些奢靡腐朽、以浪费为荣的习气。虽有若干私储，却能俭朴度日，不摆阔，不打牌，生活倒也安定。

谁知天有不测风云，蒋氏有个胞弟蒋二好吃懒做，穷困潦倒，端恭一死就觊觎着姐姐的钱财。他三番五次地软磨硬泡，劝说姐姐把私蓄全部借出，帮他开个粮店。善良的姐姐可怜他，便以现款和金银首饰凑足全数。蒋二有了资本，便在前门大街西草市口挂牌营业，开起粮店来。可是，没过多少日子就闹了个鸡飞蛋打，把姐姐全家人生命所系的血本全给亏尽了！蒋氏叫天不应，喊地不灵，只好埋怨命苦。

可是，蒋氏很要强，并未在生活的重压下倒下，她决心靠自己的双手，靠节衣缩食，把门户支撑下去，把孩子们抚育成人。她辞去仆妇，又退掉两间租房，从此一家四口挤在两间房子里，维持最低水平的城市平民生活。为了结束"坐吃山空"的局面，蒋氏又领着女儿们做挑花活，挣几个手工钱，也算多少有了进项。

如此苦熬苦过，竟把时间推到一九一六年的夏天。

文绣已经虚龄八岁了，她是个又勤快又聪明的孩子，不但能帮忙干家务活，减轻额娘①的负担，有时还能想点子替额娘解闷儿。本胡同街坊邻里的小女孩，文绣的小伙伴们，有几个已经报名上学，这可把小文绣眼馋坏了。

"我要上学！我要认字读书！"文绣和额娘纠缠不休。

一个女孩子，究竟应不应该上学读书，这在当时可是一个很大的问题哩！阻力首先来自额尔德特家族名义上的家长华堪。当时的社会风气，守旧师古还是主流。"女子无才便是德！"华堪对前来问计的大嫂蒋氏态度强硬地说，"一个女孩子，每天走读登校，和小子们混在一起，成何体统！不如在家读点《女儿经》，懂得三从四德，将来找个好婆家，嫁汉嫁汉，穿衣吃饭，所求已足，又何必上学读书！"自从端恭故去，蒋氏尊华堪为家长，虽说谈不上言听计从，有事总要前往方家胡同商量商量。这回文绣要上学，华堪老先生严词反对，这可把蒋氏难坏了。

蒋氏出身汉族，固然也是趋于保守型的贵族妇女，但较之满洲旗人还是更开化些。加之搬到花市居住以来，社会接触面远比在方家胡同的深宅大院中要宽，既见过无数因依附于男人而终生吃苦受气的妇女，也听说过识文断字能和丈夫一起挣钱养家的巾帼人物，耳濡目染，思想上也早有几分开窍。再说蒋氏心疼女儿，联想到自己便是被旧家庭坑了的人，从小不准读书，两眼一抹黑。否则哪会让人家白白把钱骗了去？像文绣这样心灵手巧的孩子，能念书认字，或许将来会有出息！

蒋氏有心供女儿念书，既已分家另过，华堪自然也不便过分干涉。然而，蒋氏仍有实际困难：女孩子家天性爱美，又要走街登校，不同寻常在家，当然要添穿添戴；加之上学总要买书买本，又要按时交纳学费、班费、课外活动费等各种层出不穷的费用，这对于蒋氏那个勉强糊口的家庭来说也是太难了！实在是心有余而力不足啊！

聪明过人的小文绣很能理解额娘的心思，更深知家庭生活的窘状。她也

---

① 满族人称母亲为额娘。

想过不再给苦命额娘添累,可是,废学哪成?自己的前程毁了不说,额尔德特氏家族也永无翻身之日呀!一定要上学,要读书!文绣禀性倔强,认准的事就一定要做下去。她向额娘说:"只要您准我白天上学,晚上我就挑花活,把白天应做的全都补做出来!"一个八岁的孩子能有如此志向,蒋氏深感欣慰,决心让文绣入学,生活再苦也要遂了女儿的这桩心愿。

一九一六年九月初,文绣以傅玉芳的名字登记注册,入花市私立敦本小学初小一年级就读。辛亥革命后,满族人纷纷改用汉姓,额尔德特家族也就从文绣这一代起从百家姓中挑出"傅"字当作姓氏了。据文绣族兄傅功明回忆,文绣聪颖好学,登校未久,已显露超人之处。当年学校开设了国文、算术、自然、图画几门课程。文绣成绩大多为甲等,时而有"甲上"之誉,个别也有失误获"乙上"的,但在她的成绩单上从来没有出现过丙等或丙以下的评判。文绣学习好,深受老师喜欢,和同学们也相处得很和睦。文绣一放学,就回家帮额娘干活儿,额娘烧火做饭,她也跑前跑后地拿这个递那个。到了晚上,饭吃了,桌撤了,涮涮洗洗完毕了,就点起灯来和额娘一块儿挑花活,一直做到小半夜,额娘硬是把灯吹了,文绣才肯脱衣上炕睡觉去。已由贵妇落魄为平民的蒋氏,饱经人生的浮沉忧患,苦衷难言。幸好眼前还有知情明理的孩子,正是心灵上莫大的安慰。

四 少女年华

文绣好学上进,一有时间就要读书。应该说是天分好,理解力强,经手翻阅之书,过目辄了然。一个初小学生竟能默诵一篇又一篇的古典诗文,令知者赞叹。

文绣勤快而好干净,不但能烧饭炒菜,而且针线活计也都拿得起来。虽说家中屋少地狭,却一点也不凌乱。她一放学就要把屋内屋外收拾得地无纤尘,干净利落。连额娘也佩服文绣手巧,干啥像啥。

随着年岁渐长,文绣开始注意修饰和打扮自己了。由于家境窘迫,她并没有好穿好戴。连娘儿几个晚上盖的被褥也是里、面缝缝补补用了多年,哪能腾出钱来给文绣买时髦穿戴？不过，文绣也并不想把自己打扮得花枝招展，雍容华贵。她喜欢朴素淡雅，穿着普通却不显得寒酸，没有浓妆艳抹，但举止文静有节，仍不失大家闺秀的风度。

文绣性爱闲静，每次来到方家胡同老宅后院的花园，都要被那里的树林、小涧和假山等吸引，流连忘返。有时来了兴致，想欣赏街头花园的小景，可是，一旦看到男女杂坐、歌吹喧闹的场面，就心厌意沮，赶快离开了。

文绣人品憨厚，学校的女同学都愿和她要好，所以她有不少朋友。在家里，和姐妹的关系也十分融洽，特别是和妹妹文珊感情最好。其实，文绣和文珊的性格完全不一样，文绣比较通达，能容人，而文珊则是个凡事都不肯吃亏让人的姑娘。

文绣的少女年华，固然不是没有欢乐，但更不乏酸楚和眼泪。

虽然娘儿几个也能挣点辛酸的手工钱，但家庭生活的主要开销还是靠着蒋氏被坑骗以后所余甚微的私蓄。钱固然是愈花愈少，日子也就一天不如一天了。

北京的冬天一到，冰封雪漫，天气干冷干冷。可文绣家里，因为没有钱拢两处火，只在里屋生了火炉，外屋却是滴水成冰。几口人挤在十几平方米的一间房里，取暖、做饭、吃饭、干活儿、睡觉。每天的食品当然只能是粗茶淡饭，大米白面偶尔做一次，平日主食就是玉米面窝头。收拾了碗筷就要做挑花活，可怜的小文绣，白天看书习字，晚上又要凑在微弱的煤油灯下穿针引线，好端端的两只眼睛全累成了近视。

五叔华堪在世的时候，文绣去请安，每次总能捎回几元钱，那是华堪补助大嫂生活家用的钱。真像是解燃眉之急的救命水，使文绣一家得以免除冻馁之虞。华堪老人的帮助使蒋氏一家感恩不尽，却又无以报答。那时，蒋氏和文绣姐妹在自家房前搭起藤架，种上几株白葡萄，精心侍弄。每年中秋前后葡萄成熟的季节，文绣姐妹就把架上成串的葡萄摘下，晒成干葡萄。这种果干有很厚的白霜，味道适口，还有一股沁人心脾的芳香。到了春节，文绣就用小篮子拷几斤自家出产的果干，到方家胡同五叔家拜年。在中厅施礼请安过后，文绣开口讲话，文质彬彬，句句得体："我家没什么可以孝敬五叔父您老人家的，这是我额娘亲手种的西藏种葡萄，晒干后又收藏了好几个月，

| 末代皇帝的五个女人

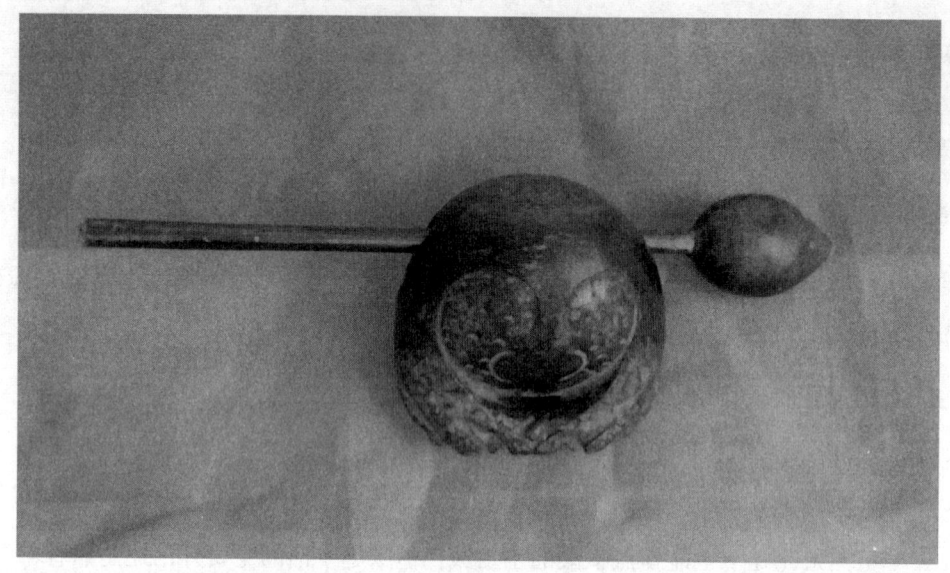

文绣儿时玩过的木鱼儿

今天特意给您带来一篮,就请您老人家赏脸收下换换口味吧!"五叔和五房的族兄族嫂都很喜欢文绣。

艰苦的环境往往促人早熟,十一二岁的文绣已出落得像个大人了。她并非容貌娇妍、花明雪艳的绝世倩影,但人长得高颀又白如玉脂,显得十分富态。

文绣也好玩好动,曾驯养一条黑白相间、花毛很长的哈巴狗。文绣放学回家,第一个蹿出门来迎接她的就是这只小乖狗,围着她跳前跳后,煞是活泼可爱。待文绣回到屋中坐定,小狗也顺势趴卧于她的脚前。巴儿狗成了文绣的闺中良伴,可是,家庭生活日形拮据,又哪有多余的吃食养狗呢?文绣也不愿意看到这个心爱的小东西跟着穷主人挨饿受冻。后来,文绣一狠心,就把小狗抱到方家胡同五叔家喂养了。文绣放下小狗转身就走,小狗却纵身蹿出门外,伏在文绣的脚面上,温存地吮舔着文绣的裤脚。文绣蹲下来,轻轻抚摸小狗身上那长长的花毛,两只眼角潸潸地淌出两串晶莹的泪珠。[①]

---

① 前述关于文绣家世以及文绣儿时和少年时代的事迹,依据文绣族人如族兄傅功清、族侄傅嫱等提供的回忆资料。

五　御笔圈定

一九二一年春天，红墙黄瓦的清宫之内，身穿团龙补服或戴朦貂褂①的王公大臣，忙忙碌碌，往来穿梭。

原来"尊号仍存"的小皇帝溥仪已经十六岁了，王公大臣们说他已经到了该结婚的年龄，"宜早定中宫"。

选妃的事儿自然由溥仪的几位"宫廷母亲"首先提出，她们便是同治皇帝载淳的瑜妃（敬懿太妃）、珣妃（荣惠太妃）和光绪皇帝载湉的瑾妃（端康太妃）。几位女主先后召见溥仪的生父载沣和十位王公，商定了选妃的细节。选妃的范围是确定无疑的，必须是皇室贵胄、满蒙王公大臣的女儿。但在挑选方法上与过去不同。可能是女主们回忆起自己年轻时入选的过程，产生了恻隐之心。当年她们作为候选的"秀女"，清晨经历一番浓妆艳抹的打扮之后，要以伤心的恸哭向父母辞行，然后乘轿入宫，在坤宁宫外"排班候驾"，等待皇帝亲临，当面挑选。选上的倒还"荣耀"，落选的太难为情。这回改成选照片的办法，候选者照张相片送到小朝廷的内务府，皇上看中了算数，这对姑娘来说，面子上好过些。

"小皇上"选妃的消息，很快就在仍对溥仪敬若神明的皇室贵胄和满蒙王公大臣家庭中引起轰动。连当时军政界的实权人物，如徐世昌、张作霖也来提亲，都愿意把女儿送进宫去，当一当"大清国"的正宫娘娘。

当时，额尔德特氏家族虽说已陷入穷困潦倒的地步，但按门第其祖上乃是已入旗籍的蒙古族贵族，是符合选妃条件的。由此引起因在清末当过吏部尚书而成为家族之长的华堪的苦苦思索，他何尝不想借这个机会光耀冷落了的门庭？起初想到本家两位如花似玉的姑娘，不料已经许配人家。倒是傅家仆妇们想起了一个人，就是常来向华堪老爷请安的文绣。她们私下议论说："长房二姑娘知书达理，举止端庄，长得又白净，说不定能中选！"这种闲聊的话被华堪的大儿媳妇听在耳朵里，受到启发，就赶快向老爷子提出了这一建议。

---

② 补服和貂褂都是明清时的官服，补服亦称补褂。清代沈初《西清笔记·纪典故》卷一："内廷臣工于冬至前始常服貂褂，惟元旦则易补褂。"

这是清末选秀女的情景：列队待选的正黄旗女孩儿

其实，华堪也曾想到文绣，但一直没把主意打在她身上，为什么呢？他以为虽说世道已生变化，如今为小皇上选妃，不一定非得珠光霞彩、妩媚靓丽，寻找像汉赵飞燕、唐杨玉环那样的美人，但也必须是品貌均属上乘的女子。文绣虽然也不乏五官端正、皮肤白嫩等长处，但论相貌也不过中等之姿罢了。一旦落选，丧失了一个光宗耀祖的机会不说，蒋氏和文绣在个人面子上也不好过呀！

华堪的大儿媳妇提出建议的同时，列举了文绣的种种优点，这使老爷的思想开了窍。她认为：第一，文绣相貌不丑，一个十二三岁的孩子，已有一米六十左右的个头，眼睛也大，又能传出像是要说话的神气；第二，文绣仪态好，温文尔雅，落落大方，比如在她家做客吃饭，她能以手、眼、口，配合默契，合于礼，适于度，而使在座的人，谁也不感到冷落，都非常愉快满意；第三，文绣有才气，不单在文学方面，棋、琴、书、画，也样样都在发展，

溥仪就在这张文绣的"候选照"上，用铅笔画了圈

显然是个才女的苗子。

华堪接受了大儿媳妇的建议，打发儿子前往花市把蒋氏请来，一五一十地说了一遍，事情就算定了。蒋氏转回家来，又把华堪五叔的意思告诉了女儿文绣，她原以为女儿准能欢喜，却没料到倔强的姑娘竟是一百个不愿意。稚气未脱的文绣坚决地答复额娘说："我不愿意！如果您一定逼我，我只有去死！"

文绣这样的态度，可把蒋氏吓坏了！蒋氏又改用顺从的办法苦苦相劝。她说，能参加候选是因为祖上有德，倘若中选更是天意，天意谁敢违拗呢？文绣虽不相信什么"天意"，但是她可怜额娘。年复一年，额娘遭罪受苦才把自己养大，不应让她伤心。再说，候选也未必一定中选，无须太固执。于是，文绣按要求照了相，照片由华堪五叔呈交清室内务府。

结果，正如大家所知，连文绣自己也没料到，她的照片有了"小皇上"画过的一个铅笔圈。溥仪在《我的前半生》中回忆说："照片送到了养心殿，一共四张。在我看来，四个人都是一个模样……便不假思索地在一张似乎顺眼些的相片上，用铅笔画了一个圈。"这个圈完全改变了文绣的生活道路，把她牢牢地拴在了人生悲剧的舞台上。

溥仪看过那张文绣的待选照片，颇为满意，就顺手收藏于养心殿内自己的卧室中了。溥仪出宫后，成立起来的故宫博物院发现了这张照片，立即作为文物珍藏至今。博物院的研究人员介绍说：

这是一张梳"两把头"、身着旗袍、外罩坎肩的半身像。照片贴在一张用本色绢裱衬的薄纸板上。绢纸板又贴在同样大小的灰色折叠硬纸板上，如同活页夹子，可以打开合上。在照片的右上角即顶着绢纸板的右上角，贴着大红纸条，恭楷墨书："端恭之女额尔德特氏年十五岁"十三个字，这是对未出阁女子的提法，十五岁是虚龄。文绣待选照是在北京容光照相馆拍摄的，因为在照片的下端即绢纸衬上有该照相馆"容光"二字和英文拼音的标记，并注有地址"北京廊房头条"，说明该照相馆在前门。硬纸夹板背面还贴有"国立北京故宫博物院古物馆"的签记，写有"溥仪妻文绣便服照片"等字样。①

文绣的命运绝不是蒋氏在神案香炉之前求来的,也不仅仅是"小皇上"信笔一勾画来的。在封建制度的帷幕下面,有着又深又长的背景。

人们知道,那个畸形小朝廷早已不再是皇权的象征,然而小朝廷内女主和男主们仍在继续做着好梦。首先是皇贵妃们为了效法慈禧独揽朝纲,都想像慈禧控制光绪那样,把溥仪操纵在手,若把一个自己人安插进后宫,真是太有利了。

额尔德特家族与醇王府六房贝勒载洵素有往来,两家走动颇密,而载洵又与宫中敬懿皇贵妃关系要好,文绣遂被这位女主当作了自己人。敬懿是同治遗下的三个妃子中能诗工乐、聪颖又有头脑的一个,当然也有很大野心。她用慈禧的一句话"承继同治,兼祧光绪"为法宝,来证实自己的正统地位。然而,宫中实权人物——光绪遗下的端康皇贵妃绝不示弱。她也有法宝,民国总统袁世凯曾指定由她主持宫中事务。她们针尖对麦芒,在"中宫"问题上各不相让,都想把自己人立为皇后。

据太监信修明讲,因敬懿主立文绣,载洵又附议:"议婚时对端恭之女保举甚是厉害,并将照片附上,请皇上自择。"溥仪未假思索即画了圈,此事似乎定案。不料端康皇贵妃坚决反对,提出册立婉容,载涛

醇亲王载沣的六弟载洵(1885—1949)

---

① 引自汪莱茵:《文绣候选照》,载《人民日报》海外版,1990年4月3日。

附议,溥仪生母瓜尔佳氏因与端康关系密切,也附和说:"端恭之女家贫,恐进宫之后有小家气,建议此婚可缓议。"在他们的理由中,很重要的一点则是"文绣在外貌上不如婉容美丽"。应该说这也属实,文绣是椭圆形脸,稍胖,眉毛浓重,眼睛缺少些神采,口角也较大。但论思想深度,文绣就远远超过婉容了,她追求自由,也很有勇气。为此,端康太妃和敬懿太妃,双方相持不让,纷争愈演愈烈,拖了半年多,最后还是由溥仪出面,给婉容补个铅笔圈儿,立为后,文绣则立为妃,从而平息了矛盾。这虽非溥仪的本心,却是宫内女主之间争权夺势政治斗争的必然结局①。

六 平步青云

"小皇上"溥仪把两个铅笔圈画上之后,清帝大婚的筹备工作,就在一阵紧锣密鼓之中开始了。主持筹备工作的机构为大婚典礼筹备处,经太妃们与载沣议定:由贝勒载涛出任总办大臣,溥仪的师傅朱益藩以及清室内务府大臣绍英和耆龄任副大臣。

宫中三位太妃也都关注着大婚筹备工作的进展,报上常常登出她们直接过问此事的新闻。这里摘引一条《召见垂询大婚》:

> 清室瑜、瑾、瑨三贵妃,于昨十六日早八时传令醇王载沣、贝勒涛大臣、绍英、耆龄等四员入内,在储秀宫太极殿召见,垂询二刻之久始退。闻系对于清帝大婚一切预备,饬令妥筹进行。

宫内各殿按筹备处要求"一律油饰见新",其中重点修缮的乾清宫、交泰殿和坤宁宫,营造司带领匠役们日夜施工。

清宫之外,大婚涉及的两位女士的家宅也在发生变化。

地安门外帽儿胡同荣宅正加紧翻修,已经具备了王公府邸的格局。除了

---

① 本自然段内容依据信修明:《老太监的回忆》,北京燕山出版社 1992 年版,第 117~118 页。所叙溥仪圈定文绣先于婉容数月之情节可备一说。

醇亲王载沣（中）与六弟载洵（右）和七弟载涛（左）

修房，大婚典礼筹备处还负责为皇后购办了由八只箱子和八只匣子组成的妆奁。哈达门外花市上头条傅宅怎样了呢？这里的姑娘已经平步青云，入选为妃，她的家也就随之而有了立竿见影的变化。

华堪呈上文绣的候选照片，乃是抱着尝试的态度，他一直认为文绣不会中选。今天，始料未及的事情竟真真切切发生在眼前。当清室内务府大臣绍英亲赴方家胡同傅家向华堪道喜的时候，这位曾任晚清吏部尚书的清朝遗老竟激动得老泪纵横。傅家支离破碎，竟又平添荣耀，实为列祖列宗有德！遂设案进香，叩谢"小皇上"加恩，告慰额尔德特氏先人。

蒋氏得知消息更是悲喜交加，悲的是入宫如登天，以后难得再有见面的机会；喜的是今后地下有颜面对抑郁而终的丈夫端恭了，她蒋氏虽没生下男孩，却有了一个光宗耀祖的女儿！

华堪对蒋氏说："现在不比从前了，文绣已是小皇上的妃子，如大嫂继续住在哈达门外民房未免有失体统，再说进宫之日，由老府宅子升轿还体面些，

019

文绣儿时供奉过的云龙佛

不至寒碜。依我看,你们娘仨还是搬到这边来住吧!"蒋氏前思后想,也只有这样了。那时,黑大姐已经出阁,蒋氏就领了文绣和文珊姊妹,用车拉了所剩不多的家具日用,仍是乘坐骡车"吱吱嘎嘎"地搬回了交道口方家胡同。

文绣和老辈人的心情不一样,她原以为自己不能中选。在"洋学堂"里念了几年书,"皇帝"这个名词对她来说也并不那么神圣了。听在宫里当过秀女的亲属讲,那也不是什么好地方。何况皇上发了怒,又要不问青红皂白地打人,甚至杀人。可是,事已至此,只好听天由命。听母亲说,自己是"小皇上"的人了,若再胡思乱想,便是非分,便是欺君,便是弥天大罪!

自从搬回老宅,文绣不再上学,不再上街,也无须烧火做饭、扫地抹桌或在煤油灯下挑花活了。华堪五叔一有闲空就要教她君臣大礼、宫中规矩,教她诵读《女儿经》。可怜的小文绣,整天愁颜寡欢,再也见不到在花市敦本小学读书时那样有说有笑的模样了。

后来发生的事件证明:文绣的中选确实毁了她的前程,毁了她的幸福,毁了她的终生!有个美国记者名叫布拉克尼,他在二十世纪四十年代写过一篇关于溥仪生平的文章,从史实来说,他的推测有很多失误,但他看出了文绣中选的悲剧。文章谈及溥仪圈选一后一妃时写道:

所选的淑妃有一个满洲名字叫额尔德特,又被称为文绣。她出身高贵，极适合她的贵妃身份。但是她好像命中注定只能担当贵妃的虚名似的。因为溥仪完全是为了和宫廷妥协起见，才选了一个妃子，对她根本没有情感。

令文绣聊以自慰的是，由于她的中选，给遭受许多磨难的额娘蒋氏改换了一个崭新的环境。尽管付出了太高的代价，总算是晚辈的一点孝心！就在蒋氏娘儿几个搬回老宅不久，传出"小皇上"溥仪的谕旨，着清室内务府在北京地安门后海南沿大翔凤胡同四十一号，为蒋氏全家买下一个院落，计有北房五间、东西两厢各三间，另挂小夹道后院和位于犄角的一间平顶小房。同时赏赐全套紫檀家具，供给蒋氏一家居住使用，以示体念。打这时起，蒋氏一家的生活算是有了转机。

文绣的妆奁也是"小皇上"溥仪颁旨，由清室内务府大臣绍英和耆龄，按照宫中贵妃的礼仪制度，斟酌损益而备办的。

傅家上下都认为文绣幸运，平步青云了。然而，这青云之上到底是好是坏，是福是祸，一时之间还难以看得透彻。

七　日记存真

一九二二年三月至同年十一月底，文绣优哉游哉地度过了从订婚到结婚这一段少女时代的最后时光，其间生活既不同于以前的贫穷日子，更不同于以后的清宫岁月。幸有三篇日记留存了当时的真貌，是文绣亲笔写在"怀中日记簿"上的，八旬以上的老人们能够记得，这正是他们儿时可在市面上买到的那种。

第一篇日记写于一九二二年七月二十二日（旧历壬戌年闰五月廿八日），其文如下：

廿八日星期六，早晨八点钟起，洗手漱口饮水已毕，梳洗吃饭。坐片刻，我们宝先生出门去了，我就没读书，也就写了一大篇。可巧，这个功夫报就来了，我就看报。已毕，教婉春念四书诗，完，饮茶。我同老二、老三一同按[摁]琴唱歌，游戏已毕，歇了一会，洗面。此时天气已然二点三刻了，我就饿了想吃，回头告诉厨房急速做，我坐在屋中等至[着]。忽然，Teacher 陈来了，我一时着急回头又热，所以我把嘴烫了，皆因又有卖珠花的送花，赶了一块，我心中又着急念书，先生在旁边等，我心焉有不着急之理，故此有这一烫，皆因不小心之过也。吃完，回头就上课，六点钟下课，送出先生，我就吃饭。我在院中游玩片时，后来天色渐黑，我同大哥、老二、老三等说说玩玩，也就各自归屋。我就摘花洗面，九时安歇。今日日记已然记完，明日再记。

流水账式的字里行间，充满了天真烂漫的孩子气，也透露了文绣的日常生活。她再不用挑花活儿，饿了就告诉厨师伺候，想玩便约家族各房的同辈们弹琴唱歌，家里还专门为她聘请了教汉文的宝先生和教英文的陈老师，至于程度，这位虚龄十四岁的女孩已能教别人"念四书诗"了。

第二篇日记写于一九二二年七月二十三日（旧历壬戌年闰五月廿九日），其文如下：

廿九日星期日，八点钟起来梳头洗手漱口洗面，一切事不必细说。九时八分进食，吃的是炖小鸡老米饭，吃得十分饱。我就在院中打一会球，消消吃，我就上屋中教老二念书。已毕，报来了，看报。一会，就听说我奶奶①接大姑奶奶上这里住着。我说，可以使得，好在今天是星期日。昨天又听陈先生说是一二三也许不来，我这才说可以使得。说话间，也就二点多钟了，我大哥也回来了。我们大家商量打牌，我和大哥、老二、老三四家打了几圈，我赢了几千钱。后来，我们姑奶奶来了，玩一会就吃晚饭。饭毕，又与众人打几点钟牌，又饮点茶，到了九时安歇了。

吃完炖小鸡，打打球，念念书，还要凑手打牌论输赢，与在敦本小学念

---

① 满族人称母亲为额娘或奶奶，与汉族人称奶奶含义有别。

书时的小文绣比，已经判若两人了。傅家也不像从前门可罗雀了。

第三篇日记写于一九二二年七月二十四日（旧历壬戌年六月一日），其文如下：

> 六月一日早晨七时，漱口洗手擦脸完，就在院中徘徊片时。我进屋吃完万应锭，梳上头，换上衣服，就上我大姐那里去。但见我大姐在那梳两把头，我就问："今日是什么日子，为什么梳大头？"但听我大姐说了："今日乃是洵贝勒福晋千秋，我去拜寿去。"我这才知道。又见二格子才起来，还没梳洗，我就走了。上东屋看看我姐姐，又与小孩玩玩，这才回上屋吃数个肉馒头，又在院中游戏一会，又吃完早饭。这个时候报已然来了，就看报。
>
> 毕，老三非让我打牌不可，我无奈就陪着老二、老三打几圈牌。天已不早，可巧又是阴天，写字又不好写，所以没写。此时天气还是蒙蒙小雨不住，也看不出什么时候来，我料也该吃晚饭了，我就向老二、老三说到〔道〕："你们看天气也有四点多钟了，咱们胳膊也酸了，头也晕了。咱们别打牌了，也该歇息歇息；嘴也渴了，也该饮饮茶、喝喝水。老三你们没结没了，要像你们牌迷哪，我可不能奉陪了，我实在饿了。"我就吩咐要吃的，顷刻间摆列整齐。我一会儿也就吃完饭，我就打着伞，拿一本书，一边溜达，一边看书。
>
> 正在出神之际，忽然看见老二、老三一个人一把伞，站在我的左右。我一见到也有意思，我们随在院中游玩多时，雨还是不住。这个时候，我大姐也回来了。我们一齐进东厢房，见了我大姐就问："洵贝勒福晋好哇？三位格格都好？"我近〔竟〕回我屋中来了，又与老二、老三按〔摁〕会儿琴，又与大众说说闲话，就有十点钟了。我又上东厢房去看大姐烧完香，我同大姐又在中屋坐一会。十点二刻安歇。

载洵的妻子过生日，额尔德特家族大小姐要梳两把头，穿礼服，非常隆重地前往拜寿，恰能说明两家不同寻常的关系。

一个十三四岁的孩子，只念了五六年书，信笔写就的几篇日记，虽然都是流水账式的记载，却也用词恰当，文从字顺，错别字很少，说明文绣聪明、好学。只留下这三篇日记，或许因为写了几天她又搁笔了。文绣珍视自己少女时代的记录，进宫时特意拣了这本"怀中日记簿"带在身边，两年后出宫时却来不及带走它，而留在长春宫西厢书斋中了。

第二章　围鹿喋血

一　迎　娶

宫中的瑜、瑾、瑨三位太妃，当然特别关心溥仪的婚事，要求筹备处赶快确定大婚典礼的吉期。婚礼大臣载涛命掌礼司初拟，该司即以占卜之法获知：旧历十月十二日和十三日为"上吉"之日。又按宫廷礼法，妃子要先一日入宫，以俾跪迎皇后。因此，初步拟定十二日迎娶皇妃，十三日迎娶皇后。掌礼司初拟吉期之后报知婚典筹备处，又转呈醇亲王载沣，由载沣"进内"，"谒见三宫皇贵太妃奏请定夺"。尽管手续繁复，最后的结果也无非是照掌礼司的"初拟"办。

日期定了，还要定时刻。在这一点上还颇有点"民主"味道，征询了婉容和文绣两家的意见，由两家拟定朔望，再报告内务府，授命"天文家"择选两三种"吉刻"进呈宣统皇帝溥仪，最后就由这个"小皇上"圈定。最终定于十月十三日寅刻举行大婚礼，大婚前一日，即十月十二日丑刻，按公历为一九二二年十一月三十日凌晨二时整，遣使迎娶文绣入宫。

此前，清室内务府大臣绍英和耆龄根据溥仪的"圣旨"，按宫中贵妃的礼仪制度斟酌损益，已经替文绣置办了一份妆奁。到了吉期正刻，溥仪旨派郑亲王昭煦和内务府大臣绍英分别为正、副使，带领一小队内务府官员和太监，既无仪仗又无彩礼，从神武门出宫，经东砖门、景山东街、地安门、烟袋斜街、银锭桥、什刹海、后河沿，进入大翔凤胡同傅宅。"宝册"送到，蒋氏跪接，

文绣入宫后第一帧朝服像

叩谢天恩。

只见他们不久便从大翔凤胡同拐出来，经龙头井、南药王庙、皇城根、地安门、景山东街、东砖门，进入神武门。在夜幕笼罩的北京街头，这一小队人马悄悄地行进着，不紧不慢。马蹄的"嘚嘚"声，车轮的"吱嘎"声，划破宁静的夜空。民国政府派来的游缉马队，也前前后后地随行保护。坐在黄围轿车中的新人淑妃，当时仅有十四岁，既不能掌握也无从预知等待着自己的命运。她虽然没有凤冠霞帔，也是珠簪一发，绫罗满身，被送进了那座畸形的共和国内的皇城。

　　文绣大婚期间穿用过的两件礼服至今仍在故宫博物院织绣藏品中保存着。其中一件是杏黄色绸绣云蝠金龙袷朝袍，形式为圆领、右衽、大襟，两肩有护肩（即袭朝褂），颈部披领，袖由中接袖、熨折素接袖和马蹄袖三部分组成，下摆左右开衩，是属于衣与裳相连式的直身袍。在杏黄色的绸地上，用圆金线绣出大型龙纹九条、小型龙纹十二条。又用五彩丝线在龙纹间隙绣出朵云、蝙蝠、双喜字，还在下摆处绣出八宝海水江崖和山形的立水纹样。另外一件

淑妃服饰之一

是石青绸绣云蝠双喜金龙袷朝褂，是跟前述那件朝袍配套穿用的。其形式为内圆领、无袖、对襟、左右大开衩。在石青色绸地上，用捻金线绣了四条立龙，龙纹间隙亦有五彩丝线织的流云、飞蝠和双喜字，周身镶石青色织金缎边缘，对襟处钉了五对铜镀金扣①。终文绣之一生，仅在紫禁城内生活的两年中，在大婚期间、溥仪的生日和旧历正月初一，才穿用寥寥几次的这套服装，乃是清朝皇妃正式礼服的珍贵实物。

当身穿正式礼服的文绣被悄悄抬进神武门内之际，正在顺贞门外照料的耆龄即导引新人晋见溥仪。这时候，溥仪正坐在养心殿的宝座上等着淑妃到来，文绣恭行三拜九叩之后，溥仪只说了一句话："下去歇息罢！"遂有人导引文绣住进长春宫，与敬懿皇贵妃同处。不知为什么，住进这金碧辉煌的宫殿，

---

① 参见张凤蓉：《清宫藏"淑妃"服饰》，载《紫禁城》1989年第2期。

末代皇帝的五个女人

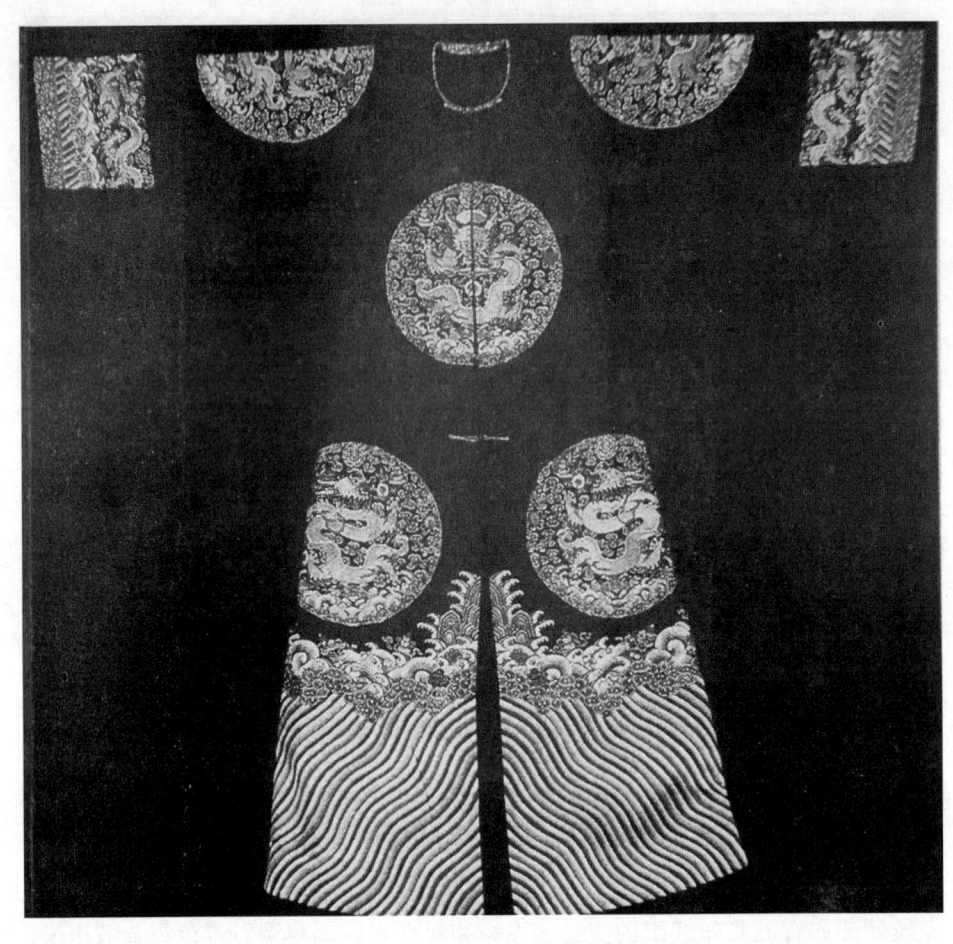

淑妃服饰之二

文绣反倒觉得阴冷；戴上了淑妃的桂冠，似乎这身份比平民还低贱了。自从"御笔圈定"以来，特别是最近两三个月，所见所闻的种种使这个年仅十四岁的女孩子想起来就心里难过。

关于"小皇上"大婚的千奇百怪的传闻早就风雨满城了，报上还登出消息，说这次婚礼费用"核定为四十万元"，按当时行情可以购买二十万袋"洋面"呀！住在大翔凤胡同新居中那个从苦日子里熬过来的姑娘，实在看不惯如此奢靡的排场。后来又听说大婚典礼筹备处为准备这笔费用，竟从深宫大库内挑出一千多件金银器皿以及瓷器、玉器陈设品等,交给英国汇丰银行抵押借款。据说其中镶松石桃式金盘、镶珍珠宝石钻石金瓶金盒、金银翡翠白玉如意等件件都是国宝。这样做损伤民族元气啊!小文绣为此颇感不安。

更让文绣伤心的是皇家的不公平。同为嫁到皇家的人,婉容作为皇后接受了隆重而丰厚的纳彩大礼。那天仪仗之隆盛自不必说,送上家门的礼品就有金银锞子、各色宫缎、金珠头面和金银花瓶,还有绍兴老酒四十樽、干鲜果品和喜饼八十抬以及四十只染成红色的绵羊。文绣作为妃子却什么都没有份儿。纳彩之后还有大征礼,按满族风俗在婚礼举行前要再向女家赍送礼物并告知成婚日期,因此婉容家里又获一大批皇家礼物,这同样不许当妃子的文绣沾边。同以"小皇上"为丈夫,同在一次婚典中嫁到皇家,一个既获"纳彩",又受"大征",一个不闻不问。这是皇家的不公平,也是人间的不公平。文绣虽小,焉能不知?

第二天凌晨四时皇后进宫,文绣本应于凤舆到达坤宁宫皇后下轿之际,按老规矩亲率女官和宫女等"膝行跪迎",以示等级尊卑,使之开始就能认识到自己与皇后在地位上的差异。好在溥仪还算开通,未被旧制所囿,临时传谕免去了"跪迎"的程序。淑妃有了面子,婉容却很不舒服。

溥仪免除了淑妃的跪迎之礼,然而,整个婚典过程证明,皇后与淑妃地位悬殊,她们之间隔着一道不可逾越的鸿沟。

有位文思敏锐的记者,一下子便抓住这个题目做起文章来。有篇报道谈及溥仪免除跪迎礼时这样写道:

> 闻清帝对于此种旧礼制甚不以为然,谓现在世界潮流人权平等,后、妃名称虽有分别,然共侍一夫,何得此尊彼卑,故毅然降旨,将此旧礼制取消,于皇后降凤舆时未令淑妃行跪接礼云。

这件事因为发生在清宫之内,也就非同小可了。当溥仪、婉容与文绣刚刚建立起一种关系的时候,这种关系便被罩上了一层阴影。当晚,三人各自独眠。第二天,溥仪仍未消怒。

《顺天时报》报道了这样一件事：

> 大婚礼之次日清帝受贺毕，换便衣穿狐裘青坎肩，鼻架克罗克司养目眼镜，坐殿廊下听升平署及外传之优伶唱戏。小太监王某等在旁列侍，帝执一瓷茶杯漫然喝茶之际，忽闻殿内有娇细之笑语声，帝甚不悦，立将茶杯抛掷于地，砰然一声，而戏场上伶人以及太监等无不骇然惊异，卒不知帝因何而怒。当有一太监悄然将碎茶杯拾出，又一太监继斟茶一杯进奉帝前，然帝略不一顾，该太监急持杯而退。

在此后的岁月中，这阴影愈聚愈重，把三个人的心都罩得阴冷了。数年之后，已经不再是什么阴影的问题，而成为横在三人中间的不可逾越的巨大屏障了。

不过，这有一个漫长的发展过程，需从头说起。

二　皇家初度

虽说文绣也出自名门大户，但从小过着苦日子，对于宫廷的排场和豪华生活，原本想象不出。目睹之下，惊奇万分。

洞房花烛夜，"小皇上"仍在养心殿独宿。有人说是因为婉容对免除文绣的跪迎之礼不满，才拒溥仪于门外。其实，婉容下轿时蒙着盖头，根本看不见什么"跪迎"。再说，她当时绝没有反对皇上的勇气，这是可以断言的。许是那天"小皇上"太累了，才随便在养心殿睡下。按祖制，溥仪要在坤宁宫度过一个完整的蜜月，所以，只有长春宫的淑妃才是冰冷的独眠者。

大婚第二天，溥仪一整天都和婉容在一起。早晨起来，皇后按满族风俗行过"捧柴礼"以后，就和"小皇上"一块儿，先后在陈设于坤宁宫明殿内的"天地桌"、"喜神桌"和灶君前，行三跪九叩大礼。然后，去东暖阁北床上进团圆膳。同日，溥仪和婉容还曾前往景山内的寿皇殿，面对列圣列后的圣容拈香行礼，这叫做"庙见礼"。

溥仪大婚寝宫——坤宁宫一角

　　淑妃是没有资格与皇帝、皇后一起行礼的，只能当他们办完礼仪大事，来到漱芳斋屋内看戏时，才能坐在他们近处。宫廷请来了京沪两地最著名的演员，如杨小楼、尚小云、余叔岩、俞振庭等；当时初露头角的马连良、李万春，也参加了宫中演出。淑妃小时候曾跟着母亲蒋氏看过几出戏，迫于生计，后来连蒋氏也没有这份闲心了。所以，淑妃对京剧也似懂非懂。尽管上演杨小楼和俞振庭的《双金钱豹》时，"小皇上"忘记了"看戏不得鼓掌叫好"的宫规，情不自禁地鼓起掌来，可淑妃并没有怎样感动。

　　大婚第三天是皇帝、皇后受贺的日子，他们从上午十时起首先接受一批批驻华外国使节的祝贺。婉容穿一件黄缎织花旗袍，高高地梳起满族风格的"两把头"，雍容华贵地站在溥仪身边，向贺婚者答礼，听溥仪用英语向洋人们致辞。

　　接着，皇帝和皇后又从东暖阁步入乾清宫大殿，升座接受满蒙王公、内务府大员以及八旗都统等大批遗老遗少的祝贺。这些人当然还要向旧主行三

031

拜九叩大礼的,而且肯于献出巨额婚费,以表愚忠。不但遗老遗少,连北洋政府的文武大员、各省军阀如张作霖、吴佩孚、曹锟等人都派了代表,来京向"小皇上"和皇后祝贺。从全国各地赶来朝贺的人实在太多,只好按清朝时的封号、官阶,在乾清宫前依次列队,竟然一直排到乾清门外。官小位卑的遗老们只好站在连乾清宫也看不见的地方瞌磕一通头了事。更有一名清朝的典使也来致贺,由于没有按规定事先通报,把守神武门的军警不许他入内,他毫无办法,就在景山前的大马路上磕起头来,还念念有词儿地"吾皇万岁万万岁"呢!

民国大总统黎元洪也委派总统府大礼官黄开文为专使,由陆军中将王恩贵、韩泽暐和陆军少将、陆军上校各一名陪同,以对待外国君主之格,前来致贺献礼。如此这般隆重的礼遇,好像只是对着皇帝和皇后,小妃子文绣无从与闻。连贺礼也都是进呈皇帝和皇后的,从图书古玩到银元金宝,纷至沓来,堆积如山,应有尽有。淑妃仍然没有份。拿民国大总统黎元洪来说,早在大婚之前就备了一份厚礼派人送到婉容家中了,可是有谁会高看文绣呢?

每逢溥仪和婉容双双行礼、受贺的时候,文绣只能形单影只地待在长春宫里。这长春宫曾是慈禧太后住过二十三年的地方,装饰华丽,陈设精美。文绣一入宫就住进来了,长春宫的西配殿承禧殿就是她的书房,她可以在这里读书写字。她的快乐和天真留在了这里,抑郁和苦闷也留在了这里。

大婚气氛中的宫廷,莺歌燕舞,

1922年12月3日,大婚活动的最后一天,当天戏目中列入了《霸王别姬》。有人说"不吉利",溥仪偏要看。

热闹非凡。可小文绣觉得这举世周知的婚礼，似乎与她毫无关系。她开始感到一种不可名状的寂寞和孤独。只有进宫那天她给溥仪磕头时，"小皇上"才说了一句抚慰的话："淑妃歇息去吧！"以后再也不理不睬了。

在家里，吃饭能与母亲同桌，虽说粗茶淡饭，总是热乎乎的，如今只能为她一个人"传膳"，即便餐餐山珍海味，心里却不是滋味儿。在家里，睡觉常和妹妹同床，虽说旧衾薄被，却不乏手足之情；如今只能独宿愁眠，纵然铺盖绫罗绸缎，也绝不是她的福地。过惯了富贵生活的人，总是孜孜以求、无止无境地追求豪华；然而，从穷困中过来的人，但得温饱，一般对穷奢极侈并不感兴趣。天堂中的享乐令小文绣头晕目眩，但不能收买她的感情；而宫中的不平，却在淑妃的心灵上刻下了痛苦的深深印痕。

旧历十月十六日，也就是大婚活动的最后一天，有人提出把《霸王别姬》也列入当天的戏目。但有人反对，认为大婚之期演这类诀别戏是不吉利的。溥仪想看，就不管吉不吉利了。演到虞姬自刎时，不少人感动得落泪。在场的文绣也感到心中悲凄，仅仅三五天之间，她做梦一般地当上了妃子，等待着她的会是好命运吗？

三 香飘宫闱

婉容的册立礼在大婚典礼前一日举行，而文绣的册封仪式则订在大婚典礼结束周月之后的一九二三年一月四日，其时宝熙充正使、朱汝珍充副使、郑亲王昭煦授节，上午十时礼成[①]。从这时起，文绣才算正式拥有了"淑妃"的身份。

有一位曾任永和宫司房首领太监的老人信修明在古稀之年回忆宫廷往事时谈到文绣："皇上初见淑妃似感平常，自此与淑妃疏远。淑妃也甚自爱，独居长春宫，每天早晚除至养心殿、钟粹宫请安以外，关闭宫门教宫女读书，并课针线，虽有太监也只备差而已，宫中称贤。"

这一段关于文绣宫中生活的记述，说明那时她还是位典型的旧式女子。

---

① 依据耆龄：《赐砚斋日记》。

淑妃册文

不过，信修明的回忆并不全面。事实上，在很长一段时间里，溥仪与文绣的感情还是不错的。

自从大婚期间听了几天戏，淑妃对京剧渐渐有了兴趣。那时溥仪的寝宫中就摆着一架手摇式留声机，这在当年算是很新奇的东西。溥仪还预备了一大摞京剧唱片，都是各位名角的选段。每天都让太监给他放几段，一边听，一边哼哼呀呀的。有时溥仪不在，太监也偷着放放，跟着学唱。淑妃性格开朗，"祖制"观念也不那么强，对那种西洋玩意儿由羡慕而想得到。于是，她向溥仪提出，溥仪立刻嘱咐内务府到东交民巷外国洋行买回了一套。从此，淑妃读书累了，便要放开留声机，选播几个唱段，学唱青衣花旦。久而久之，《红娘》、《醉酒》等几出戏，她都会唱而且唱得很有味道了。

淑妃的宫中生活因诗书和一架留声机而熠熠生辉。她本来是位善于美化生活的人，还有个爱花的嗜好。入宫前因为家境贫寒，她没有条件养太好的花，现在可以大显身手了。自从淑妃住进长春宫，这里便成了一座花园，千差万别的一盆盆鲜花点缀着宫内宫外，香溢四方，飘散在金碧辉煌的宫禁上空。

留存至今的文绣宫廷生活照不比婉容多，两相比较却可以看得出来，文绣的照片大多是庄重、严肃的。或是旗装礼服正面像，或是摄于长春宫、御花园的正身和侧身像，而表现生活情趣的只有这样几个镜头：端坐于摆满文

文绣在长春宫前

喜爱音乐的文绣手持长笛

文绣耍弄小狗

文绣坐在窗边抱着小狗

末代皇帝的五个女人

具的几案前,靠在窗前吹笛消遣,蹲在地上或坐在窗边耍弄小狗,赏花弄草和莳弄盆景,摆弄相机并披纱摄影。

文绣喜欢养花儿,溥仪便随她去养,她莳弄的梅花都是高贵而罕见的品种,如透骨红和白萼朵,开花时一红一白,就像冷香凝骨,宛如细雨凝脂。文绣也喜欢兰花,她种的兰中有一种呈淡绿色,也是难得的佳品。到了开花时节,能散发出浓烈的芬芳气息,站在三尺之外也能感觉到它那透肤的幽香。梅花和兰花,象征着文雅、高贵、圣洁、美好,这正是淑妃时时遵循、孜孜追求的人生目标。淑妃把长春宫点缀在鲜花之中了。

文绣摆弄照相机

淑妃入宫后一年多的时间里,竟以自己的文才和娴雅的性格赢得了"小皇上"的欢心,他们在书房切磋学问,在月下交流感情,在养心殿与长春宫中间的御路上你来我往,共同度过了一段美好的青春时光。这时的淑妃就像她自己养育的花朵,正当盛开,香飘宫闱。

富有朝气、有些倔强的文绣

四 喜欢文学

"搭闩，下钱粮，灯火小——心——"敬事房值班太监用超长音，有节奏地喊着这句从康熙年代相沿至今的话，从这宫到那殿，告诫人们上闩落锁，预防火灾。夕阳西下，暮色苍茫，整个紫禁城都要沉睡了。长春宫的玻璃窗内升起了灯光，灯前的淑妃又开始了夜读生活。对于从小喜静好读的淑妃来说，入宫后的环境倒不错；日常生活有宫女太监照料，再不必为吃穿犯愁；每天除了照例要向三位太妃以及皇帝、皇后请安外，也没有谁来打搅，落得清静，正好读书。

淑妃喜欢文学，读了不少名著，对我国古典文学尤有兴趣。她入宫四个月后，溥仪旨派名儒朱益藩教授四书五经，淑妃学得很认真，能

文绣喜爱艺术

默读许多段落。淑妃还向朱老先生请教作诗填词之法，并逐步掌握了格律、对仗、词牌等基础知识。淑妃有一首《无题》五言习作留存至今：

> 静坐闲挥扇，垂帘避暑风。
> 鸟翔双翼展，飞舞在晴空。

阅读古典文学名著《红楼梦》之后，淑妃也写了一篇《咏红楼梦》，颇有味道：

红楼拟作小蓬莱，中贮金陵十二钗。
　　奢华莫比荣宁府，香草斜阳满院栽。
　　金屋藏娇诸姊姐，有一个伶俐端庄薛宝钗。
　　在金陵阀阅尤称富贵，遭家不造遇同怀。
　　只为呆霸王性情果然呆，京都寄迹荣宁府，适逢元春妃子省亲归。
　　金玉良缘秦晋偕，红袖添香勤伴读，常将绣阁当书斋。
　　路途中迷失吹箫客，一赴秋闱竟不归。

　　淑妃的习作都是出宫后留存在长春宫西厢书斋内才被发现的，可见她自受教于朱师傅，文学水平大有长进。

　　淑妃的文才渐渐受到"小皇上"的赏识。"小皇上"有个乳名叫小毛，虽说比淑妃年长三岁，也是孩子气十足。因为他也喜欢舞文弄墨、作诗填词，就与淑妃有了共同语言，常在一起谈诗论文，说古道今。有时来了情绪，也不免花前月下地缠绵一番。溥仪写给淑妃的两首诗，却不是从长春宫西厢书斋流落出来的，而是因历经坎坷人生的文绣一直带在身边才得以保存下来的。它们就是证据，证实当年那铁一般冰冷的皇宫中也有爱情。

　　夜坐阶生冷，思君方断肠。
　　宁同千万死，岂忍两分张。
　　孰意君至此，悲秋渐若忘。
　　洗盏相畅饮，欢罢愿连床。

　　在我们眼前，仿佛出现了诗中的情侣："小皇上"和他的淑妃，在秋凉的月夜，倾诉相思的恋情。当感情的热流熔化了冰冷的四周，他们真想开怀畅饮，共享天伦……在另一首诗中，陶醉中的末代君王竟完全忘记了自己至高无上的身份，倘不算逢场作戏，准能让受赠者感动不已。诗中写道：

| 末代皇帝的五个女人 |

溥仪戴礼帽穿马褂

仆本无赖幸逢卿，感激何似老猴精。

最怕一句拉不拢，羞得粉面若深红。

应该承认，溥仪的诗写得是有情的。淑妃也一定写过不少唱给"小皇上"听的情歌恋曲。

如果说论眼睛、脸蛋和体型，婉容更加美丽动人的话，那么，谈到性格、气质和修养，则文绣也有自己的优长。婉容太傲，甚至有时张狂，喜欢向皇上撒娇；文绣稳重温存，在溥仪面前颇拘束，有问才答，不轻易启齿。若论文学修养，那更是婉容所不能及了。

溥仪喜欢淑妃的文才，认为她能理解自己，因此常把自撰诗文传给她过目。比如溥仪仿照唐代刘禹锡的《陋室铭》所作的《三希堂偶铭》，刚写完就拿了诗稿到长春宫中。诗用自来水笔写在一张白纸上，字迹十分潦草，但分辨这种字迹，淑妃已经很习惯了。诗云：

  屋不在大，有书则名；国不在霸，有人则能。此是小室，惟吾祖馨，琉球影闪耀，日光入纱明，写读有欣意，往来俱忠贞。可以看镜子，阅三希。无心荒之乱耳，无倦怠之坏形。直隶长辛店，西蜀成都亭，余笑曰：何太平之有？

身在三希堂，笑看天下乱并妄图乱中取利的溥仪，也曾得到淑妃的精神赞助。她希望"小皇上"成为真皇上，她一度相信"大清"能够"中兴"。

淑妃入宫前曾跟一位陈先生学英文，但时间很短。进宫后溥仪命她从头开始学，因为溥仪总不忘寻找机会出国留洋，当然也要携带后、妃，因此，自己学英文，也让婉容、文绣学。起初，由溥仪的英文教师庄士敦辅导淑妃，后来给她聘请了一位专家——凌若雯女士，作为专职英文教师。一九二二年十二月十五日的《群强报》就登出了这条消息："清宣统因淑妃不会英文，现已聘定英文专家、中国人凌女士为教习，不日进内授课。"溥仪还给予凌若雯女士与婉容的英文教师任萨姆同样的荣誉：在神武门内可以乘坐二人肩舆。淑妃跟凌女士学字母、单词、会话以及《英文法程》等，不久已经能够阅读英文版《伊索寓言》了。然而凌女士毕竟不是任萨姆，她不善于在当妃子的学生面前渲染西洋贵妇人的生活方式，她没有能力改变淑妃的传统思想和风貌。

深宫冷寂，深夜无聊，书籍已成为淑妃的闺中良伴。每天晚上，她都要读书直到月残斗斜，否则是绝不肯登床寻梦的。

文绣与女学生装束的女伴在一起

文绣与婉容的英文师傅任萨姆合影

正在读书的文绣

五 景仰珍妃

人们知道，光绪喜欢婀娜多姿且又才华横溢的珍妃，而不爱慈禧的侄女隆裕皇后，因此慈禧深深地嫉恨珍妃。然而，更令慈禧深恶痛绝的是珍妃的"干政之举"。珍妃支持光绪的变法主张，和皇帝一起策划了起用康梁、颁布新政的大计。

当八国联军的铁蹄践踏平津大地之际，慈禧挟带光绪仓皇逃命。正欲启行，忽然想起关在北三所的珍妃。当太监崔玉贵把珍妃带到车前时，慈禧凶相毕露地说："洋鬼子的兵就要打到北京城来了，我和皇上暂时躲避一下，不能把你带走，因为沿途盗匪横行，你又年轻貌美，怕有不测，有损宫闱名誉！也不好留下，倘受了洋鬼子的玷污，失节事大。名分所系，别无良策，要对得起列祖列宗！今天我成全了你，为了在兵荒马乱之际能保全名节，应当在皇帝面前殉国。这样，皇上虽然暂时离开北京，也就心里没有牵挂，完全放心了。"慈禧说完，抬起一只胳臂用手指了指墙角的井口。

光绪帝的珍妃（1876—1900）

珍妃面不改色，义正词严地再陈政见："洋人逞凶，国难当头，皇帝应该留在京城……"

慈禧不等珍妃说完，便大声喝道："你死在眼前，休得胡说！"

光绪眼见一幕惨剧就要发生，悲痛欲绝，硬着头皮跪在慈禧面前求情。慈禧哪里肯依，冲着光绪冷笑两声，咬牙切齿地说："你起来！现在不是替她讲情的时候，叫她去死吧！也好惩戒惩戒那些不孝的孩子，让那些'鸱枭'们看看，自己的羽毛还没有长得丰满，就来啄他娘的眼睛！"

光绪皇帝（1871—1908）

这时，崔太监奉命来扯珍妃。珍妃甩开他，挺起腰身就奔井口走去。走了几步又回转身子，来到光绪面前跪下说："奴才现在向皇上叩别了，皇上对我的恩情，奴才来生再报！请皇上善自珍重。祝愿我皇万岁！万万岁！大清不会亡！"说完，站起来转身快步走上井台，一头扎进井口，死时年仅二十三岁。

关于珍妃之死有种种传说，但都认为是崔玉贵奉命推入井中的，也有说是崔玉贵把珍妃用毡子裹了扔入井中的。其实，是珍妃纵身自跳。她死得悲壮，令淑妃无限钦佩。

淑妃也想辅佐溥仪干点什么，可那年头，"小皇上"并不是真皇上，没有什么政事可做。当然，紫禁城那个小圈子里也有发号施令的事情，还要接受清朝遗留的王公贵族和满汉大臣的叩拜，会见仍与小朝廷保有各种联系的民国政府人士和外交使节、来宾。处理这些事情，全凭几位"帝师"和内务府官员们一言而定，又何须小小的淑妃插嘴？

其实所谓的正事也完全算不得什么大事。一天，溥仪接见了一位蒙古族王公。嗣后来到长春宫，饶有兴味地向淑妃讲述接见情景，两人都笑得前仰后合。淑妃遂建议道："今天，奴才伺候文房四宝，就请皇上记下这件逗乐儿的事吧，以后想起也能看看再乐。"于是御笔之下又有杰作，题为《和蒙古人的谈话》：

余见蒙古人，彼言语甚为可笑，故尔记之于淑妃宫。

余曰："你们几时来京城？"

蒙曰："我们没有吃茶。"

余曰："不是吃茶，我说你何时来到北京城？"

蒙曰："哦哦，臣才明白，皇上问的是什么时候来的北京啊！是不是啊？"

余曰："为何不是呢？"

蒙曰："大前天早五点钟来的。"

余曰："我听说蒙古的地方不安静，可有是么？"

蒙曰："皇上胡说。"

那彦图大呼曰："蒙古人敢出口不逊？这是皇帝，不许你乱七八糟地胡说八道！"

蒙曰："是！是！"

余曰："不要紧，他没有见过我，他偶尔说一两个不对的话，也无须责备。"

蒙曰："皇帝说得甚对。"

那彦图又叱之曰："皇帝二字，是你叫的么？"

蒙曰："那么方才你为什么说皇帝？"

那彦图曰："呸！呸！我不同此等混蛋人说话了。"

那彦图登时出去，蒙古人亦去，余下座大笑。简直是二人斗口，不是余在见人也。①

溥仪放下"御笔"，二人又笑了一回，这篇记录也就成了"小皇上"赏给淑妃的"御赐品"了。

然而，淑妃并不只是一个沉湎于风花雪月的柔情女子，也不只是一个擅长琴棋书画的巾帼英才。她年纪虽轻，却读过不少书，对时事和政治有自己

---

① 此处引文依据文绣族亲提供的资料。又据单士元先生讲，溥仪出宫后在毓庆宫捡拾的溥仪窗课作品中亦有此文，但个别字句不完全一样。估计溥仪先写于长春宫，继而复写于毓庆宫。

的见解。她利用在宫中的方便条件,多方了解有关珍妃宫中活动的秘闻,在心目中树立了一个楷模。淑妃赞佩珍妃的"干政"之举,景仰她的远见卓识,更为她的慷慨就死而感动不已。

淑妃入宫后正值端康皇太妃主持宫廷内务的年代,端康就是珍妃的姐姐瑾妃,当时已经年老,满脸皱纹,又黑又胖又矮,加上又患粗脖病,面颌之下全是下垂的脖子肉,每天早晨,淑妃要跟在皇帝和皇后的后面,到端康的宫里请安。端康爱吃零食,身边果脯、瓜子不断,有时高兴了,就顺手拿些柿饼、金糕赏给淑妃,淑妃并不愿意吃这些东西,也只好满面笑容、毕恭毕敬地接过来,跪谢主子圣恩。

端康太妃(光绪帝的瑾妃,1873—1924)

说实在的，正像端康并不喜欢淑妃一样，淑妃也不喜欢端康。端康不但模样太蠢，说话的声音又特高，一点也不文雅。可是，淑妃对端康还是有几分尊重，这原因不是别的，实为她是珍妃的姐姐。每逢给端康请安，淑妃总在心里默念着：珍主子安息！

六 花前月下

如果说文绣与溥仪结婚后也有"黄金时代"的话，那就公元一九二三年这短暂的一个年头！其时，溥仪还是喜欢他的淑妃。由于淑妃知识面广，又有文才，溥仪觉得有话可说，他们不但坐而论道，说古论今，而且常常携手同游，把两双脚印叠错地印在御花园的小桥上、御路边，有时就在长春宫或养心殿的廊前阶下谈情说爱。

一次，淑妃被溥仪言来语去地戏弄了几句，觉得不是滋味儿，就和他怄起气来，一连几天不愿理他。"小皇上"原来是个多情郎，又爱开玩笑，这天便坐在养心殿的书案前，由太监伺候文房四宝，在大红格子的毛边宣纸上，郑重其事地写了一封信。三五分钟之内一挥而就。写完立即打发太监送到长春宫，待淑妃拆开一看，信中以淑妃在宫中自取的别号"爱莲"相称，内容既缠绵又逗人：

爱莲吾爱妆次：敬启者，猥以贱质，幸蒙青眼，五中铭感，何可胜言。一日不见，有如三秋。鹣鹣鲽鲽，我我卿卿，思情密密。月夜

溥仪正在玩犬

末代皇帝的五个女人

溥仪在紫禁城内骑过的自行车

逊帝溥仪在景山

花前,携手游伴。柳岸河边,并座谈心。你是一个仙人,我是半个北鸭旦子么?

淑妃阅毕,憋不住"扑哧"一声笑了。对立在一旁等写回信的太监说:"皇上好开心。你下去吧,不回信了!"

溥仪闲来无聊,还有什么事情不干呢?每天除养猫养狗、骑车骑马、打球看戏之外,也还有时间逗逗自己的皇后和妃子。有时候在宫里待得太闷,就找借口外出散心,也把皇后和淑妃都带在身边,他们一起穿街探亲,登山游玩。

一九二三年春夏之交,溥仪的亲祖母也就是醇亲王奕𫍽的侧福晋刘佳氏患病,溥仪总算有了出宫的正当理由,带着皇后和淑妃,于四月三十日乘汽车前往什刹海畔的醇王府,既探望了祖母又领略了一路风光。一个月以后,刘佳氏的病又见沉重。溥仪便带着皇后和淑妃连续两次出宫探望,第一次在六月六日,连宫中端康、敬懿和荣惠三位皇太妃也出动了;第二次在六月九日,消息一见报,外界都以为醇王府老侧福晋一定就要归天,其实只

婉容、唐怡莹、文绣、毓崇妹（由右至左），摄于御花园内

溥仪在宫中从房顶远望外面的世界

是老病又犯了一次。溥仪和他的一后一妃,倒是利用这个机会把醇王府的后花园好一顿游逛。

按宫廷规定:盛暑降临后,皇帝和后、妃也停止上课,放假避暑。溥仪便乘机大游景山,以饱眼福。七月三十一日下午一时,溥仪带着皇后、淑妃乘轿出宫,从北上门登景山,眺望全城。这次同游的还有满蒙亲贵以及内务府大臣等多人,轿子一顶接一顶,热得轿夫汗流浃背,叫苦不迭。到达正中亭画舫斋,溥仪传谕茶点伺候,啤酒、汽水、饼干通通端了上来,皇后和淑妃羞启朱唇,溥仪还给她们逗乐儿呢!

溥仪玩得还算尽兴,只是人太多了点,不如单独和后、妃在一起。于是,八月三日下午,三顶轿子又把溥仪和他的后、妃抬上了景山。他们在山上漫步,远眺各处风光。因为上午下过一场雨,四外绿树红墙,格外清新悦目,竟使

婉容(中)、文绣(左)在醇王府与溥仪的弟妹们合影

几位高贵的游客流连忘返，足足待了一个多时辰。等要下山时，溥仪发现，景山红墙外面竟聚满了人山人海的观客。他们都想一瞻皇上的风采。

溥仪贪玩，第二天即八月四日，又找出探问"国丈"的理由，带着皇后和淑妃就直奔帽儿胡同荣公府去了。进门不足十分钟，就嘱后、妃多待一会儿，自己先跑到景山上去等候，原来是去尽兴。后来，溥仪又提出要"偕同后、妃赴颐和园避暑"，经内务府大臣们苦苦劝阻，才算作罢。

这年冬天，也有几次出宫活动，溥仪仍是把皇后和淑妃同时带在身边。一次是省亲。一九二三年十二月二十二日上午十一时，溥仪偕同皇后和淑妃，分乘三辆汽车，出宫赴北城德胜桥醇王府，省视了祖母刘佳氏，陈宝琛和朱益藩两位"帝师"随行护驾，至下午三时还宫。另一次是在一九二四年一月十三日。头一天溥杰与正蓝旗满洲都统志锜的女儿唐石霞结婚，溥仪遂于次日偕同皇后和淑妃以及瑜、瑾、瑨三太妃，赴醇王府受双礼。一路上分乘汽车十一辆，加上太监、侍卫、护军、警察以及游缉队、保安队等，前呼后拥，浩浩荡荡，好不威风。

七 屈居妃位

淑妃毕竟是位妃子，在宫中永远不可能与皇后并驾齐驱。

长春宫中的淑妃，闲来没事的时候也会一件件地想起入宫以来发生的不公平事儿。大婚典礼那几天，虽然没有叫淑妃跪迎皇后，可是，向祖宗行礼不叫她参加，接受来宾祝贺也不叫她参加，好像完全是别人的婚礼。论名声当然也是皇后大，她可用"济贫"做手段，让小报记者们赞美她的善举善行。然而，淑妃就没有这个权力，即便拿得出钱来，也绝不被允许出这个风头。皇家的事儿，不全是公道的，还有什么可说！

倘在十几年前，那是"大清"的天下，宫闱之中，也就相安无事了。今天却是另一个时代，尊位上的皇后主张一夫一妻，反对皇上纳妃；卑位上的淑妃也不愿屈居，要争平等的人权。这样，后、妃之间的明争暗斗就不可避免了。

后宫等级森严，谁都不能错半步。当时溥仪在醇王府的九位弟妹，每年

婉容与文绣在宫中（之一）

都依例有几次入宫会亲的机会，其间每天都要行礼或请安，顺序是绝不可以打乱的：端康、敬懿、荣惠、皇帝、皇后、淑妃。载沣这人在对待文绣问题上是很精明的，按清宫旧制，皇妃没有资格接受请安，如果照这条做，不但扫了淑妃的颜面，也会使端康等几位太妃不悦，因为她们当年都是皇妃。所以载沣不许子女们在请安时丢下淑妃，不过把她排在最后一名罢了。至于"伺候用膳"即依例由会亲的九个人每天陪一位主子吃饭，则无法考虑淑妃了，载沣不敢太出格，"淑妃虽然也是皇帝的老婆，却不但得不到皇帝的弟妹陪同吃饭的荣耀，而且也没有和这些贵宾一起陪太妃、帝后吃饭的权利"。然而，载沣也有圆通之策：他把孩子们在宫内住的时间安排为四天，顺序陪端康、敬懿、荣惠和婉容吃饭，第五天都已经离宫而去，这就绕过了一个难题，似乎不陪淑妃吃饭只是受到时间的限制而没有轮到她，并非资格问题[①]。载沣还能细心考虑到给文绣做面子，婉容对"情敌"可就没有这个态度了，两人间

---

① 参见凌冰：《爱新觉罗·韫欢》，宁夏人民出版社 1984 年版，第 7 节。

的恩恩怨怨，是是非非道不尽。

皇后婉容从入宫之日起就对淑妃充满妒意，但她深知皇上对淑妃不错，也只好敷衍着，不把厉害摆到脸上。

一天，淑妃微感不适，就命宫中御医萧炳炎到长春宫问诊。这事儿恰被皇后身边的一名太监得知，立刻报告给他的"主子"。皇后便从关心的角度，嘘寒问暖，写了一封短信打发太监送到长春宫去。信中写道：

爱莲女士惠鉴：

　　才闻傅（传）萧炳琰（炎），想是欠安否？见（现）痊愈否？望君赐以回函，以慰余之疑念。

Elizabeth

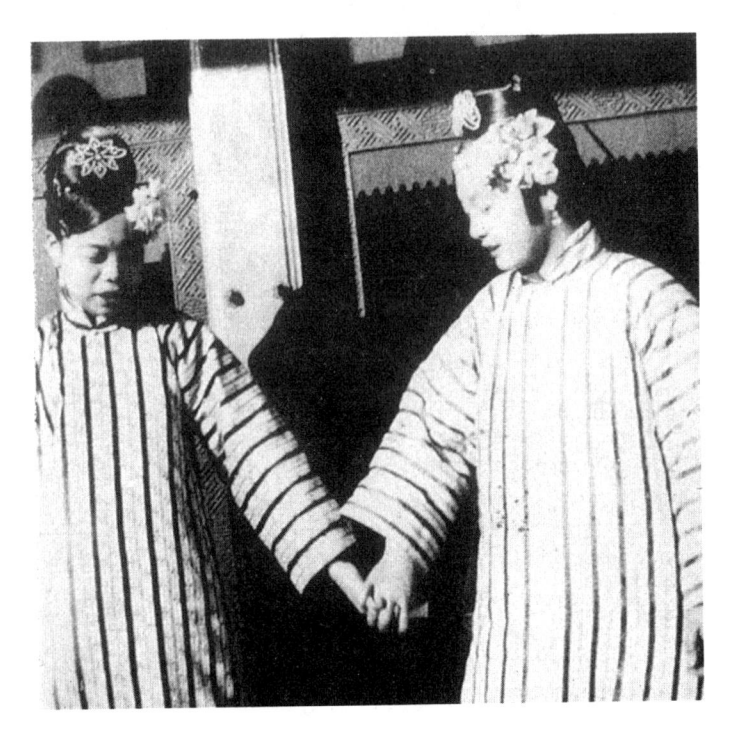

婉容与文绣在宫中（之二）

| 末代皇帝的五个女人 |

淑妃看完这封用溥仪所取的英文名字"伊丽莎白"落款的皇后来信，立刻在信中三个错别字下，加括号嵌入相应的正字，不卑不亢地写了一张回条：

现在无有何等不适，不过每日必令萧诊脉一次。因午间有事，故令晚间来。you 放心可也。来函笔误甚多，兹特更正还回。

淑妃写完，就将这张条子连同皇后的原信一起送了过去。人们也许不解：淑妃回函，为什么前不称谓，后不落款？原来淑妃已经看出：皇后的信中前以"女士"相称，后则洋名自署，既回避了尊卑，又保持了身份，却在无形之中"将"

淑妃文绣在长春宫前（之一）

了淑妃一"军"，淑妃的处境就很尴尬了，不好再称呼"女士"，又不愿意叫声"主子"，干脆写上几行字就算了。这只不过是一名屈居妃位、又不情愿的女子所做的苍白的抗争。

这一通平平常常的问候函件已经透露了后、妃之间的芥蒂之深，随着时间的推移，她们的矛盾愈积愈多，愈演愈烈。"小皇上"今天到这宫没到那宫，明天到那宫没到这宫，都能引起她们之间的猜疑，互相生气，甚至连吃饭、穿衣、请安、说话一类鸡毛蒜皮的小事儿，也会闹得不可开交，一塌糊涂。

这里引录一封皇后致淑妃的函件，其中人称全用英文，为方便读者加"( )"标明汉字。还有淑妃阅读时所加批语，则用"[ ]"括进，以示区别。信中错别字一仍其旧。原信如下：

054

中国末代皇妃 额尔德特·文绣传

爱莲女士惠鉴：

　　昨接来函，知you（你）之兰楮冈，倪以痊愈，I（我）甚欣慰之至。and（并）诸君勿怕，me（我的）错误，念I（我）是于君互相立誓，彼此均不得再生误会。不拘何事，均可明言。所以君今不来，I（我）以ate（吃饭）稍有误会之处［不过莫明其妙而已矣！］，只是君是因病不得来此，I（我）实不能解也。君闻过中外各国，you（你）有病不能见I（我）之理么？若有，何获罪于君之处，还望君明以见告为幸。不过自叹才德不足，难当君之佳友耳。请罪人：Elizabeth（伊丽莎白）

　　本思再写数行，以博君之一哂。怎奈不会写了，只得作此不通之数字，以解君之幽闷。

信中透露了如下历史事实：皇后和淑妃曾因吃饭而闹了别扭，相互怄气；

婉容与文绣在宫中（之三）

淑妃则称病不到皇后宫中请安,皇后乃写此信,名为赔礼请罪,实则兴师问罪!

一九二三年十二月十五日(旧历十一月初八)是文绣入宫后第二次过生日,内务府预先就造了舆论,不拟操办。《国强报》遂于十二月八日做了题为《淑妃寿辰止贺》的报道:

> 清宣统之淑妃,旧历十一月初八日寿辰,内廷供职大员例应祝嘏。闻淑妃因体念时艰起见,已拟止贺。昨由敬事房传谕王公大臣,概免进奉寿物。

婉容入宫前就声势浩大地办"千秋",入宫后更是在千秋之日演戏、颁赏,到文绣这儿就要"止贺",未免让人不服。或许淑妃呈请"小皇上"过问了,或许是溥仪自行决定,总之"概免进奉寿物"一条未曾执行。自十二月十二日起,淑妃开始向王公大臣及其女眷们颁赏,依例进奉"千秋贡"者也大有人在。内务府大臣耆龄在日记中记载了他和夫人及儿媳受赏纳贡的情况:

> 昨日(指一九二三年十二月十二日),淑妃赏大缎一疋、内人及均媳画各一轴。今日,内人及均媳进千秋贡如例。

然而,妃子的地位正是文绣终生悲剧的根源。天下,早已不是龙旗翻卷的世界,溥仪却仍以逊清皇帝身份同时册立一后一妃,二人共侍一夫,岂能相安无事?这两个后宫女主,一个为了争夺"皇帝"的关爱、显示自己的尊贵,一个为了反抗屈辱、争取平等人权,明争暗斗,你来我往。

八 孤灯瘦影

皇后和淑妃闹矛盾,皇上也说不清孰是孰非。

十七八岁的溥仪把心思都放在"复辟"上了,对后妃之争没有多大兴趣,也不偏向哪一个。当溥仪还喜欢淑妃的时候,皇后不太敢凭着优越的地位欺侮她。在两人的"官司"上，溥仪也总是站在公正的立场上。

拿吃饭来说，皇上、皇后和淑妃平时总是各自"传膳"，你吃你的，我吃我的，想同桌共饮，吃顿团圆饭，那必须皇上传旨才行。溥仪高兴了，也会发出一道这样的谕旨，而且，绝不把淑妃撇开。一天，溥仪忽然想尝尝西餐取乐，就命太监找来六国饭店的厨师，并新买了一批刀、叉、盆、碟等，黄油、牛排、乌龟汤等摆满了几大膳桌之后，溥仪传旨把皇后和淑妃都叫来，以和蔼可亲的态度对她们说："我们今天吃洋饭好不好？"皇后见过西餐的世面，自然是很高兴；淑妃也感激皇上的恩典。当溥仪举起筷子就要张嘴时，皇后强忍一笑没有出声，稍顿才说："奴才不敏，愿为皇上先演示'洋饭'的进法。"只见她轻快地操起刀、叉，切开牛排分放于三人盘中，又叉起一小块儿送到自己口内。溥仪这才明白，在西餐桌上筷子是没有用武之地的，淑妃也开了眼界。

戴墨镜的溥仪

再说穿衣，一年四季之中，皇后和淑妃几乎每天都裁制新装，溥仪对谁都不限制，着成衣头目量了尺寸，随便做去。故宫博物院迄今还留存着皇后和淑妃的一些裁衣尺寸单子，例如：

皇后的棉便衣尺寸——
　　身长　四尺二寸二分
　　腰长　六寸四分
　　领长　一尺一寸三分

淑妃服饰之三

淑妃的挽袖棉袄尺寸（裁衣尺）

身长　四尺三寸

袖长　二尺一寸

袖中　五寸五分

腰长　七寸八分

台肩　七寸八分

假挽袖　（上口）七寸二分

　　　　（下口）六寸五分

领高　二寸五分

领长　一尺二寸二分

下摆　一尺一寸八分

她们做冬装，则挽袖棉袄、舒袖棉袄、棉便衣、棉马褂、皮马褂、夹背心等成系列地做；做夏装则更是几套系列地做起来，没完没了。自然是浪费，但总算公平。

在故宫博物院织绣藏品中，除了前文谈过的那一套朝袍和朝褂以外，还有两种衣物：一种叫石青纱绣八团云蝠金龙单褂，亦属在喜庆日子里才穿用的"吉服"，形式为内圆领、扩袖、对襟、左右大开衩、直身，图案仍是变换了的金线龙纹与彩线云蝠纹的交织；另一种叫雪青缎绣菊花纹小坎肩，形式为琵琶衿，身长六十八厘米，肩宽四十四厘米，下摆八十五厘米[1]。据说清代后、妃每年旧历九月初九重阳节登临御花园堆秀山时，都穿带有菊花纹样的服装，表示吉祥长寿。文绣在宫中两度逢重阳，大约都穿这件小坎肩吧，有人考证说这件小坎肩是淑妃平日很喜欢穿的一件便服。

转眼到了一九二四年春天，淑妃开始感到宫中起了变化。这是因为皇后

---

[1] 参见张凤蓉：《清宫藏"淑妃"服饰》，载《紫禁城》1989年第2期。

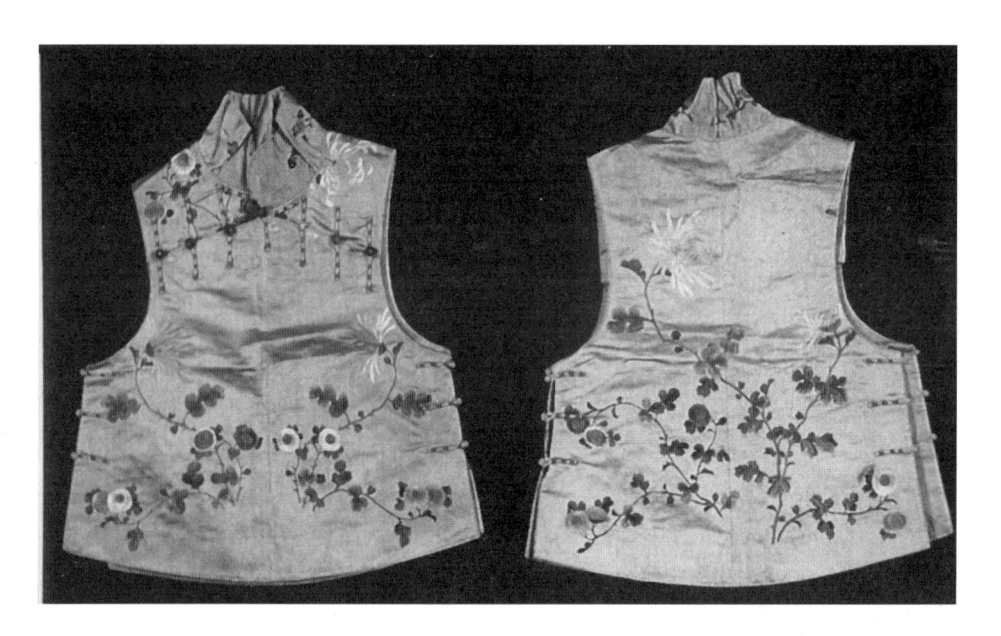

淑妃服饰之四

不但地位优越，而且人长得漂亮，常把"小皇上"哄得晕头转向。从此，淑妃总是输"官司"，眼见溥仪越来越偏袒皇后，疏远自己，甚至连长春宫的门槛也很少迈进了。正如溥仪在《我的前半生》中所说："差不多我总是和婉容在一起，而经常不到文绣所住的地方去。"

淑妃失宠，心中痛苦难言。皇后却得意起来，公然写信挖苦淑妃，或问她"顾影自怜否？"或问她"娇病好点了？"讽刺她，嘲弄她，把她置于十分难堪的处境之中，大有欺负人无所顾忌之势。文绣也不示弱，从矛盾初起之日她就敢于以牙还牙。

下面两封信便是皇后的杰作：

爱莲女士惠鉴：

　　数日未见，不知君还顾影自怜否？余今甚思构（购）一明镜，以备顾君之影。念有一曲，以还君之一笑。

爱莲女士吉祥：

爱莲女士弹琴弹得好？爱莲女士唱得好？爱莲女士的娇病好点了？爱莲女士进药拉吗？爱莲女士进的好、拉的香？祝君晚安。

俗话说："雪里送炭的少，锦上添花的多。"其实在现实生活中，乘人之危落井下石的不也大有人在吗？淑妃失宠，连宫中下人也敢欺侮她。《实事白话报》登出题为《二太监恃宠而骄》的新闻，讲了这样一件事：

淑妃文绣在长春宫前（之二）

清室长春宫首领太监刘海、李舍二人因清帝信任，所以恃宠而骄，把持权柄，目中无人。每见淑妃年幼可欺，时用蒙蔽手段。因其骄傲成性，淑妃亦敢怒而不敢言，刘、李二人越发肆无忌惮。此种权奸可谓代代皆有，何以皇室不能绝此根株？

文绣那篇有名的《哀苑鹿》便是这一时期的作品，她以庭园喻宫苑，以囿鹿自比，不但道出了"狱内之犯人"的自我感受，且表达了对于自由自在的平民生活的向往。文字典雅，结构谨严，是一篇优美的抒情文言短文。现

据单士元先生编选的原文,转录于下:

> 春光明媚,红绿满园。余偶散步其中,游目骋怀,信可乐也。倚树稍息,忽闻圈鹿悲鸣宛转,就而观之,奄奄待毙,状殊可怜。余思此鹿得入御园受恩豢养,永保其生,亦可谓之幸矣。然野畜不畜于家,如此鹿于圈内不得其自行,犹狱内之犯人,非遇赦不得出也。庄子云:宁其生而曳尾于涂中,不愿其死为骨为贵也。

偌大的宫殿,冷漠的人心,四周一片凄凉。淑妃这才体会到,自己哪里是什么皇妃?简直就是一个尼姑,置身于深山老林内的庙宇,在青灯供案之前礼佛焚香。

若干年后,淑妃回忆这段宫中生活时,脸上顿现悲戚之色,她的每句话都渗血渗泪:

> 宫里本有发电机的,但总出故障,停电。溥仪是不和后、妃同住的,我只好一个人守候着空旷的宫殿。那是可怖的长夜,那是难熬的孤独!我燃起蜡烛,面对孤灯,一直等到烧去了一大截。烛芯长了,光影恍了,我就拿起剪刀剪一剪。一阵莫名的伤感袭来了,我想:自己正像这截深宫之中的残烛,眼泪快要淌尽,生命化作青烟。这是金碧辉煌的宫殿吗?
> 也许是阴森可怖的坟墓![1]

《时报》1923年10月9日关于"溥仪大拍卖古董"的报道

---

[1] 依据文绣族侄傅嫱提供的资料。

| 末代皇帝的五个女人 |

文绣在长春宫院内，她的两年宫廷生活在这里度过

《上海时报》1924年1月22日关于"清室又将拍卖宝物"的报道

清室又将拍卖宝物

清室近来，窘困益甚，以历代宝物，售之外人，籍以济用。近闻又将以历代御笔及名人书画二百件，写经五卷，宝石一千三百颗，及瓷器玉器古铜器镜镁等，约值一千万元之谱，决定全部出售，欧美富豪商人，顾出重价，惜清室遗老，以历代宝物，散佚远方，未免可惜，必不得已，有售与近邻日本之议，此事已与日本大骨董商幸松武雄冈町之幸松秘矣，幸垫之意，亦不愿此宗宝物，并将全部目录，分门别类，寄交东京芝三田、丰岡町之幸松秘矣，幸垫之意，亦不愿此宗宝物贮藏一处，惟日本自震灾后，何人能独出钜资以收买耶，此事尚待解决之问题也，虽然，此实我国至可宝贵之古物，最好仿大仓男爵之美术馆，将此宝物贮藏一处，惟日本自震灾后，何人能独出钜资以收买耶，此实尚待解决之入外人之手，国人其谓之何。

九 袖藏利剪

终于到了必须离开皇城的时候。淑妃并不留恋那空旷的宫殿，却没有忘记自己还是"大清朝"的皇妃。

一九二四年十月二十日，端康皇太妃病故。时值直奉战争期间，国中不靖，人心惶惶。突然在街头巷尾布满了军警，四门关闭，全城戒严。冯玉祥将军发动了成功的北京政变，民国总统曹锟被软禁在延庆楼内，军阀吴佩孚向南方逃窜，还有一批知名的政客、军人如曹锐、李彦青等已被枪毙，驻扎在清宫之外的"内城守备队"也被冯军改编。溥仪觉察到形势不妙。

各种各样的传闻不断飞来,有人说因为溥仪撵走宫内的太监,出于报复心理,便有太监向冯玉祥密告溥仪盗运宝物出宫的情况。这次冯军倒戈,就是要逮捕溥仪,索还宝物。溥仪闻言很是恐慌,一天到晚愁眉苦脸,曾把几位老师和载沣等王公以及清室内务府大臣等,召集在一起,开"御前会议"商讨对策,结果谁都没有办法。

垂头丧气的溥仪来到长春宫,向淑妃诉说了自己的苦闷心情。他捶胸顿足地表示,痛悔祖宗留下的大清江山丧失在自己手中,并发誓绝不放弃"大清皇帝"尊号,不当民国顺民!溥仪这话在淑妃心中打上了深深的烙印。

十一月五日上午,溥仪最担心的事情终于发生了。当时,溥仪正坐在储秀宫与皇后边吃水果边闲聊,内务府大臣绍英带着鹿钟麟交给的《修正清室优待条件》,跟跟跄跄地跑来报告说:"北京警备总司令鹿钟麟和警察总监张璧,还有故相国李鸿藻的公子李煜瀛(字石曾),已经带兵进宫,还在景山架设了大炮。要皇上立即在这张修正条款上签字,并限令三小时之内交出玉玺,迁出宫禁!"溥仪一听,急得团团转。电话线被掐断了,宫外的王爷,还有庄士敦师傅等也全都进不来。溥仪立即命太监传旨把淑妃找来。皇上、皇

倔强的文绣

063

后和淑妃商量了一会儿，没有一点主意。后来还是由绍英和朱益藩想出一条折中之策：只要冯玉祥宽限时间，允许清理并带走宫中全部财产，皇上可按优待条件规定移居颐和园。溥仪赞同此策，命绍英传旨："约定日期，清室自迁，物件不予点交。"绍英乃再去洽谈，很快便带回结果，向溥仪报告说："鹿钟麟认为如全部迁出，自然不是仓促之间能够办到的事情，当然可以延缓几日。但是，皇上必须今天出宫，不能耽搁！"

溥仪表示不能接受此议，命绍英再去磋商。过了不多时间，绍英又来回报：没有缓和余地，再不出宫，二十分钟之后向宫中开炮！溥仪不再顾忌什么，立即在《修正清室优待条件》上签了字。随后，命皇后和淑妃各自收拾细软；传谕内务府发给各宫太监每人十元，宫女每人八元，分别做好出宫准备；传谕将养心殿新添设的全套西式家具和从东安市场买来的大量儿童玩具装车带走。一时之间，清宫中的四百八十多名内勤太监和一百多名宫女，通通陷入忙乱之中。绍英一眼看见宫内悬挂的"宣统十六年十月初九日"牌示，命太监赶快把它摘了。

1924年11月5日，溥仪偕婉容、文绣从神武门出宫

这时，淑妃回到自己的长春宫内，只把平日自撰诗文手稿、溥仪给她的信以及若干首饰裹成一个小包，命宫女送到养心殿去。自己则来到大殿供案前拜了几拜，突然从袖内亮出利剪，对准咽喉就要刺入。说时迟，那时快，只见有人一个箭步蹿了上来，死死抓住淑妃握剪的那只手不放，苦苦哀求道："淑主子万万使不得，不为自己，也要替奴才想想，奴才担当不起呀！"原来是长春宫的一名内监，此人聪明伶俐，早已注意到淑妃的动向，今天则一直在用眼睛盯着她，并发现她在袖中藏了一把剪刀。原来，溥仪命绍英再去磋商的时候，立于一侧

的淑妃已经预感到问题严重,就横下一条心:逼宫之日就是亡清之时,也就是我淑妃魂归西天之时!自从冯玉祥发动北京政变成功,溥仪变得惶惶不可终日。于是,她暗暗备好一把锋利的剪刀,准备好把慷慨殉清作为自己的正当归宿。淑妃虽然未能遂愿,却以实际行动表达了自己为封建帝王喋血殉葬的诚心①。

内监宫女们把淑妃搀扶到养心殿,向皇上禀报了事情经过,溥仪深为感动,劝慰淑妃说:"有我在,大清就不会亡!现在还不是殉清的时候,你应保重身体才是……"遂命内监宫女,精心照料,不得擅离左右。

这时又有太监来报,说敬懿、荣惠两太妃宁死也不出宫,声言倘敢动武就跳井一死,而且,已经开始绝食,滴水不进,誓以宫禁为死地。溥仪无法,

查封交泰殿的人员在殿前合影

---

① 关于淑妃自刎殉清之事,参见文绣与族兄文绮来往信件。文绮致文绣函有"汝随侍逊帝出宫之时曾藏利剪,拟自刎于丹墀之下"句,文绣致文绮函有"逊帝前被逐出宫,曾声明不愿为民国国民,故妹袖藏利剪,预备随逊帝殉清"句。

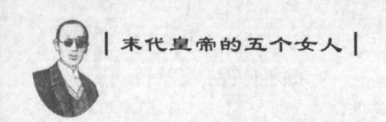

听任两太妃留居皇城。

当天下午,溥仪召开第二次御前会议,决定出宫后暂居醇王府。四时十分,溥仪等人登上了鹿钟麟给准备好的汽车。淑妃和皇后同坐在第三辆上,她看着宫内正在盛开的千姿百态的盆菊,流泪不止,感伤万分。

第三章 裂痕微露

一 在醇王府客厅的屏风后

溥仪一行出宫时临时挑选了十七名最亲近的太监和宫女跟随伺候，一起前往醇王府。其余宫中奴仆除少数人继续负责原有工作外，大部分如鸟出笼，恢复了自由。清室各种附属机构也同时自动解散，其中人员都各奔前程。

从紫禁城到醇王府不过十几分钟的车程，对溥仪、婉容和文绣来说，却像换了天地。相同的是他们在这两处地方都没有自由，一进入醇王府又被鹿钟麟的军队给封闭了。那些天，溥仪和溥杰、溥佳一块儿住在树滋堂，而婉容和文绣则与溥仪的庶祖母李佳氏同住。这一组奇特的夫妻还分居着，可见面的机会比在清宫多得

1924年11月中旬，出宫后的溥仪与载沣、溥杰在醇王府花园

多，因为醇王府毕竟不比深宫叠院的皇城，天地小，范围狭，想长期阻隔人们的视线也是不可能的。出宫前半年多的时间里，溥仪为了减少皇后的猜疑，对淑妃日渐疏远，已经很少再去长春宫了。由于出宫那天发生了淑妃殉清未遂的事件，溥仪受到感动，复萌对淑妃的敬重之意。这个时期，溥仪常与皇后、淑妃在一起。应该特别指出的是，有些事溥仪也总要来找文绣商量商量。

从心情上讲，这时的皇帝、皇后和淑妃也完全一致：他们都关心宫中的金银财宝，更瞪大眼睛注视着时局变化，而王府门口那端枪挂刀、须臾不离的卫兵，

溥仪进入醇王府后国民政府军警在王府门前严密戒备

又同时给三人精神上造成极大的威胁和不安，确实已到了患难与共的时候！

从十一月五日到七日那几天，王府之内的人们个个惊魂未定，如坐针毡。八日上午，溥仪的情绪稍见稳定。他身着浅灰色的哔叽长衫，脚穿一双黄皮鞋，大概因为这几天没胃口，又难得安眠，面孔显得更加清瘦，像一个时髦的青年学生。这天溥仪正和皇后、淑妃同桌共用早点，绍英匆忙来报：鹿钟麟要见皇上，已在前院大客厅内等候。溥仪闻报，把筷子朝桌上一扔，起身就走，皇后和淑妃哪里还吃得下饭？也随后跟了出去。等溥仪走进客厅，一后一妃也闪身进入客厅屏风后面靠右侧的小耳房里听话。她们不知道将发生什么事情，以为鹿钟麟等这次来绝非善意，都替自己的丈夫捏着一把冷汗。

客厅内还坐着随鹿钟麟一起前来的警察总监张璧和社会知名人士李煜瀛等两位"逼宫"时在场的人士。他们一起来到醇王府，找溥仪商谈清室善后问题。

溥仪同他们一一握手，分宾主落座。最先开口的便是鹿钟麟，此人快言快语，表现出明显的军人风度："我们今天来，是要与溥仪先生谈谈清室善后问题。"他用手指一下坐在身边的李煜瀛，接着说，"清室善后委员会现已成立，李石曾先生就是委员长，所以一同来了。对于清室善后问题，当然要听一听溥仪先生的意见。"没等溥仪搭话，鹿钟麟一连串提出四个问题，让溥仪逐一表态。

耳房中的淑妃听完鹿钟麟这番话心神稍安，她原以为鹿钟麟等这次居心叵测，遂做好了准备：倘若逮捕溥仪，便当场自杀，以示抗议。然而，事态没那么严重。

这时，客厅中的溥仪想起皇后和淑妃谈过的几件事，何不利用这个机会向当局问问呢，就说道："我的意见早已经说过的，今天既然是中华民国一分子，对于清宫的善后事宜自然没有什么不可以商量的，然而权利应该是对等的。门禁问题，希望能稍为放宽，请通融一下。"绍英马上意会，溥仪又补充道："我出宫时太匆忙，连过冬衣服也不曾带出，皇后和淑妃已经三天没有更换衣服了，请允许先把衣物和日常用品陆续取出，以备应用。"

鹿钟麟显然并不阻止取回衣物，他的着眼点只在那些具有政治色彩的方面，他回答说："取回衣物和日常用品自然是可以的，但不许携带历史文物。像朝冠、龙衮等是具有帝制性质、违反国体的文物，绝对在禁止之列。至于清宫门禁本来就是暂时的，在交通方面一定尽量给予方便，我将命令清宫卫队，可以听任府中人员自由出入。"

除放宽清宫门禁等要求，溥仪还提了些别的，如对尚在宫中的敬懿、荣惠两位皇太妃的生活照顾问题，列祖列宗陵寝宗庙的祭祀问题等，鹿钟麟都表示予以关照。溥仪以及他在小耳房里偷听的两个妻子这才松了一口气。原来溥仪提出的几项要求，都是预先跟婉容和文绣商量过的。

鹿钟麟等三人离去后，溥仪独自在大客厅中踱来踱去，心中愤愤不平。淑妃在耳房中仔细听取大客厅中的对话，并加以思考，思想上开始起了变化。她开导溥仪说："事已如此，从长计议为好。"

皇后和淑妃陪伴着溥仪穿越庭院返回树滋堂的路上，无可避免地又看见了大门外端枪站岗的鹿钟麟部下，顿时从心头升起一股又苦又涩的滋味儿。

这天晚饭，溥仪仍由皇后和淑妃陪着共进。淑妃见他实在吃不下什么东西，就唤仆人端上茶盘来。溥仪流泪不止，向皇后和淑妃倾诉自己的苦闷之情。他说："历代最后一个皇帝，下场全都不好，不是被害就是遭软禁关押。中国不如外国，英国征服了印度，而印度原来各土邦的国王还照样当国王。甲午年间，日本从我们大清手中得到朝鲜，对李王家族仍照国王礼遇。袁世凯以来民国总统对清室还讲面子，谁知冯玉祥逼人太甚，一点情面也没有了。"

这时，皇帝、皇后和淑妃三个年轻人，真可以说是心气相通。在皇城的红墙内生活的年代，他们真想生出翅膀飞出禁城。特别是淑妃，从小在大街上这头跑到那头，突然被关进了高墙深院，过着死一般沉寂的生活，哪会不感到难受？可是，一旦被撵出宫门，又觉得无限惆怅，眷恋着往日的生活。她也和皇帝、皇后一样，皇宫没有了，尊号没有了，有的只是遥远的难以预料的人生之路。

二 她的看法不同凡响

此后，文绣看到的第一件大事，就是溥仪急急忙忙地命人把宫中的大内藏银取了出来。这是绍英与鹿钟麟交涉的结果，说是用费太大，急需现款，根据善后会议决定，鹿钟麟允请。所谓大内藏银，就是清宫库存的历代元宝银两。取银那天，由善后委员会的双方委员监视用秤。过秤之下竟有六千三百三十三斤，旧制一斤十六两，折合十万一千三百二十八两。都是每只十来斤重的银元宝，上面铸有福、禄、寿、喜等字样，也有一定的文物价值。经双方议定：每样留下少许做陈列品用，其余通通发还，运到清室指定的盐业银行，兑成带有袁世凯头像的银元归溥仪使用。

接着，文绣又见溥仪命人清理并取回了溥仪、婉容、两位皇太妃以及自己的衣物用品。这中间自然也做了些手脚，把一些闪闪发光的金银珠宝、精美玲珑的乾隆瓷器、名贵无比的书画手卷以及举世罕见的古玩佳品，混在用品箱中、行李囊内，偷运了出来。虽说到了神武门要检查，可当兵的门卫并不识货，大都放了过去。他们只是特别注意了溥仪的行李，结果搜出了王羲之的真迹《快雪时晴帖》和仇十洲的原画《汉宫春晓图》，那本是乾隆皇帝最欣赏的"三希"作品，自然能被识别出来并予扣留。

敬懿和荣惠两位皇太妃听说大内藏银仍归了皇室，而且已经运送出宫，也就不想继续赖在宫中，更不准备投井了。她们捎话给溥仪说，可以搬到政府指定的宫外北兵马司大公主府居住。但是，有两个条件：一是要允许把自己宫中全部家具物品悉数带走；二是宫嫔人等出宫时，不受神武门的男人检查，以严男女大防。溥仪遂命绍英向鹿钟麟转达上述要求，鹿钟麟——应允。十一月二十一日，即溥仪出宫半月后，两位皇太妃也大车小辆地出宫去了。

敬懿、荣惠两太妃在溥仪出宫十八天后移居大公主府

那天，鹿钟麟从北京大学找来一帮女学生，在神武门前搜查人身，翻检行李，最后一一放行。

至此，作为溥仪之妻的文绣和皇宫、小朝廷，算是最后断绝了关系。被中华民国政府承认的"大清皇帝"从此再不存在了。按照法律的观点，"皇后"的尊号、"淑妃"的尊号，也应同时废除。在此之后他们沿袭旧称，则是地地道道的自称。

在醇王府的这段时光，正是溥仪，当然也是文绣个人命运的转折点。正

出宫后的溥仪颇依赖郑孝胥

是溥仪迷途问津、前程不定的时候,从天津来了一位鼎鼎大名的学者兼政客,他就是在清末官至中国公学监督和湖南布政使的前清翰林,闽籍人郑孝胥。郑孝胥在溥仪出宫前一年北上,深受溥仪赏识,曾授总管内务府大臣,支持他革弊兴利。他虽然雄心勃勃,却并无起色。鹿钟麟"逼宫"之时他正在天津,闻皇上"蒙难",才救驾来了。

郑孝胥叩见溥仪,照例行了三跪九叩大礼,然后便旁征博引,慷慨陈词,纵论时局,其论点归于一:欲图复辟大业,必须借助外援,而外援之中能够为我所用者要数日本。郑孝胥最先为溥仪设计了投靠日本的政治方案。

那一阵子溥仪颇有"家庭民主精神",讨论时局政事,常常允许婉容和文绣在侧,并且听取她们提出的意见。

婉容平时不大关心政治,对日本、美国、英国、法国,全都说不出个所以然来,认为皇上没有军队,当然要借助外力,只要能完成大清朝的中兴事业,请谁帮忙都可以,所以她倾向于赞成郑孝胥的方案。

文绣从看过的书籍中找到了可做依据的资料,从而形成了自己的看法,并用这种看法劝导溥仪。在当时的醇王府中,她的看法显然是不同凡响的。她语气坚定,态度明朗:"我看历史,日俄两国在我东三省打仗的年代,从旅顺口登陆的日本海军,竟把我国千千万万的男女老少杀得精光,甚至鸡犬不留。这般残暴的日本人会有什么好心眼儿呢?皇上千万不能轻易相信郑孝胥的话啊!否则引狼入室,后果不堪!"[①]

说起来,郑孝胥在宫中曾为文绣进讲古文,他们还有师生之谊呢!文绣的看法就是看法,并不包涵个人成见,而且,涉及政见时她又拗得很,绝不含糊。

溥仪出宫后,面临着命运的抉择,开始让文绣"与闻机要"了。文绣能提出不同凡响的看法,足以证明她是有头脑、有主见的女人。

然而,溥仪的头脑中方针尚未分明,面对茫茫的前程,举棋不定。就在那个特定的历史关头,溥仪留下了这段特定的口头记录:"从甲午年我大清被日本打败,直到如今,从袁世凯到冯玉祥,哪个不怕日本人?民国的总统谁

---

① 引自文绣族侄傅嬙提供的资料。

都不是日本的对手哇！"①溥仪说这话是什么意思呢？羡慕日本的强大，抑或戒备日本的阴险？那时候还真看不出来。

淑妃效法历史上的珍妃，衷心希望助溥仪一臂之力，利用小朝廷的地位而在政治上有所建树。但那时谁听她说呢？

三　驾幸淑妃的"丹阐"家

文绣入宫二载，竟连一次回家省亲的机会也没有得到过。额娘生活得好吗？头上又长出几缕银丝？额前又增添几多皱纹？谁无高堂父母，谁不想念亲人！照清朝皇室祖制，妃子的娘家唤作"丹阐"家，毫无地位。作为妃子，文绣没有出宫看望母亲的权力，而作为妃子的母亲，蒋氏也没有资格入宫会亲。她年轻守寡，含辛茹苦地把女儿抚养成人，一旦送进宫中，就连想也不敢想再见到女儿一面。从什刹海到紫禁城，不过区区几华里，却像隔了一道天河，母女的相思之泪如能汇聚起来，一定会掀起天河之中的洪波巨浪！而皇后婉容则可以非常排场地回门看望父母，据报载皇后于一九二三年六月省亲时，北京地安门为之"大开"。婉容之父荣源"身体不爽"，溥仪还曾偕同正宫娘娘亲往慰问。同为溥仪的妻子，地位迥殊如是，厚此薄彼如是，文绣忍痛在心，双泪暗流。

自从迁进醇王府，情况渐起变化，溥仪与文绣一起进餐，常常见面，交谈，接触多了，再说，"宫规"的约束力也大大削弱了，特别是共同分析时局、商讨对策，两人的感情似乎比任何时候都好。文绣便壮起胆子请求溥仪允许她回娘家看看额娘。她讲述额娘痛苦的生活经历，打动了丈夫的心。溥仪不再拿宫中的封建礼法来难为她，出乎她意料地先后允许她两次回到大翔凤胡同傅宅，看望日夜思念的慈母蒋氏。

蒋氏见女儿回来，一时激动，情不自禁，老泪纵横，两眼昏花，竟不知如何是好。等情绪稳定下来，骤然想起女儿是"皇上"的妃子，就赶快整装整容，口称"淑主子吉祥"，恭恭敬敬地施礼，此之谓"国礼"。然后，才敢受女儿一拜，

---

① 引自文绣族侄傅嫱提供的资料。

此之谓"家礼"。这些程序过后,母女抱头痛哭,尽情倾诉无休无止的离愁别绪。

在额娘跟前,文绣掀开饭堂的碗橱,摸摸卧室的箱柜,这里是多么亲切啊!

醇王府距大翔凤胡同很近,其间只隔着什刹海,一个在南沿,一个在北沿。可文绣每次总愿穿越古楼后面的繁华街市绕行回家。文绣走在街上,就像一只出笼的鸟儿飞上蓝天,两只眼睛贪婪地环顾着四周的一切……

回到王府,文绣把在家里看到的,在街上看到的,都一股脑地讲给溥仪听。溥仪也只是十九岁的青年,对这些都感兴趣。一天,他突然对文绣说:"你的娘家不是离这里很近吗?我很想去看一看你的母亲。"文绣听到这话愕然了,"皇上"竟肯屈尊"驾幸"一个妃子的"丹阐"家,这怎能不让文绣感到出乎意料!

原来,溥仪在醇王府待得时间长了,就想到外面转一转。可是,"皇上"要通过门禁谈何容易!作为鹿钟麟的卫队控制和监视的主要对象,溥仪的心里明明白白啊!于是,他挖空心思想出了一个办法。文绣当然十分高兴,立即派人给额娘捎了信去,因为这毕竟是家门的荣耀,也该好好地筹备一番才是。

溥仪并不和王公遗老们商量,就自己做主把这事儿定了,并且,命绍英通知守卫王府的卫队排长,排长又上报北京警备总司令部。总司令鹿钟麟心想:溥仪此举也算是向平民靠近了一步,应予支持。于是,不但同意溥仪出府,而且表示届时将派出汽车和警卫人员,提供方便。

省亲日期是由溥仪亲自决定的。那天,鹿钟麟果然派来两辆汽车,溥仪和文绣坐在前面一辆汽车上,王府卫队的排长和两名太监坐在后面那辆汽车上陪同前往。汽车穿街过市,只几分钟就拐进大翔凤胡同,停靠在傅宅门前。

这时,文绣之母蒋氏、妹妹文珊,以及五叔家的族兄等几位近亲,早已在门前恭候了。蒋氏虽说已当了几年"皇上"的岳母,却还未曾拜见"圣上"一面,今天"皇上""驾幸"宅门,只慌得蒋氏手足无措。她一口一个"皇上",连头也不敢抬。等溥仪在中堂坐定,蒋氏便率先在女婿面前跪下,行起君臣跪拜大礼来。溥仪遂上前扶起蒋氏说:"我也是中华民国一分子,不再是皇上了,不必再行这老礼!"蒋氏起身,仍是很拘谨,埋头立在一旁。溥仪虽然没有对蒋氏叫出一声"额娘"来，倒也不错，一连几次起身让蒋氏坐。蒋氏哪里肯依，与"皇上"平起平坐岂不反了？不过，到底拗不过年轻女婿的一番好意，欠身坐在茶几旁的一张椅子上。

为了这次"皇上"省亲，蒋氏和家人们一连忙活了好几天，院庭和各房都收拾得窗明几净，一尘不染，又根据文绣提供的"情报"，买了一大堆溥仪喜欢的茶食、点心、水果，摆满了中堂那张镶嵌着大理石的长条硬木几案。

人们坐定后，溥仪命太监把御赐品交蒋氏过目，蒋氏这才敢抬头看了两眼。见面礼物共四色：其一为四件衣料，其二为一对嵌翠金手镯，其三为一对古瓷瓶，其四为银元五百元。接着，溥仪又问些家常，一问一答，蒋氏竟不敢多讲半句，怕是担心冒犯"龙颜"吧！一位寡居多年、忠厚老实的妇道人家，在"天子"面前不敢轻易启齿，这原是可以理解的。溥仪待了不足一个时辰，就传命打道回府了。临行，蒋氏也没敢走到女儿身边说几句贴心话亲热亲热。

尽管如此，蒋氏心里还是甜滋滋的。香茶换过几次，"皇上"没喝一口；苹果削了几只，"皇上"没咬一口。可是，毕竟是"天子"屈尊而至。这个时候她想起了丈夫，端恭抑郁一生，遗憾无儿，这回是女儿争得了家门荣耀，九泉之下的丈夫可以瞑目了。[①]

四 仗义执言再劝"困龙"

俗话说："天有不测风云。"一九二四年十一月二十四日，即溥仪出宫第二十天头上，政局骤变，张作霖率奉军入京，冯玉祥的部队失势退走，被捧上台的段祺瑞当上了"临时执政"。

人们知道，溥仪大婚的时候张作霖曾进呈厚礼；段祺瑞也是对"小皇上"有感情的人，冯玉祥驱逐溥仪出宫的第二天，段祺瑞就在天津以电报表态，质问"逼宫"的人"何以昭大信于天下乎？"当他在十一月二十四日取得政柄后，当即下令撤换醇王府的大门卫队，解除对溥仪的监视，并委派亲信、秘书长梁鸿志前往王府慰问溥仪。原来这位梁秘书长与溥仪的师傅陈宝琛颇

[①] 关于文绣与溥仪省亲的内容系依据文绣族侄傅嬧提供的资料。

有交情，他们既是同乡，又有师生之谊，当然对溥仪也是很关照的。

于是，醇王府形势大变，门卫一排人撤走后只派来几名警察，府外的王公遗老、府内的家属亲族，包括溥仪本人，均已出入无阻，往来自由。人们舒展愁容，面露喜色，额手称庆，对前途又乐观起来。王府的大书房里迎宾送客，各种各样的政治交易正在往来应酬中进行。

溥仪前途的设计者们提出了两种方案：一种认为可以利用北洋政府中的某派军阀，通过段祺瑞、张作霖等人，力争返回原优待条件的地位，"复号还宫"，或是求其次，可以退居颐和园，尽量争取较好的优待条件；另一种则认为无论哪派军阀最终都是靠不住的，要想摆脱人身危险，必须先在东交民巷的外国使馆内找个安身之所，将来再图复辟大计。

溥仪的几位师傅便是这后一种方案的设计者，他们之间也有分歧：郑孝胥主张暂避日本公使馆，将来依靠日本的力量实现复辟；陈宝琛和庄士敦则希望前往英国公使馆取得政治庇护，再图进取。

数日之前，郑孝胥曾带着日本公使馆的武官，瞒过醇王府门禁卫队，秘密劝说了溥仪一回。溥仪屈尊省亲给文绣以深深的鼓舞，从这以后她经常在丈夫面前表达自己的意见，甚至在政治问题上发表见解。所以文绣当时一听说就表示了自己不同凡响的意见。如果说文绣是从政治上考虑反对投靠日本，那么，家族中也有人从切身利益考虑反对溥仪离开王府。他们认为，冯玉祥安设的门卫岗哨监视森严，不可盲目冒险；何况，即使溥仪脱身

东交民巷德国医院。溥仪离开醇王府后藏身于此，继而进入日本公使馆

出去，冯玉祥来要人怎么办？谁能负得起这样重大的责任！因此，郑孝胥的说教未能奏效。

门禁开放以后，郑孝胥又以前议苦苦相劝。他一见到溥仪就要陈说目前处境如何危险，并把投靠日本的政治方案讲得天花乱坠，说什么先到日本留学，伺机而动，重登九五。特别讲到欲脱王府，正可利用眼下门禁松弛的机会。

果然，溥仪让郑孝胥说动了心，想按他的意见行动。这天，溥仪找来婉容和文绣，向她们透露了自己的心思。他鹦鹉学舌般复述了郑孝胥刚刚教他的美丽言辞，最后说："我是一条困龙，正在受灾，单等难期一满，仍旧飞上天去。"①

听了溥仪的话，婉容不以为意。她倒很想随着溥仪游历东洋，也好享受一下现代文明，开开眼界。

文绣则想得很多。她从小看过不少林琴南②的翻译小说，为祖国的积贫积弱而感到痛心疾首。她能流利地背诵屈原的《离骚》和《九歌》，爱国诗人的思想感情和高尚情操，曾是那样地使她感动、折服。她喜欢历史，把日本压迫和欺侮中国的史实牢牢地记在了心里。文绣认为在这个时候自己不应沉默，于是，又把不能投靠日本、与虎谋皮、引狼入室的道理陈述了一遍，希望溥仪打消前往日本公使馆的念头。

文绣曾为皇家的妃子，又是地道的封建时代的弱女子，却敢于冲破"三从四德"的传统观念，坚持民族气节，这不能不说是一种勇敢行为。

但溥仪最终还是决定避到日本公使馆去，摆脱"困龙"的处境！他走得很诡秘，瞒了父亲，瞒了叔父，也瞒了自己的两个妻子。

十一月二十八日，溥仪有意做出姿态，离开王府前往麒麟碑胡同，看望敬懿和荣惠两位皇太妃，然后镇静如常地返回王府。这一姿态无疑会使那些主张"复号还宫"的人物如载沣、载涛等放松戒备。第二天中午，狂风怒吼，

---

① 引自文绣族侄傅嫱提供的资料。
② 林琴南即林纾（1852—1924），近代文学家、翻译家，是一位不谙外语，只通过"玩索译本，默印心中"而著译。一生著译颇丰，共译小说二百多部。

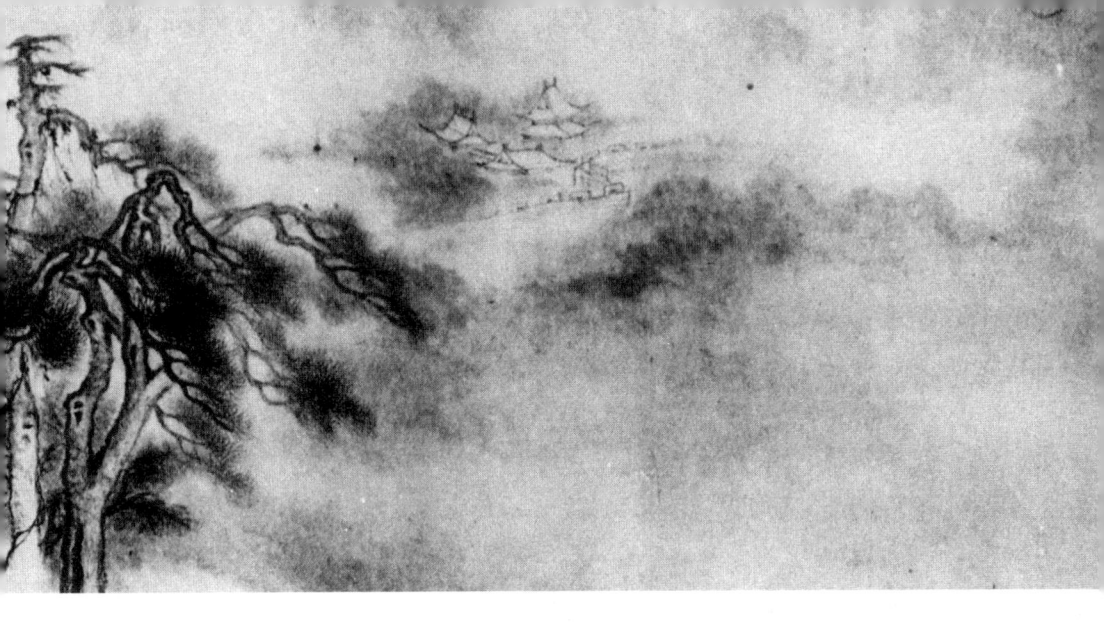

郑孝胥手绘《狂风图》，以记1924年11月28日溥仪进入日本公使馆事

尘沙蔽日。溥仪按着郑孝胥的策划，先以"选看房址"为由离开醇王府，又以"身体不适"为由溜进德国医院，从而甩掉了载沣的管家张文治。最后由郑孝胥陪着，被一阵怪风刮进日本公使馆去了。

到了晚上溥仪还不回来，醇王府中的人们这才慌了手脚。可是，文绣心里早已明白，眼睛里簌簌地滚落下晶莹的泪珠……

若干年后，文绣回忆这历史关头的一幕场景仍是心有余恨。她痛心地告诉族兄傅功清说："溥仪盲目听信郑孝胥的话，没有主心骨，在是非面前又总是坚持自己的皇帝立场，不允许别人稍有违拗，仍是认为自己的话就是金口玉言，就是法律。只为被撵出清宫而在心中充满了怨恨和复仇情绪，哪里还顾及国家利益、民族气节？"[①]

五　随驾入窟

溥仪在那个狂风大作的鬼天气里进入日本公使馆以后，立即受到日本公使芳泽谦吉的笑脸相迎，芳泽把自己居住的一座二层楼房腾了出来，供溥仪使用。接着，芳泽故作姿态地对溥仪说："既然皇上决定移居敝馆，本人深感荣幸，当即电告我国政府，一定会对皇上作出妥善周到的安排。"没过几天，

[①] 引自文绣族侄傅嫱提供的资料。

日本驻北京公使馆

芳泽又向溥仪转达了日本政府的慰问之意,并说:"对于皇上来馆避居,我国政府已经正式予以认可,愿意承担保护之责!"

得知这个口信后,溥仪遂放下心来,命人通知醇王府王爷让他把婉容和文绣也送到公使馆中来暂居。

自从溥仪离开王府,婉容天天流泪。这位皇后还是头一回离开皇上,真不放心,此时此刻什么也不想,能见着皇上就行。听说溥仪叫她去,就高兴地收拾箱笼细软去了。文绣对这件事则并不情愿,她埋怨溥仪一意孤行地做出了决定,担心溥仪会掉进新的政治旋涡之中愈陷愈深难以自拔,可事已至此,又无可奈何,只好硬着头皮跟着前去!

二人收拾停当登车出府,却在王府门口被挡住了去路。把门的警察一看婉容和文绣携带着大批箱笼衣物,不知有何背景,遂拒绝放行。对此,王爷也是无可奈何,便派人送信给溥仪,溥仪又转托芳泽。这位公使亲自出马,前往段祺瑞政府的外交部,当然免不了一场表面看来唇枪舌剑的交涉,不过终于奏效。婉容和文绣乘坐的汽车很快便越出醇王府，开进日本公使馆。

熟悉内情的人对这事不会感到意外：日本政府把溥仪当作可居的奇货加以豢养，是为了实现蓄谋已久的"满蒙政策"，而段祺瑞既与"大清"存有君臣旧恩，又曾得到日本的政治支持而媚日亲日，所以他对日本与溥仪的勾结从一开始就抱定了不闻不问、装聋作哑的态度，实际上还尽量给予了方便。

婉容和文绣来到后，芳泽又腾出馆中最好的另一座楼房，并让夫人芳泽幸子殷勤款待。幸子夫人在外观上确实能给人以很有教养的印象，对婉容和文绣都很尊重，彬彬有礼，言谈举止十分得体。每隔两三天，幸子便来到婉容、文绣的房中，周到细致地问一遍饮食起居情况。据文绣回忆，那一段生活确实不错，吃的东西可以说是应有尽有。

在醇王府和父亲身边，溥仪总觉得不安全，怕遭人暗算。到了日本公使馆，在洋人的"保护"下似乎才可以不必顾及"人身危险"。于是，重又把"皇帝排场"摆设了出来。

溥仪回忆道："在那所小楼房中，既有过去曾在清宫小朝廷内当过侍卫之职的宗族人等轮流值班的专用房间，也有特为陈宝琛、郑孝胥、罗振玉、王国维、杨钟义、袁励准、朱汝珍、柯劭忞、商衍瀛等那帮遗老作聚议协商之用的特设房间；此外还有男仆十余名，太监三四名，老妈子、使女并厨房人员等的居室……'小小朝廷'的空架子，又算是在日帝势力范围内，重新搭起来了。"然而，溥仪在这里生活得怎样呢？幸福吗？回答当然是否定的。在这一点上他不如文绣更有远见。

公使馆的大门口并没有北洋政府派来的警察，但溥仪照样不自由。不但不可以随便上街，连在院内散散步也常常受到限制。公使馆的主人们有着堂堂正正的理由，要保护皇上的人身安全嘛，"请谅解！""请合作！"还能说什么呢？这是自作自受哇！溥仪愈来愈感到烦闷。一天，族弟溥佳来看他，溥仪挺高兴，让他今后常来聊聊，借以解解闷。溥佳告诉他说，这里不同于醇王府，进门也不容易，"常来聊聊"哪办得到呢！

溥仪的两位妻子也是一样，婉容稍好些，娘家亲属多，母亲呀、姥姥呀、姨娘呀、外甥女呀，常来陪陪。对文绣来说这种机会不多，大翔凤胡同更难得回去了。公使馆中也有几位女眷倒是相处得熟了，比如参赞池部的妻子，还有公使芳泽的女儿，可谁能保证这些漂亮女人不是负有特殊使命呢？

六　佛前的一幕丑剧

在公使馆的一个罪恶的角落里，后来为世人所共知的政治丑剧已经开演，作为一名"得天独厚"的观众，文绣看清了那开场中最丑恶的一幕。

为了溥仪的到来，芳泽公使腾出了整栋楼房。尽管如此，这里的格局也远远不能与紫禁城、醇王府相比，地方狭小，但溥仪忘不了摆设供案香炉。这位虔诚的信徒每天上午务必来到这里拜佛上香，只见他手拿一串佛珠，嘴巴一张一合，喃喃不绝地念着"南无阿弥陀佛"和"南无大慈大悲广大灵感观世音菩萨"等佛号，认认真真地做着佛事上的功课。

溥仪对《金刚经》《心经》等佛经上的语句很熟悉，能默诵不少佛经上的偈语。他曾亲笔恭楷写了四句佛经偈语并念给文绣听，给她解释这四句话的含义，要求文绣背诵。所以，若干年后文绣还能流利地背出：

紫金化身千百亿，白衣妙相三十二，
稽首圆通自在尊，沙界咸称大悲主。

不过，文绣对这一套并无兴趣，更不愿听溥仪喋喋不休的解释。

一次，文绣向溥仪问道："在宫中时怎么不见皇上每天焚香拜佛？"这是文绣依据事实提出的问题。溥仪从小就佞神信佛，但还从来没像现在这样每天叩拜一番。溥仪回答说："我在宫中，到了一定的日子才斋戒沐浴，焚香拜佛，那只是为大清社稷卜岁丰，求太平，祝愿宫闱清吉、国泰民安，乞望风调雨顺、四海升平。"溥仪说的也属实话，可再往下讲便只能算虚情了，"现在，我每天做功课，念佛号，是为了恳求菩萨保佑，垂怜悯念，给我降恩啊！"在这里，溥仪掩饰了他对时局动荡、前途迷茫的空虚和担忧，掩饰了他正在干着的罪恶勾当给他带来的恐惧和不安。

据文绣回忆，溥仪就从这时开始走上一条危险的罪恶之路。其时对他影响最大的两个人物即郑孝胥与罗振玉，这两个人都曾几次东渡，各在日本的政界和学界交际了一些头面人物，都主张让皇上借助日本的力量实现"大清"复辟。他们交替着充当芳泽公使与溥仪之间的传话人，并取得了溥仪的极大信任。他们一方面独揽溥仪的参谋大权，严格控制着通往溥仪会客厅的门禁，一方面为溥仪设计出一张又一张的政治蓝图。

溥仪对婉容和文绣亲口说过这样一段话："冯玉祥算什么东西！他竟对我不以礼相待。还是日本人懂得礼貌，待我不坏。当我被困受难的时候，他们雪中送炭，把我救出了险地，真是患难出真知啊！看来郑孝胥、罗振玉都是忠臣，他们的条陈有见地，比迂腐不堪的陈宝琛高明多了。"

日本公使芳泽也并不白把房子腾出来，他很殷勤，不过三天必定请安，所谓请安就是密谈。文绣说，他们每次见面都很诡秘，具体谈话内容外人是无法知晓的。但有时溥仪也能当着婉容、文绣透露一点，文绣

日本驻北京公使芳泽谦吉

记得有两次溥仪与芳泽会晤后表现出兴高采烈的样子。他对婉容和文绣说了这样一段话："今天芳泽公使代表日本天皇对我被冯玉祥逼宫表示关心和同情。天皇陛下还邀请我们三人去日本留学或访问哪！民国总统袁世凯、徐世昌和段祺瑞等，昔日都是大清旧臣，必怀故主，感激大清的提拔和恩典，这些年来，还愿意对我称臣，只是冯玉祥这人不近人情，竟把我逼到今天这

个地步！"①

溥仪投靠日本的思想倾向，至此已经十分明朗。文绣看到了这发生在佛前的一切。她既不能约束、限制溥仪，从而防止他走上邪路，也不能帮助、引导溥仪，从而让他走上正路。然而，时代毕竟已经前进了，文绣无法影响溥仪，却希望能够主宰自己。若干年后的大决裂，此时已在文绣心中开了一个深深的口子。

七 初犯"天颜"

如果说宫中的淑妃还充满着幼稚和天真，出宫后的文绣却在耳闻目睹中变得成熟了。佛前的罪恶勾当使她认识了丈夫的品格，而客厅中的争吵更使她了解了所谓复辟"大业"的本质。所谓"客厅中的争吵"，是指包围溥仪的王公遗老们的派系之争，他们中间大多是靠着溥仪的俸银养家糊口的人，如荣源、绍英更是利用小朝廷的生计大发横财的。也有政见之争，如郑孝胥和罗振玉，都千方百计要把"小皇上"纳入自己设计的政治方略之中。自出宫以来，文绣因常常有机会与溥仪一起商议前途问题，甚至溥仪写信拟稿有时也交文绣运笔润色，因此文绣得以了解这种种内幕。

由于从小接受封建家庭的教养，更由于宫闱生活受到皇家的熏陶，文绣曾对宣统皇帝充满了崇拜，也对复辟事业充满了希望。可今天终于看到了事情的真相，幻想中的一切开始走向破灭。

在日本公使馆的日子里，文绣不但从皇帝的政治中看出了破绽，也从皇家的生活里见到了危机。

一九二五年一月二十四日是旧历大年初一，溥仪在日本公使馆内楼上小客厅，安设宝座接受王公遗老的叩拜。

遗老们叩拜完毕，日本公使芳泽谦吉和夫人也礼节性地过来拜年，溥仪便"传旨"让婉容上妆出面。在宫中遇有礼节场合一向由婉容出头，似乎这次也是顺理成章，可文绣有自己的看法：现在乃是被难之时，何况溥仪已在《修

---

① 引自文绣族侄傅嫱提供的资料。

正优待条件》上签了字，帝号已废，为什么还把后、妃分得那样清楚？大事也和我商量，信稿也让我代拟，为什么不让我在正式场合露面？

文绣内心不服，就拿了"出面"这件事直问溥仪。所谓"天颜"、"天威"对她来说已经动摇，所以她敢于理直气壮地提出问题，为自己争一平等的家庭地位。

在溥仪看来，文绣竟敢无视封建"礼教"，妄图打破嫡庶的"名分"，岂不是造反？他气愤至极，遂大声斥责文绣说："婉容是我的皇后，你是我的妃子，就好像北京大家庭里的妻妾，哪有当小的份儿？你怎么可以要求和皇后平起平坐？皇后陪我见日本人是名正言顺，你往哪儿摆？"

溥仪说话时那种无比骄横、毫无夫妻情分的神态，深深地刺痛了文绣的心。既得不到作为妻子的正当地位，更没有丈夫的抚爱和温存，这种生活还有什么意思！

"帝号已经废除，还谈什么皇上、皇后！"文绣不知从哪里得来的勇气，拿话顶撞了溥仪一顿，气得他脸色一阵红一阵白。

"你这是乘我之危，有意和我过不去啊！我曾经那样宠幸你，是赏识你有头脑、有文才。早知你这样不懂礼义、目无尊卑，一定把你废掉，赶出宫去！"恼羞成怒的溥仪，恶狠狠地说出这些话犹觉得不解气，随手操起一把鸡毛掸子，照文绣的后背就抽打了几下。虽然打得并不重，不过这种伤人自尊的行为，文绣受不了！她入宫两年多，蒙受许多耻辱、冤枉和窝囊气，但溥仪动手打她，这还是第一次。

婉容看在眼里，颇觉得痛快，这一两个月来，她正为溥仪与文绣接触增多而妒忌在心。只见婉容拿着不冷不热的调门，在一旁幸灾乐祸地说："大年初一的，就惹皇上生气吗？"

文绣后来回忆这件事时，告诉她的几位亲属说，她和"小皇上"闹离婚，并不是偶然的，从溥仪那次动手打她，就朦朦胧胧地产生了这种想法。从此他们的感情越来越淡薄，以至于走到了无可挽回的地步。

过了春节十多天就是溥仪的二十整寿，芳泽公使把使馆内较大的办公室、客厅、礼堂一概腾了出来，按中式点缀，布置得古香古色。还让使馆的仆役、用人等穿戴清朝衣帽，每人头上一撮红缨，屋里院外地移来移去，这一隅之地，真好像大清王朝回来了。总之为了这次庆贺朝拜活动,芳泽公使以及公使馆的参赞、秘书、工作人员等,尽心尽力,跑前跑后,张罗好大一气哩!

到了办寿那一天,不但有平、津、沪各地"不忘旧主"的遗老千里迢迢地跑来叩头,有耿耿忠心的"外臣"庄士敦送来大批的洋酒洋点心,还有来自东交民巷使馆区的一对又一对的公使及其夫人等着鞠躬致贺。

场面越是隆重,文绣愈是没有露面的资格,十几天前还让溥仪白打了一顿,现在只有在心中生闷气。婉容却偏偏要在这种时候尽情地打扮,故意在文绣身边晃前晃后,摆来摆去,一副得意忘形的神态!

怎么可以向一个还在做着皇帝梦的人要平等呢?文绣终于明白了。

人是矛盾的,又是复杂的。一方面文绣有民族气节,反对溥仪投靠日本;但另一方面作为一个女人,文绣却要与婉容争出头露面、接待日本公使的所谓平等权利,这也是可以理解的。

八 困龙"抬头"

溥仪带着他的一后一妃,在日本公使馆内住了将近百日。后来,罗振玉建议迁居天津日租界,准备漂洋东渡,赴日留学。溥仪接受了这一建议,遂命罗氏与芳泽谦吉公使和池部政次参赞具体商量。溥仪择定在一九二五年二月二十四日动身,因为这天按旧历是二月二日——"龙抬头"。溥仪一向自认为是一条真龙,希望从此飞腾起来,扬眉吐气。

然而,溥仪心里明白,重新飞腾起来,谈何容易啊!所以,一到婉容、文绣面前,他又唏嘘流涕了。就在赴津前夕,溥仪十分难过地对婉容和文绣说了下面这段话:"从世祖章皇帝到德宗景皇帝,除文宗显皇帝巡狩热河时一病不起龙驭上宾外,并没有弃宗庙社稷而不顾、出亡而不归的。庚子年拳匪之乱,国将不国,两宫虽蒙尘西狩,但自和议告成即回銮还宫。我这次也是蒙尘离开北京城,何时能够恢复祖宗遗业,难以预料啊!"[①]

那天,溥仪又找出几样东西,有古玩、玉器和书画等,以溥仪和婉容两

---

① 引自文绣族侄傅嫱提供的资料。

人的名义，赠送给芳泽公使夫妇，以感激这一百天的殷勤款待。溥仪和婉容去辞行，还在芳泽家里喝了饯行酒。文绣照例被排斥于赠礼、辞行这两件事之外。第二天，溥仪以池部为警卫、罗振玉为随从，化装成商人模样，到前门车站，混杂在日本兵车之内，赴天津去了。

为什么没有带婉容和文绣一块儿走呢？因为北京城里谁都知道"小皇上"有一后一妃，这后和妃的模样也常常因为不知从哪里搞到的照片而印在了报纸上。所以，三人同行怕目标太大，倘被路人认出"小皇上"来可不是闹着玩的。

过去的一百天，对文绣来说是痛心的一段时光。她已经发现，无论从政治理想还是从家庭生活看，她和溥仪似乎完全属于异路之人。然而，可以不跟着溥仪到天津去吗？可以离开皇家吗？可以向"小皇上"闹离婚吗？这种种念头都在文绣头脑里一闪而过，但当时她还不敢想得太多，想得太深。

文绣是在溥仪走后两天，才和婉容一起，由日本公使馆派人护送前往天津的。行前，她打发随身太监到大翔凤胡同给母亲捎了一个口信，请额娘到公使馆来见一面。

那年蒋氏不过四十几岁，但由于多年的寡居和贫困，显出一副未老先衰的神态，一见着女儿文绣便忍不住泪流满面，这一分别谁知何时才能再见？文绣更有一肚子委屈，不说难受，说也不好受。但她个性刚强，又内向，挨打受气的事儿没露半句，只是劝慰母亲保重，善自珍重。孰料这竟是母女间的最后会面。

第四章　政治分野

一　泪洒津门

一九二五年二月二十七日，文绣和婉容一块儿到达天津，直接住进张园。位于日租界宫岛街的张园占地十八亩，这所三层楼洋房系原清朝两湖统制张彪的别墅，因为张彪没有忘记旧主才同意溥仪租用的。这里虽然非常美丽、

张彪（1860—1927），字虎臣，清末武官，溥仪所居张园的主人

溥仪在天津张园留影

溥仪（中坐）在张园举办1926年"万寿圣节"，遗老们祝寿，表达复辟愿望，图为仪式后合影

豪华，可文绣还是觉得日子越来越凄凉。因为溥仪越来越偏心眼，在一后一妃之间总是护着婉容。

溥仪又把园子里里外外地点缀一番，这边有假山石，那边有网球场，满园花卉果木，风光秀美。室内设备也"洋"化了：家具是在英国订好的，钢琴是从意大利买来的，大立钟是瑞士产品，地毯则是法国式的。溥仪的书斋和寝宫内也摆着紫檀木古玩架，每个格里都陈列着从宫中带出来的稀世艺术珍品。婉容和文绣的房间也都有豪华的陈设。尽管如此，文绣还是经常以泪洗面。婉容是旗人中闻名遐迩的美人，她相貌姣好，身材出众，仪态不凡。而文绣不仅相貌平平，而且生性不善言辞，沉默寡言。生活中，婉容一直百般刁难文绣，落单的文绣是平民出身，所以她的生活方式和婉容相差很大，太监们对文绣也不尊重。到了天津后，婉容更是天天和溥仪打马球，出去游玩，落单的文绣感到无趣、压抑。而且文绣和溥仪只有夫妻之名，结婚九年，

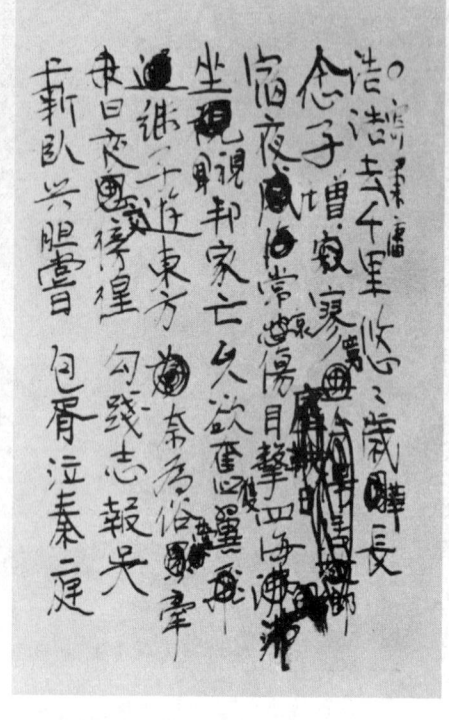

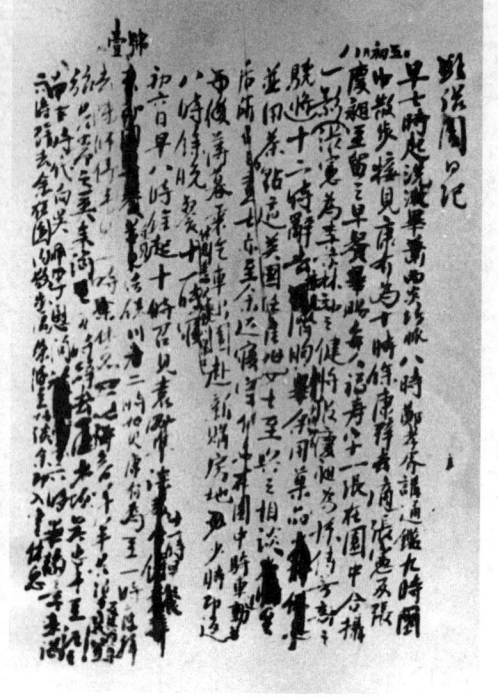

溥仪亲笔诗《寄秉藩（溥杰）》，
写出了他的期望

溥仪在张园写的一页日记

文绣从未受到宠幸。在这种情况下，文绣和溥仪、婉容的矛盾越来越深。

　　早在清宫时，溥仪难得走出神武门一步，一旦有机会出宫必定把后、妃带在身边。到天津以后能随便上街了，溥仪却往往是把文绣扔在家里而只携着婉容。他们两人把惠罗、正昌、中原、义利等天津的大百货公司，最热闹的中街以及不少游乐场等吃、喝、玩、乐的地方溜达遍了。每逢盛夏时节，隔个一两天溥仪总要带上婉容乘汽车外出兜风，顺便到起士林、利顺德，买冰激凌、刨冰、奶油栗子粉等冷饮或西餐饱饱口福。若在严冬之季，溥仪也愿偕婉容出席租界内的各种交际晚会，溜冰呀，跳舞呀，他们形影不离地尽情欢乐。愈是这种时候，文绣愈是深深地感到痛苦。偶尔有几次溥仪上街也带了文绣，一块儿看戏或是吃顿饭，买点东西，那不过是溥仪一时高兴，逢场作戏罢了。

　　溥仪上街不带着文绣,在家里也把她冷落在旁。这天挨天、月连月、年靠年的冷板凳,谁人受得了?随着时间的推移,生活中的小怨渐积而成大怨,文绣对溥仪很失望。文绣认为她是被欺负的弱者,溥仪没有尽到保护她的责任;溥仪则认为她不甘居于妾的地位,有意与他为难,这就使文绣与溥仪之间的感情越来越淡薄。文绣后来回忆那段张园生活时痛苦地说:

　　　　溥仪和婉容住在二楼,我住在楼下溥仪会客大厅南边的一间房内。虽

马背上的溥仪　　　　　　　　溥仪来到张园文绣的卧室

在高尔夫球场

然我们住在同一栋楼房里,无事谁也不和谁来往,好像马路上的陌生人一般。婉容成天摆着皇后的大架子,盛气凌人。溥仪又特别听信她的话,我被他们两人冷眼相待。我和溥仪的感情也一天比一天坏了。①

文绣跟着溥仪在天津一住七年,前四年多住在张园,后两年多住在静园。静园位于日租界协昌里,离张园不过一华里,其主建筑也是一座三楼三底的洋房,比张园略小。溥仪和婉容各自的寝宫都在二楼东侧,文绣单独住在西侧。这两个园子耗尽了文绣与溥仪的姻缘。"行在"中的溥仪对他的两位妻子厚此薄彼,愈来愈严重了。与一个恩恩爱爱,对另一个却横眉立目。谁还能记得,文绣在这七年之中向肚里吞咽了多少痛苦的眼泪?就像那深秋之季的萧萧细雨,铺天盖地,无尽无休。

---

① 引自文绣族侄傅嬬提供的资料。

溥仪在衣饰上相当考究，过年或逢忌辰祭祖时穿皇帝龙袍，而平时常穿中式长袍马褂。此外，西装、夹克、猎装、军服以及日本和服等都非常多。应邀出席洋领事的宴会要穿燕尾礼服，下场打球又有各式运动服。白金、钻石、翡翠和玉石等各色高档戒指一日数换。与此同时，婉容和文绣两人也以竞赛的速度购物制装。溥仪自己回忆说，他给婉容和文绣硬性规定了很不公平的"月费"定额，允许婉容每月都比文绣多花一笔钱。

婉容追求时髦，到天津不久就把长发剪成短发。文绣见了也想剪，但不敢自作主张，请示了溥仪。据当时正在溥仪跟前伺候的李国雄讲，溥仪那天高兴，痛痛快快地答应了。文绣剪发后，还特意到溥仪房里让他看看[①]。

天津年代的溥仪

溥仪在天津时吃饭仍由膳房单做，不与婉容、文绣同桌。但也有高兴的时候把后、妃叫来陪餐，婉容常常能陪，文绣则像个受气包，溥仪很少想到她。连溥仪的妹妹们在张园聚餐，文绣也不得靠前，据七格格韫欢说，她只能偶尔望见文绣"无声的侧影"，"就连搭话的机会也不可得了"。[②]

为了换口味，隔两三天溥仪就要向利顺德等"番菜馆"要"洋饭"。据记载，有一次要了面包夹火腿、面包夹鸡肉、面包夹肠子、面包夹鸡子、面包夹肉五样以及牛奶一盒、方糖三份、口布纸四打等。还有一次要得更多，大香槟酒四瓶、小香槟酒一瓶、汽水两瓶、白葡萄酒两瓶、牛奶两盒、方糖三份、冷吃四大盘、面包夹鸡肉一大盘、面包夹火腿一大盘、面包夹鸡子一大盘、面包夹鱼肉一大盘、面包夹肠子两大盘、奶油大点心两个、口布纸两打。摆

[①] 依据李国雄在1987年夏天向笔者提供的口述资料。
[②] 依据凌冰：《爱新觉罗·韫欢》，宁夏人民出版社1984年版，第13节。

天津静园——1929年7月至1931年11月溥仪住在这里

满了一大桌子，溥仪便与婉容对饮大嚼起来。文绣绝不是一个贪嘴的人，可她也不愿做一个多余的人！可以想见，当西餐桌前喜笑颜开之际，冷板凳上的文绣该是怎样的凄苦悲凉！

那几年，溥仪与租界地的英、法、意、日等国的领事或驻军司令官，都保持着密切的联系，经常收到各国驻津头面人物多种多样的邀请。那些光亮、鲜红而又烫了金的漂亮请柬，无一例外的都是发给皇帝陛下和皇后陛下的，他们应邀出席阅兵典礼、晚宴、婚礼和舞会，优哉游哉，快乐非凡。文绣则像个局外之人，似乎永远没有资格登大雅之堂。

一九二六年九月，溥仪和婉容应邀会见英国乔治王子，汽车出门时，文绣正在园中漫步，看见花枝招展的婉容那一副得意的神态，一阵莫名的酸楚又涌上心头。如果说拘于礼仪，文绣才不得登堂入室，那么溥仪向臣下、亲族颁赏总该公平吧！查阅溥仪在一九二六年一年内的赏赐记录，在受赏的人员中，有陈宝琛、陈曾寿、温肃一类忠心耿耿的老臣；有张宗昌、吴佩孚、

溥仪、郑孝胥与英军司令官

刘凤池、毕庶澄一类在职的军阀；有日本警察署高桥，海军少将有野修身，日本公使芳泽及其夫人、小姐；有英军领事、英军司令；当然也有皇后婉容，醇王府的格格们，朗贝勒府的亲属们，甚至连溥仪的乳母、老妈子、御医、随侍和太监们也一个都没有落下；惟独文绣没得过任何一样物件的赏赐。当婉容今天拿了御赐的照片，明天拿了皇帝赏给的黄丝围巾，后天又取走了溥仪新购进的带宝石的话匣子，春风得意地谢恩而去之时，眼睁睁瞅着这一切的文绣，能不感到透骨穿心的寒凉吗？

颁赏没有文绣的份，进贡却是落不下她。据资料记载，一九二八年旧历九月婉容过生日，接受"千秋贡品"果品、衣料、化妆品、古玩、首饰、字画、烟酒等无数，其中也包括文绣进贡的"燕席一桌"，外加烧鸭一对、饼干两匣。[①]可是，轮到文绣过生日，又有谁进贡呢？

应该说，溥仪和文绣在夫妻感情方面也曾经有过一段黄金时代。可自从溥仪被逐出宫到北京日本公使馆避居，再到天津张园、静园之后，这一切就

---

① 此处提到的资料及前文提及的"赏赐记录"均依据《清废帝溥仪档》，原件藏中国第一历史档案馆。

有了实质的变化。

在这样的环境里,文绣深感痛苦和寂寞,莫名的伤感时时向她袭来,她患了严重的失眠症和神经衰弱。好在妹妹文珊这时也住在天津英租界,常来看望二姐。原来,文绣入宫后一年多,妹妹文珊也出阁嫁给了庆亲王载振的晚辈亲属,载振就是晚清权势极大的军机大臣奕劻之子,家私殷厚。一九二五年前后全家搬到天津,早在两年前已经买下位于英租界内原属太监小德张的一处房产,也是劝业场的创业人之一。然而,文珊的丈夫是个纨绔子弟,到处演唱花面戏,又纳文珊为外室。这种夫妻感情当然不会好。

溥仪与婉容在静园

文珊一见着文绣,姊妹俩便相互诉苦。

二 在过眼的政治风云中

到了天津,溥仪为婉容聘师授课:请进讲汉文的陈曾寿,每月支付束脩五百元;又请进讲英文的任萨姆,一月只授课几个小时,也给七十元的高薪。溥仪没给文绣聘任专职进讲教师,她只能与婉容一块儿听听课,闹起别扭来就接连几天不去。尽管心情不舒畅,但文绣在天津时期一直很用功,读书还是不少。文绣的英文也有相当好的基础了,日常生活会话说得很流利。她还常常伏案写字,绘画,作文,可惜大量真迹已被岁月的风尘所湮没,流传至今的实在太少。从一篇《哀苑鹿》里我们可以知道,文绣描写景物细腻轻松,抒发感情真挚自然,用词准确优美,比喻恰当新奇,确实有一番笔底功夫。

因为溥仪上街常常只带婉容不带文绣，有几次也就"恩准"让文绣自己由太监陪着上街去买东西。有了这样的机会，她总是不忘逛书店，买一大摞新旧文学小说等书籍。晚上一看就是大半宿，有时停电便借着微弱的烛光继续阅读新旧文学书籍，从而变成一个深度近视眼。

文绣和婉容不同，她虽然小婉容几岁，却似乎更有头脑，政治细胞也更多些。那几年正是溥仪想复辟想得发狂的时期，整天与遗老旧臣谋划于密室，接见各地军阀派来的代表于客厅，发布"谕旨"，撰文，写信于书房……文绣在溥仪身边，颇为细致地观察了这过眼的政治风云。照实说，对于溥仪的复辟活动，文绣并不怎样反对，可她看到溥仪在投靠日本的泥潭中愈陷愈深，从心底升起了阵阵悲凉。

溥仪与郑孝胥之子郑垂合影于静园

溥仪在天津的头几年，正是张作霖控制着北京政权并向冀、鲁、苏、皖各省和上海发展势力的时期。那时，张作霖本人在天津曹家花园坐镇指挥，曾会见溥仪并承认他是"皇上"，给他磕了头，并说，奉天是大清发祥龙兴之地，太祖、太宗均以盛京为本挥师入关，问鼎中原。他奉劝溥仪也重返奉天老皇宫，等他把大江南北一鼓荡平，"再把皇上请回北京清宫坐天下"。

文绣后来回忆溥仪跟她讲会见张作霖过程时还说,溥仪已有了"立足满蒙,重打江山"的思想苗头,只是依靠对象一时还没有选好,他曾对张作霖做了长期的观察,但还不敢轻易把赌注下在张作霖身上,认为他是草莽气派,"红胡子"作风,并非尽如人意。虽说张作霖两只狐眼显得机警过人,毕竟是个武夫粗人。溥仪赴曹家花园张氏馆舍,只见从大门到房门,有手持长枪、大刀者分立两厢,还是戏台上那种绿林英雄、草莽气派,不脱胡匪作风,连袁世凯也未能节制江南,统辖全国,张作霖还不如袁世凯老练有识,能在北方站得住脚也就不错,荡平江南谈何容易?①溥仪的这些看法都亲口对文绣讲过。

　　不久,郑孝胥父子又从上海来到溥仪身边,仍以依靠日本实现复辟相说教。据文绣讲,起初溥仪还彷徨,对日本有戒心。他不止一次地与婉容、文绣说过:从甲午战争到向袁世凯提出二十一条,日本侵略中国有增无已。戊午年(1918年)北京学生反对段祺瑞与日本签订《中日共同防敌协定》,在天安门前召开几万人纪念国耻大会,游行示威,学生和警察交了手,连宫里都嚷嚷开了,中国国民没有不恨日本人的。那时溥仪还不想单靠日本人,希望同时得到西方各国的助力。自从郑氏父子来后,溥仪的思想开始全面倾向日本,常常会见天津的日本领事和驻军司令,与北京日本公使馆的芳泽公使也更频繁地往来会晤。当时,凡事溥仪都交给郑孝胥办,还派他去日本走了一趟,他回来向溥仪报告后,溥仪意有所动,曾对文绣讲,郑孝胥已在日本为他联络了在朝在野的各界要人,都承认他是大清宣统皇帝,愿意帮助他复兴祖业,使"圣朝大统"不至有失。他的结论是"日本对咱大清不坏"。其实溥仪说这话就如同拿钢针扎痛了文绣的心,令她非常难过。

　　文绣一向反对溥仪投靠日本,在这一点上倒和溥仪的父亲载沣谈得来。载沣偕全家迁居天津时,坚决不住在溥仪为之安排的日本租界内寓所,而住到英租界去了。每与溥仪谈到政治问题就要争吵,声震屋瓦,争来争去各不相让,只好面约:父子见面,避谈国事。载沣只求适应形势,安度晚年。这一切都被文绣看在眼里,她赞成载沣的主张,每次载沣前来,文绣请安、行礼之后,总要陪他说一会儿话。载沣对文绣也很客气,吃饭时若见文绣未到

---

① 关于溥仪会见张作霖及对张作霖的看法等内容系依据文绣侄傅嫱提供的资料。

载沣（坐者）与子女在天津（左起七妹韫欢、五妹韫馨、六妹韫娱、三妹韫颖、二妹韫和、四妹韫娴、四弟溥任）

一定打发太监催找。饭后常和文绣一起下下棋，写写字，谈谈诗词曲赋一类。婉容知道载沣对文绣好，当面也就不敢太跋扈。文绣常说载沣是个性格宽厚、识大体、明大义的人。

文绣和载沣可以说是政治上的同路人，可他们谁也没有能力说服溥仪，痛心地看到溥仪对日本的投靠愈来愈紧，而日本对溥仪的拉拢，并不仅仅依赖郑氏父子，渠道愈来愈多，无孔不入。

三　孤灯伴泪夜难眠

当政治裂痕在溥仪与文绣之间愈益扩展的时候，他们共同的生活道路也被万丈悬崖阻断了。文绣与溥仪共同生活了九年，其间冷冰冰的日子多，热乎乎的日子少。文绣虽倔强，但在爱情上有自己的追求，对丈夫始终保持着尊重和温情，从文绣写于一九三一年春天的一篇短文中，我们可以看到她仍对溥仪怀有妻子的深情。在天津时期，这对儿不平等的夫妇更常常口角，溥仪有时还要动手，何况尚存一位难以逾越的"情敌"！一次，文绣顶撞了溥仪，过后满心悔意地写出下文：

> 吾爱呀妾今悔甚，不应言此，切望吾爱原谅。妾实不愿此，吾爱如不相信可屈指算，今已八载有余，妾又何尝言过？即或背地有一句怨词，随吾爱！妾即三尺挂梁间，妾亦瞑目九泉。即言此九载之内，妾之言行吾爱亦所尽知，如有不悦吾爱之心之处，且不悦之色，妾色即不知所以矣。妾日夜所最盼望者，不过即是吾爱快活与喜悦，如有能安慰吾爱者，妾是无所不牺牲。妾今勉强书至处，心力以竭，待至痊愈再接述。

然而，这种情形终究无法持续。尽管溥仪曾经是真正的皇帝，婉容也绝不允许他除了自己还爱别人，婉容天天向溥仪絮叨，让他发誓不爱文绣。连设坛扶乩也要求个"万岁（指溥仪）与端氏（指文绣）并无真心真意"的"吉利语"。如此，两人之间疙瘩愈结愈深，终于发展到水火不容、有我无你的地步。婉容在一篇短文①中写道：

> 呜呼吾爱呀！倒是怎样好？如果余自己牺牲，虽卧病床间然良心甚慰；如果旁人为余牺牲，余实不知其所以。吁嗟吾爱乎！不知吾爱心中到底怎么感想？
>
> 思想起来不觉今人好狠，绝不该将余嫁与有妇之夫。即言前数年在张园，吾疑吾爱与淑妃更好时，余心甚悲。终日终夜终时终刻无一时不是悲泣，忧思成疾，头痛难眠，遂有今日之神经衰弱。可是，余亦未曾言过，余亦未曾怨过。余每见人必天呼！余实无路，余愿死！母呼儿，余愿死！

---

① 引自《清废帝溥仪档》，原件藏中国第一历史档案馆。

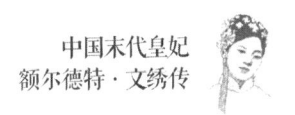

北府母呼儿，余愿死！

大约溥仪见到了婉容写的文章，命太监把婉容召来，让她坐在自己寝宫的床上，以温存的爱抚给予美好的慰藉。只听溥仪发誓般地说道："余恨不得将我们之障碍物淑妃等都杀宰了！"为了讨好婉容，溥仪又说，"就是再送来八百个西施余亦不爱！"为了"忠于"婉容，溥仪心中哪还会有文绣！

文绣这时的处境真是苦不堪言，夜夜伴孤灯，泪如溪水不尽流……

一九二九年的某一天，文绣起而抗争，在薄情与冷酷之中，以一个弱女子的哭闹发出人权的呐喊。这倒引得溥仪动了"诗兴"。他站在自己的立场上，把文绣（诗中作蕊珠）描绘成一个发了疯的女人，挖苦她的感情，开这种可耻的玩笑。请看这首自带序文的诗：

岁维己巳甲子之日，蕊珠女士破晓突起，自撕其唇，且骂己为狼狗，拔其青丝之发，血淋淋然如遗尿。众趋视之，则犯吼若牛声，目眦尽裂，黄牙全张，掷桌上之镜台于女仆之额间，洞见脑髓，众悉奔避而蕊珠女士转寂然作嗤嗤也。

耿耿星河欲曙天，蕊珠女士常自怜。

暗掩珠扉泣如雨，孤灯将人意绵绵。

一九三一年九月七日的《庸报》替文绣说了几句话，讲的全是实情：

文绣自民国十一年入宫，因双方情意不投，不为逊帝所喜，迄今九年，独处一室，未蒙一次同居。而一般阉宦婢仆见其失宠，竟从而虐待。种种苦恼，无术摆脱。

文绣在她自称为"监狱"、自度是"囚居"的九年之中，受尽了磨难。婉容排挤她，这是事实，也可以理解，但这绝不是文绣遭罪的主要原因，溥仪

| 末代皇帝的五个女人 |

早已对她恩断情绝。溥仪不但把她单独放在冷屋子中不予理睬,还加以冷嘲热讽,从精神上折磨她。

溥仪视妻子的痛苦为儿戏,拿妻子的感情开玩笑,真是一个残酷的丈夫。下面是另一首"杰作",溥仪的打油诗《蕊珠女士自述》:

蕊珠女,坐空房,自怨自叹;
想起来,我的脸,好不惨然;
长得像,母螃蟹,黑暗如烟;
我好比,卵中黄,腥臭硬坚;
我好比,狗失群,摇尾乞怜;
我只好,爬进去,收藏起我的小金莲。①

文绣在静园自己的卧室中

悲楚之下,文绣更怀念母亲。自从在北京日本公使馆一别,蒋氏无缘来津看望女儿,文绣也没有机会再赴什刹海畔的大翔凤胡同了,她真想见到额娘,倒一倒满腹的苦水。可不久传来的讯息几乎令她晕厥,慈母啊!年不及五十何为急匆匆地去了?那公使馆的会面难道就是生离死别?为什么孩儿命蹇母亲又不幸?文绣挥笔蘸血泪写成《祭母》一文,据读过该文的人讲,她哭诉自己在帝王之家所遭受的痛苦,字字惨,句句悲,令人不忍卒读。

蒋氏死后,文绣更觉得活在这个凄苦的世上太无聊,愁肠百结,晚上常常终夜难眠。

---

① 这首诗及上一首均引自《清废帝溥仪档》,原件藏中国第一历史档案馆。

102

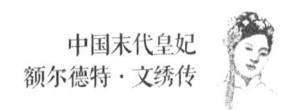

拥被难成梦,萧萧一夜风。
浊醪聊自饮,朝日照窗红。①

　　这首诗是度过一个深冬的寒夜后,文绣的随身太监赵长庆在几案上看见的。文绣刚刚伏案睡去,手指间还夹着一支毛笔……

---

① 引自《清废帝溥仪档》,原件藏中国第一历史档案馆。

第五章　皇家兴讼

一　撕掉留给胞妹的遗书

一九三一年入夏以后，文绣与这封建皇家的关系，已经闹得不可开交了，因为区区小事也会掀起轩然大波。

旧历六月初七日，文绣独自外出，回来后在院子里吐了一口唾沫，凑巧婉容正坐在旁边，便生了疑心，认为文绣是作态诟骂她，立即向溥仪告状，要求他派人到文绣房中，郑重其事地进行所谓"奉命斥责"。溥仪便命随侍李国雄和太监李长安执行，二李狐假虎威地前往文绣房中，声色俱厉地加以斥责。文绣辩白说，她并没有看见皇后坐在院中，吐口痰并不存在辱骂皇后的意思。二李厉声阻止道："上说了，休得胡辩！今天不认个错儿就别想过关！"文绣一气之下，头晕目眩，浑身发抖，一时不知如何是好，只在一种麻木状态中声声哀告，口口乞怜，翻来覆去念叨一句话："求皇上、皇后开天高地厚之恩，赦我死罪！"既已如此，溥仪尚不满足，又遣派侍从往返几次，指斥文绣说："古来无你这等之人！清朝二百多年无你这不知礼之人！"文绣只好哀告讨饶，表示"服罪"。

有什么办法呢？她也曾想见见溥仪说说这不白的冤屈，可住在同一座楼房内的"丈夫皇上"就是不见她，有意让她把冤屈吞进肚子里！就这样折腾了好几天，文绣哀哭以至"眼中出血"，溥仪才"降旨宽赦"。那道"谕旨"

上赫然写着："下次如犯过决不宽容！"①

这件事发生后，文绣思之再三，觉得活着无味，曾想了此一生，遂给文珊妹留好了遗书：

> 吾亲爱胞妹知悉：姊受专制家庭非人类待遇已九载矣！无日不以泪洗面，薄命如斯，夫复何言！惟逆来顺受、苟延残喘而已……世界之大，姊之所受压迫、虐待可为第一。姊之痛史谅吾妹皆知，毋庸姊再述。我经此惨变，实无颜偷生苟活，自杀之心甚切。况未来危险正多，姊命朝不保夕。姊若不幸而亡，念骨肉之情，千万代姊伸冤雪昭，九泉之下不忘大德！姊昨日欲自杀，念及我亲爱胞妹又不忍下手。呜呼！天何待姊如此惨酷耶？泉下双亲何抛下我二人不顾耶？姊之薄命已至于斯，惨矣！汝亲爱胞姊泣笔。②

这是一幅悬于帝王之家凄惨的图画！那个时期，文绣多次想死而未死，是因为找到了誓与"皇上"打官司、脱开这封建牢笼的离婚之路。是啊！为什么要为他贡献自己呢？为什么就不能离开他？然而这种想法的产生与形成谈何容易！这期间文绣死去活来地又闹了几场。

大约一个月后，旧历七月初六日，白天一阵清雨落下又云开天晴了，晚上，夜空更是格外璀璨。溥仪、婉容，还有婉容的母亲以及二格格和三格格秉烛夜游。微风拂面，新月如钩。几人游兴甚浓，玩得十分舒畅，直至夜深人静才驱车返回静园。溥仪和婉容都无睡意，就并肩坐着卿卿我我地聊了起来。

"走了这一气儿，皇上累不累呀！"婉容语声婉转，脉脉含情。

"和你在一起，哪会觉得累呢！"溥仪真温情。

"明天就是七夕节了，我在马场玩时曾叹息再三，因为牛郎织女一年才能见一次面，不是太可怜了吗？皇上说呢？"

---

① 这件事，溥仪二十世纪五十年代的回忆文章(手稿)曾提及，笔者保存的李国雄回忆录音资料中也有概述。这里叙述的过程综合了上述两种资料，并核查了有关的档案资料。
② 引自《庸报》,1931年9月7日。

| 末代皇帝的五个女人 |

溥仪与婉容及父母、陈宝琛、郑孝胥等合影

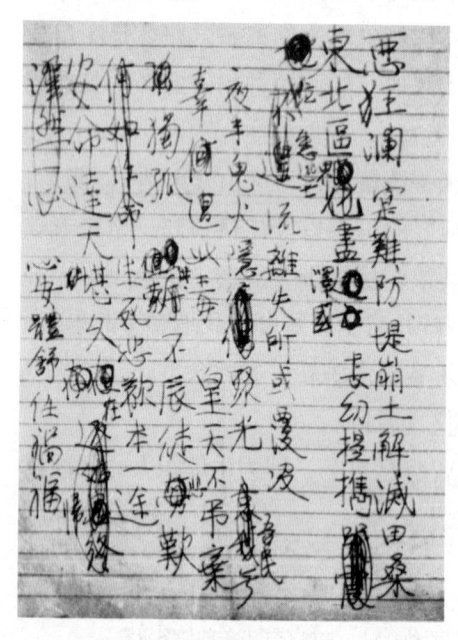

溥仪手稿：自创诗

"虽然牛郎织女一年相会一次，可千年万年总有见面的机会，不也胜似人间吗？而且只有专一的爱情，二人相爱没有旁人！"

这"没有旁人"几字显然是针对文绣。

第二天晚上，传说中牛郎织女鹊桥相会的美好日子，象征爱情与团圆的一天来到了。它带给文绣的，是更重的凄苦和更深的悲怆。那天，溥仪和几个妹妹坐在园内藤椅上乘凉，婉容由太监伺候着在一楼客厅抽大烟。一会儿溥仪也从院中走进来，坐在婉容旁边。等她吸完四口烟，二人一起上楼去了。只见溥仪的寝宫门前立着一个人，原来是淑妃的太监赵长庆正等着向"万岁"奏报一个重要情况。

"奴才有事禀报皇上，淑主子正在自己房中大哭大闹，还在床上打滚，扬言初七是她的纪念日，拿起剪刀就要捅自己的肚子，让奴才夺下来了。"赵太监明知他的"淑主子"并不得宠，但只要有邀功的机会是绝不放弃的。

"不用理她！她惯用这种伎俩吓唬人，谁也不要理她！"溥仪十分生气。

果然不出所料，以"淑主子"邀功非但不能奏效，反而引来皇上如此绝情的话，赵太监虽然不敢反驳，也在下面小声嘟囔着说："反正万岁爷和皇后主子都看着了，有个好歹，奴才可是担当不起呀！"溥仪仍是不以为意，吩咐婉容回自己的房里去。

婉容怕真闹出点事来有碍自己的名声，希望缓和一步，就在吃晚饭的时候，建议溥仪把淑妃叫出来一块儿进餐。谁知溥仪竟恩断情绝地用英语对婉容说："不用！你如果叫她出来，我就不吃饭了！"

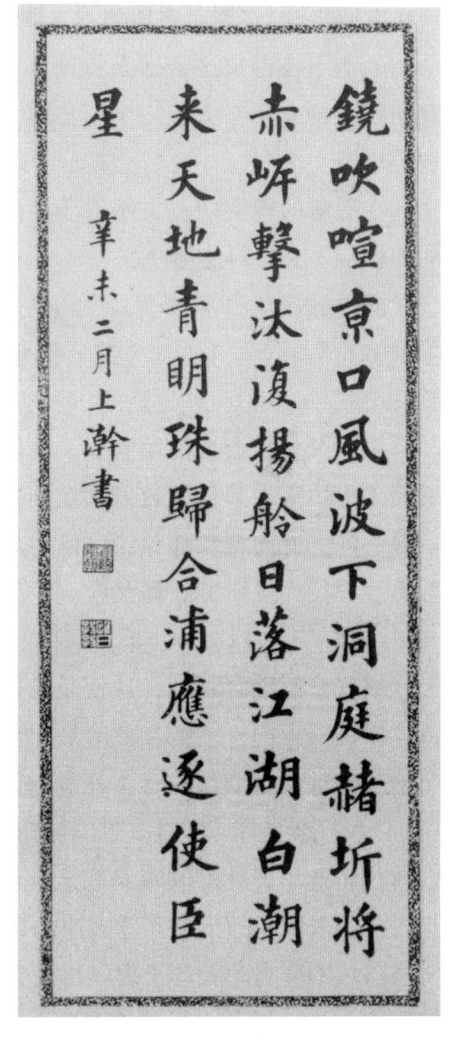

镜映喧京口風波下洞庭赭圻将
赤岸擊汰復揚舳日落江湖白潮
来天地青明珠歸合浦應逐使星
辛未二月上澣書

溥仪于1931年旧历二月书写的一张条幅

在百般折磨之下，文绣精神恍惚，一会儿要死，一会儿要活的。随身太监赵长庆不敢错眼神地盯着她，别看溥仪不在乎，他可是责无旁贷。一天，文绣在中堂招呼开饭，侍膳的小太监爱搭不理，文绣很气恼，随口骂道："讨厌！讨厌！"恰逢溥仪经过门口，以为文绣一定是指桑骂槐，是对着自己发火，

107

便命太监传谕："欺君之罪该死，朕将赐你死矣！"当时溥仪知道文绣想死想活的，本不该再拿这类话激将她，可他竟全然不顾。文绣气愤之下操起剪刀就向喉咙刺去，赵太监一个箭步蹿上去夺下女主的剪刀，却在自己手上留下一道口子。

在冷峻的现实中，文绣终于清醒，不能无谓地毁灭自己，而应把炸弹甩向那桎梏人身的封建堡垒！

二　悄悄离开了静园

牛郎织女相会后的第五天，也就是旧历七月十二日下午。那天，文绣又哭闹得很厉害，溥仪便打发太监前往庆王府找来文珊，让她劝导胞姐。文珊劝慰一阵，就向溥仪建议说，她姐姐心情郁闷，希望允许她陪伴姐姐出外散散心。溥仪大发慈悲，慨然应允。当天下午三时，文绣由文珊陪着，为掩人耳目也带了太监赵长庆，乘坐溥仪的专用汽车出了位于协昌里的静园大门。①

溥仪万万没有料到，这便是长期蓄谋后的惊人之举，文绣从此再不曾跨进这座静园大门。文绣在此时脱出静园，这实在已是瓜熟蒂落、水到渠成的事情了，首先是溥仪向日本靠拢的倾向已愈来愈明显，即将成为现实。虽然"九一八"事变尚未发生，但不久前从日本归来度假的"御弟"溥杰，已经向溥仪转达了鹿儿岛驻军某联队吉冈安直大队长关于"满洲最近也许就要发生点什么事情"的讯息，驻天津的日本领事和司令官们也更频繁地往来静园。文绣当然不会对此无动于衷。再说文绣与皇家的矛盾已成水火之势，"中宫娘娘"婉容与小妃子文绣势不两立，文绣若不出走势必自我毁灭，已经没有别的道路可以选择了。

文绣的娘家亲属中有一位远支的表姐夫名叫毓璋，号子特。此人晚清时曾任清西陵守陵大臣，辛亥革命后顺应时事出任新职，在民国政府的海军部当上一名总务司长。毓璋的大女儿玉芬虽说是文绣的晚辈，却较之年长。玉

---

① 从"七夕节"前夕到节后第五天，所述细节以及溥仪、婉容和文绣间的对话，均依据《清废帝溥仪档》，原件藏中国第一历史档案馆。

剧照：电影《末代皇后》中的文绣（左，朱茵饰演）由文珊陪同离开静园

芬长相不错，为人老练，有谋略，工于心计，可是在婚姻问题上却很不幸。由于父母包办，她被嫁到一度身为民国总统的冯国璋家，成了国内第一号人物的孙媳妇，然而，这位冯家少爷(冯国璋的长子长孙冯曙山)整天吃喝玩乐，寻花问柳，完全不把玉芬放在心上，所谓夫妻感情是根本谈不到的。不过，这样的环境却逼她想了问题，长了见识，有了经验。

文绣入宫前，因家境贫寒与许多亲属都无往来，玉芬也从未到过哈达门外花市上头条傅家。后来，文绣平步青云成了"小皇上"的妃子，也是额尔德特氏家族的荣耀，亲戚又都走动起来，玉芬也常到大翔凤胡同蒋氏那里串门聊天，与文绣的母亲相处颇近。文绣出宫在醇王府"被难"的日子里，曾几次回到大翔凤胡同的娘家看望母亲蒋氏，也是因为受到了玉芬的鼓励。

玉芬的婆家不但在北京东四十条有漂亮的公馆，而且在天津租界也有房

109

产。所以，玉芬有机会居住两地，一年之中总有几个月住北京，几个月住天津。文绣随溥仪去天津后，和玉芬有了更为密切的来往，她们无话不谈，息息相通，玉芬和文珊一样，成了文绣最亲近、最信赖的人。玉芬逐渐了解了文绣在皇家的悲惨境遇，她第一个向文绣指明了新的人生目标。这便是文绣向溥仪闹离婚的缘起。文绣说：

> 我和玉芬相处得近了，甚么心里话都向她掏。她见多识广，又有心计，很会出主意。她告诉我，现在是民国时代，溥仪又被撵出宫来，他也不再是"小皇上"了，也要守法，平等待人。你可以根据"男女平等"的法律条文，请律师写状子，告溥仪虐待妻子，和他打离婚官司，向他要赡养费。你若考虑好了就这么办！我可以在外面接应，找人帮你的忙。事成之后别把我忘了就行！
>
> 玉芬这人说话在理，我当时也相信她，可这离婚官司毕竟不是一件小事，一时还拿不定主意。我就把文珊找来，征求她的意见。我三妹从小就是不甘吃亏的人，又加上快言快语，一说就很赞成。她看我略有迟疑就急着说："二姐呀！难道还没过够？和溥仪这种男人生活在一起，还有什么幸福可言！早离婚早利索！"
>
> 后来，我和文珊、玉芬三人一块儿前前后后地核计了一番，至此我才下决心和溥仪离婚。外界都以为是我妹妹文珊的主意，其实是玉芬最先和我说起的。当时，这事除了文珊、玉芬和我三个人，再没向谁露过口风，别人并不知内情。
>
> 过了几天，玉芬又来看我，我偷偷

1931年8月25日，文绣私离静园，向溥仪提出离婚，当时天津报纸上刊发了文绣此照

交给她银洋一千元。因为她认识的人很多，让她和文珊先用这笔钱在外边打点打点。我还嘱咐她说，就按民国的新法律起诉，请律师与溥仪打这场离婚官司。①

文绣最终没有选择自杀来改变自己的境遇，而是听从了玉芬和文珊的建议准备按民国的新法律起诉，请律师与溥仪打这场离婚官司。

文绣脱出静园前，从各个方面做好了准备。聘好的三位律师张绍曾、张士骏和李洪岳，已在国民饭店租了房间，等待行动；文绣陈述离婚理由的文件以及脱出后致溥仪的信等，也已拟好缮清。

《申报》关注溥仪的动向，刊于1931年10月18日

同时，文绣也找机会清理了自己房中的细软及金银首饰，让文珊分批陆续带出，暂时存放在她家里，以备脱出后应急之用。这一切都做得周密细致，神不知，鬼不觉……

旧历七月十二日，按公历是一九三一年的八月二十五日。离日本侵占东三省的"九一八"事变只有二十四天，文绣为摆脱溥仪的控制而发难，竟选择了一个多么关键的时机啊！

三　淑妃啊，到哪儿去了？

汽车开出静园，文绣指令司机一直开向国民饭店。汽车在饭店门前停稳后，文绣和文珊从容下车，推门而入。与值班店员略作说明后便直奔三十七号房间去了，太监赵长庆面有惑容，又不便多问，只好紧紧地跟随。

---

① 引自文绣族侄傅嫱提供的资料。

末代皇帝的五个女人

进房坐定后,文珊正色告太监说:"你先回去吧!淑妃就留在这儿啦!还要向法庭控告皇上哪!"被此话震颤的太监赵长庆,顿时现出张皇失措的窘态。一会儿,他又双腿长跪哀告道:"如果淑主子就这么站下了,让奴才怎样向万岁爷交代?乞主子可怜奴才命苦,先回园子禀报一声再来,也就不关奴才的事儿啦,奴才在这儿谢罪呢!"一副哭丧相的赵太监叩头不止。文绣态度果决,不为所动,从袖中出示三函而告太监说:"今日之事与你无关,你可拿着这几封信回去转告皇上!"太监接过信件还想哀求,只听房门一响,三位西装革履的先生同时走进室内,这便是玉芬替文绣聘好的张绍曾、张士骏和李洪岳三位律师。律师们与文绣和文珊一一握手,为首的一位十分礼貌地开口说道:"我们恭候二位女士已经两天了!能够为您服务深感荣幸!"文绣一看这三位先生,个个双目有神,都有一副精明能干的派头,心中暗暗称道玉芬

剧照:电影《末代皇后》中文绣向溥仪提出离婚

112

识人。文绣一面让座，一面连声称谢。跪在地上的赵太监，一看这情形，知道哀告无用，便收起长跪的双腿，把信揣进内衣口袋，一溜烟地出门登车去了。

文绣深知此地不可久居，溥仪一定会派人来找。于是，赶快向三位律师交代了一下，确定了接头联络办法，随后由文珊陪伴，从后门走出国民饭店，按既定计划另觅安全的处所去了。

再说太监赵长庆回到静园，战战兢兢地据实向皇上禀报一番。溥仪也像惊弓之鸟，平时他欺侮文绣为所欲为，从来不曾想过一个小妃子竟敢在他头上动起土来，冷不防地让他出丑，这还了得！只见他哆哆嗦嗦地从太监手中接过信来，开封展阅，原来是文绣的律师们所写：一封是张士骏代表文绣致溥仪者，一封是张绍曾代表文绣致溥仪者，还有一封是李洪岳代表文绣的胞妹文珊发言。①

律师在信中申明，已接受诉讼者委托，正式受理这桩离婚案，还透露了文绣出走的原因和要求。内容大要申述其备受虐待不能忍受；且述事帝九年，未蒙一幸，孤衾独抱，愁泪暗流；明确提出：今兹要求别居，溥应于每月中定若干日前往一次，实行同居，否则惟有相见于法庭。②

溥仪看过只觉得头晕目眩，眼前变得一片昏黑。事已如此，如何收场？大清三百年间从来没有过这样的事情啊！妃嫔一旦入宫，一辈子都别想跨出宫门，倘淑妃夜不归宿，开数百年大违祖制的先例，可就把他"皇上"的脸面丢尽了！于是，溥仪立即传谕，派出一批太监和随侍，到国民饭店寻找。

虽说"小皇上"已经无权，可社会各界总念他曾是至高无上的人君，处处让他，国民饭店内大小房间随他派来的人翻检查看。可是，人早去了，如何查得到？寻找了半个多时辰毫无结果，却有三位律师走了出来，面含微笑地对太监们说："文绣女士让我们转告各位，毋容耽搁，还是回园子去吧！"太监们沮丧而归。

"都是废物！她一个女子还能跑到天边去不成！快上庆王府找，一定是让

---

① 文绣离开静园进入国民饭店以后，与太监赵长庆及几位律师的对话等细节均依据《清废帝溥仪档》，原件藏中国第一历史档案馆。
② 参阅《北平晨报》1931年8月29日。

文珊拐到她家去藏起来了,今晚上必须找回来!"因天色渐晚,溥仪更加着急,向太监们发疯似的叫喊一通。

太监们乘车来到载振家门口停下,进门就搜,四处观察,还有人说看见淑妃在楼上一扇窗前晃了一下,也不知是真是假。当时载振去奉天办事未归,载振的福晋很不高兴。太监忙解释说,是"上"派来的。这会儿,女主人也不管什么"上"、"下"了,冷冷地对来人说:"你们来此寻找妃子,我还想向你们要亲人呢!"太监们听这话味儿不对劲,又搜过文珊的居室,淑妃毫无踪影,便草草收兵返回静园去了。

溥仪到处找不到文绣,又想到求助于住在国民饭店的文绣的律师们,于是派出代表企图说服他们:"溥仪与淑妃伉俪情深,绝无虐待之事,请不要误会。"

"现在事情已经达到这个地步,文绣女士是绝不回去的。如果溥仪先生还想和解,那就只有承认她的完全自由,否则除向法庭提起诉讼外,再没有别的办法了。"律师李洪岳的答复使溥仪的代表们感到绝望。

"希望溥仪先生尊重文绣女士的人格,尊重她的愿望和一切正当要求!"张绍曾律师说话时目光冷峻,面目严肃。

"请允许面见淑妃,只想问一句:尚有无可能返回园子与皇上言归于好?"溥仪的代表们拿出乞求的态度。

"在现在情况下,文绣女士拒绝会见任何人。如果溥仪先生有诚意,允许文绣女士择居另住,照给用度,我们可以尽力调解,以求和平解决。"只有张士骏律师的态度似较缓和。

淑妃啊,你到底上哪儿去了呢?

四　炸了营的静园

溥仪得到回报甚是焦急,像热锅上的蚂蚁不知如何是好。遂派内侍祁继忠乘汽车到"清室驻津办事处顾问兼总务处任事"郑孝胥和胡嗣瑗家中,把他们找来商讨对策。

溥仪先把淑妃出走事件当着郑、胡的面一五一十地学说了一遍，据胡嗣瑗的日记所载，溥仪当时是这样讲的：

> 淑妃今日突然出园至国民饭店，其妹偕行。到饭店后由其妹交随去太监手信三件：一为其妹金文珊函，一为律师张士骏、张绍曾函，一为律师李洪岳函。竟以淑妃平日备受虐待，只可求法律救济云云。尝派内侍备车往接淑妃，不得见面，由该律师面谈经过语多强横，只张士骏尚主和平调解，要求另住照给用度，别无条件等语。比其人赶至载振宅，尚见淑妃在楼窗下视，旋即入内，而载振硬叱去人，不许入内。似此情形，极应加以处分。①

出席"御前会议"的郑孝胥和胡嗣瑗也和他们的皇上一样，认为这是一桩见不得人的丑事，是"胜朝"的耻辱，可面对无情的现实又该怎么办呢？

郑孝胥苦苦思索一番，先亮出高见："淑妃此举已犯家法，似可先行废去名号，彼方所求不遂，当然成讼，我但遣律师陈诉，妃因触犯家法，名号已废，即不至有其他影响矣！"

胡嗣瑗一听连喊"使不得！"他认为办这件事不能太操切，否则将助长淑妃的气焰，有害而无利。于是，缓缓地说明了自己的意见。他说："此事诚属意外，但淑妃平日颇得人望，必有人从中挑拨，一时为其所惑，乃至如此。是宜和平处理，万不可听其决裂，更难收拾。刻可先遣我方常务律师林棨等与彼方张士骏等接洽，姑看究竟作何要求。同时再找一位能和淑妃说上话的女眷，当面询问淑妃真意，如此才好着手办！"

显然，胡嗣瑗一番话对了溥仪心思，若照郑孝胥的意见办，那不啻逼迫淑妃起诉，而这"起诉"二字犹如一声晴空霹雳，直震得溥仪心惊胆战。原来这正是要害所在呀！普通家庭尚要防范"家丑外扬"，何况皇家！一旦对簿公堂，势必播扬于整个世界，溥仪无论如何不能设想，以自己"九五"之尊，

---

① 引自《直庐日记》原本。该日记现存一函五册，未刊。其中记载文绣离婚事件甚详，是笔者依据的主要资料之一。以下不再一一注出。又，引文中"载振硬叱去人"，应为"载振的福晋硬叱去人"，因此时载振往奉天办事去了。

成何体统?加之中华民国的法律不见得能为他这个"大清皇帝"着想,胜诉乎?败诉乎?实在难以预料。于是,溥仪决定采用胡嗣瑗的软招子,命律师出面与文绣的律师对话,争取和解,把大事化小,小事化了。最后向郑、胡二人吩咐道:"汝二人随时会商办理吧!"

郑孝胥、胡嗣瑗二人随即同往清室办事处常务律师林棨、林廷琛的事务所,把经过大略述说一遍,嘱他们约见张士骏,查明情况再定应对办法。

虽然溥仪已经听信了胡嗣瑗的意见,但郑孝胥并不服气。次日上午二人一见面又你长我短地辩论起来。郑指责胡"迂腐",胡则认为郑"颠顸"。这天,溥仪最尊敬的师傅陈宝琛来了,他二十岁上点翰林,三十岁当内阁学士兼礼部侍郎,是清末有名的福建才子,但在这件事上也是一筹莫展。

溥仪一会儿满脸愁容,一会儿又面带愠色,不停地在屋子中间来回踱步。

"淑妃这次出走,事关上的名誉,应付苟不得法,必至横生枝节,更难收拾。"胡嗣瑗方寸不乱,有理有据地陈述自己的意见。

"你认为必须事事迁就那个贱妃,满足她的无理要求吗?"溥仪感到憋屈。

"依臣之见,当前最重要的是稳住淑妃,不使扩大到法庭上去。为此,可不必遽予淑妃处分,亦毋庸与悠悠之口争闲气,仍俟林棨等接洽后再请进止。"

"眼下只好如此。"陈宝琛表示附议。

"且走一步再看。"郑孝胥似乎也没别的意见了。

溥仪这边已经乱成一团麻了,还多亏胡嗣瑗老谋深算,拿出主意来,使人心稍稳。

皇后婉容在这个时候当然也是不甘寂寞的,九年来她和淑妃两人争风吃醋,闹得不可开交,现在快有出头的日子了。当时,婉容的授业老师陈曾寿返乡度假去了,假期未满忽闻中宫电召,遂匆匆赶回静园。师傅一到,婉容立即传谕赏饭,饭后就在自己房中召见了他(父亲荣源也在座),把淑妃从头到脚数落一番,说她向来不讲礼节,而皇上又往往采取宽容的态度,对她曲意顺从,更加助长了她的固执和偏拗,以至于闹成今天这个局面。婉容这次把师傅召来,是要通过他掌握淑妃出走后的情况,以便按照自己的愿望影响这一事件。

整个下午，胡嗣瑗一动不动地在静园他的办公室等消息，按他和郑孝胥的部署，清室办事处常务律师林棨和林廷琛已去会晤文绣的律师张士骏了，他盼望二林能摸清淑妃的真意，把实底掏回来。三时前后，真把二林等到了！他们面露喜色地报告了会见张士骏的情形，据张士骏律师讲，淑妃但求在园外另住，月给用度，而皇上能于每月之中临幸数次，于愿已足。像这样的要求显然是不过分的，从皇上的角度来说也是容易办到的，所以二林都挺高兴，这件棘手的事情有希望顺利了结。然而胡嗣瑗听后并不轻松，他还不相信张士骏说的这番话就是淑妃的本意，不见淑妃一面就不能信实，遂叮嘱二林道："必须再请张士骏定时间，面见淑妃，以求证明淑妃的真实旨意，然后好妥商对策。"

当天夜里，林棨和林廷琛跑到胡嗣瑗家里报告说，已与张士骏律师约定：明日由他转告淑妃，确定见面的时刻。

那天文绣离开静园，只在国民饭店略坐一坐，便带了文珊，出饭店后门，登上一辆预备好的出租汽车，穿街走巷，到一处商店门前，匆匆付了车钱就进店里去了。文绣姐俩并没有在商店购物，很快便从另侧旁门离开商店，又东拐西拐地步行十几分钟，来到一处幽雅别致的花园洋房门前。她们按了电铃，很快便有一名使女前来开门，她认得文珊，也不通报，就把文绣姐俩带进院内。文绣四外一看，嗬，好秀美的家庭花园！此处鲜花盛开，争奇斗艳，遍布芳香，还有一架架的葡萄藤、一排排的果木树……原来比皇家还美的地方多着哪！

这时，洋房门前的雨达下正有位装扮入时的贵妇人站着，看样子四十上下，满面春风地迎着文绣走来。文珊立即上前介绍说："这位就是太太！"温文尔雅而又知礼的太太不因年长又是主人而摆身价，主动向落难中的皇妃施礼，亲切地挽着文绣的手臂进入楼内。

你道这位太太是谁？原来就是袁世凯的七姨太张氏的娘家兄弟媳妇！袁世凯在世先后娶了一妻九妾，有十七个儿子和十五个女儿。七姨太张氏乃是袁世凯任直隶总督时添的房，因为生得漂亮，很受宠爱，常让她守侍在侧。后来宣统登极，载沣摄政，命袁世凯"回籍养疴"，袁世凯去河南辉县暂住还

带着七姨太。虽说张氏并未生上一男半女，却受宠不减。天津房产便是她随袁世凯在直隶总督任上时置办的，当时她有个娘家兄弟在天津一带经商，也住在袁府。不久袁世凯转任迁居，就把房产作为赏赐张氏的礼物，留给她的娘家兄弟了。张氏此举无非是要为自己留一条无依无靠时的后路，不料竟病逝在辉县。没过几年兄弟也死去，寡居的张太太便在这所安静而华贵的花园洋房中，过起贵妇人的生活来了。在一个偶然的机遇里她认识了文珊，很快成为朋友。文珊提起姐姐在皇家的遭遇，张太太十分同情，愿让文绣暂住她家，认为这是一件荣幸之事。

显然，溥仪和文绣各有各的打算。文绣去向不明，溥仪派出大批人马，目的在于找到文绣本人，当面和解，一了百了。而文绣则在已经摆脱控制之后绝不愿意重返牢笼，她除了自己的几位律师，不会见任何人，并通过律师把自己的声音播扬到新闻界，并很快在平津街头和千千万万的人民中间产生了"呼救"的效果，从而把这出皇家戏搬上了社会舞台，为溥仪制造了强大的舆论压力。

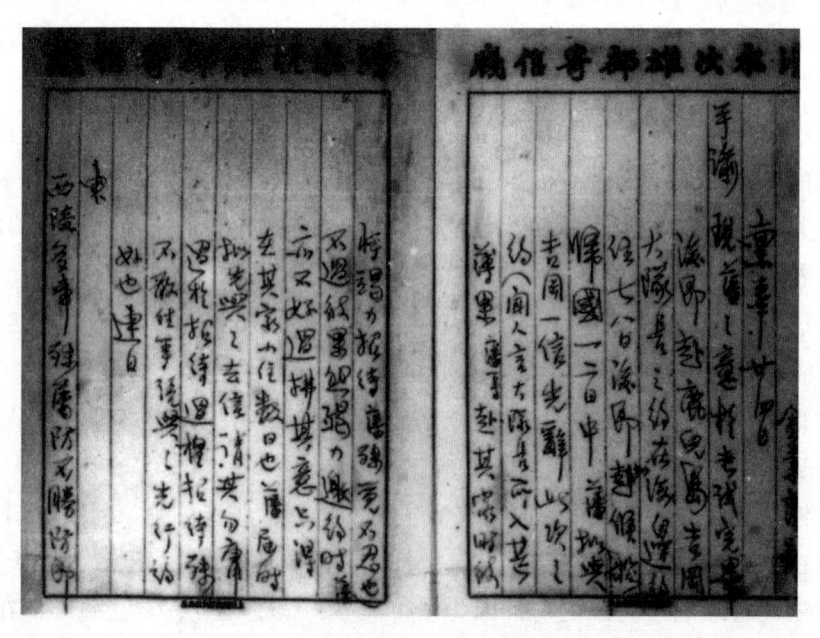

"九一八"事变前，溥杰致"皇兄"信的书影

第六章　惊世震俗

一　"妃革命"震荡了海河两岸

文绣脱出静园的第二天，即公历八月二十六日，这条重大社会新闻便不胫而走，震荡了海河两岸。醒目的大标题《前清废帝家庭之变》，占据着天津各报的显要版面：

> 废帝溥仪的妃子文绣最近因不堪虐待设计逃出，聘请律师，保障人权，提出离异。据妃向人声述，九年来饱受凌虐：第一，后不许其与溥仪接近，已断人生之乐，更无夫妻之情；第二，太监威势逼人，凡事均须仰其鼻息。某太监且谓"皇上与汝无恩情，汝惟有速死，皇上命汝死，汝不能死"等语。在此种压迫之下，实觉难堪，而毕生亲人，只剩一妹……尚可进内相访。近年来，妃屡萌自杀之念，其妹常劝慰之。目前妃因太监威逼过甚，乘隙用剪刀刺喉际，图自杀，获救未果，太监乃请妃子之妹入内解劝……

皇家之丑终于外扬，让千千万万视皇家为享乐与幸福之代名词的人看清了真相。正如报上所说："此事发生后，天津市社会上多日沉寂的空气为之一破。"

当年的文绣照片也纷见报章：在隆起的发髻上插了三片玉饰，就像戴了三朵白花。一张椭圆形的脸，显得有点胖。眉毛浓重而眉梢扬起，眼睛不大

《商报》1931年8月26日刊出"妃革命"的消息

不小,正坚定地注视着前方,口鼻之间看上去似乎缺少点秀气。论外貌,文绣确是不如婉容美丽;论思想,则在许多方面超过婉容。她不愿做豢养在御园中的囿鹿,她心灵深处有一个比皇妃的身份更重要的东西,那就是自由。她要求在政治问题上堂堂正正地做人,在民族问题上光明磊落地办事,同时也企望着有一个普通人的正常的家庭生活。然而这一切,在帝王之家都得不到。

一九三一年八月二十七日《国强报》登出署名非女士的短评,这篇题为《溥仪妃子离婚》的文章大声疾呼,支持文绣,称之为"数千年来皇帝老爷公馆破题第一遭的妃子起革命"。

还有人从这一事件论到妾与家长在法律上的关系,探讨了"妾"这个在当时普遍存在的社会现象。此人认为"纳妾之制,既足以妨害家室之和平,又显与男女平等之旨相反,在今日之社会中,亟宜改革之一事也"。他提出要以文绣闹离婚这一事件为突破口解决社会弊端,他认为"此诚属解决多妻制度万恶家庭之极好良机。此事若无相当办法,将来全市以至全国,将永无解决多妻制度之一日"。①

还有的文章虽然不说支持谁，却是拿了这件"丑闻"贬斥皇家、皇帝乃至几千年的君主制度，而且率直地挖苦、讽刺、抨击，什么词儿都用得上，可真把溥仪的肺都气炸了。有一篇署名"老太婆"的《叹文绣别居事件》②便是这样一层层揭盖子的。该文写得奇巧，从"人心大变"入笔，引出文绣闹别居，"非和卸任皇上打一场热闹官司"，又从文绣的"事帝九载，未蒙一幸"，扯到阿房宫里的妃子三十六年没见过秦始皇的面，从而说起"历朝宫闱实在是一个大罪恶之薮"。

"老太婆"引经据典：

> 如若听过荀慧生的鱼藻宫带斩戚姬，可以想见入宫作妃实在不是一件幸福的事。红楼梦上贾元春省亲的时候，见着她的二老爹娘，哭着说不应当送她到那永久不见人的地方！选秀女入宫，犹如进监狱一般，

《国强报》1931年8月27日刊出文绣离婚案的评论文章

抬头只见黄琉璃瓦，老死不能自出宫门一步，真不是摩登女子所能忍受的。

---

① 引自徐同鄘：《从文绣与溥仪离异说到妾与家长在法律上之关系》。
② 载《北平晨报》1931年9月3日。

经过这前前后后的一番铺垫，笔锋转向清朝。"老太婆"真有捉弄人的本领，先是赞扬了创业英雄努尔哈赤，歌颂了清初"入关前那种勤俭刻苦、励精图治的精神"，紧接着话锋急转，拿溥仪最伤心的两件事——除了淑妃闹离婚，还有祖宗坟墓被人挖掘，弄得尸骨狼藉那码事，来狠狠地刺他，用语尖酸刻薄，其目的不在一个文绣，而是让溥仪看清楚自己的末日，再不要想入非非了。可见，文绣离开静园的社会意义早已超出了家庭离婚事件的范畴。

二 忙坏了静园的胡大管家

旧历七月十四日（1931年8月27日）是胡嗣瑗的生日，倘不是静园出了淑妃事件，他在这天蛮可以不必"入直"，安生在家款待拜寿的亲戚宾朋就行了，可现在不行，皇上的事儿缠着手哪！

早晨起来，胡嗣瑗朝着列祖列宗的牌位行了一遍大礼，匆匆吃过早点，便匆忙"入直"去。当他走进清室驻津办事处总务处办事房时，一眼看见郑孝胥、陈宝琛两位已在那里，三人间的一场争论发生了。争论是由郑孝胥的一番话引起的，郑说："昨日晚上林棨和林廷琛曾到我的寓所，把他俩和张士骏接洽的情形讲了一遍。我考虑到淑妃方面要求另住、给以用度、每月驾临若干次各节，并不算非分之求。尽可一一承认下来，则淑妃自然无话可讲，而责任可由我辈担当，如不合皇上的旨意，老臣自请惩处亦所甘愿，皇上声名则保全矣。所以，虽未经商讨，我已命郑垂给林棨打了电话，告之所出各节可以照允。"

胡嗣瑗和陈宝琛都反对郑孝胥轻易答应对方的条件，认为"宜分出步骤，方免别生枝节"。继而胡嗣瑗到溥仪面前汇报、请示，那时称之为"入对"。胡嗣瑗陈明经过大略，他先谈双方律师接洽情形，说明郑孝胥已电知林棨答应了彼方提出的条件。接着又陈述了个人的不同意见，他说："臣以为世事莫测，人情变幻，实在不可取轻信的态度。尚须侦取淑妃本人真意所在，看是否与彼之律师所说相符。若相符了，方可对那几个条件加以考虑。而且不能事事为其掣肘，必须由我方酌定另居处所，以严格禁止像这次勾串淑妃的人再获往来的机会，为此才能避免滋事。到那一步时再请皇上明降处分，将淑妃遣往北京麒麟碑胡同去伺候敬懿太妃和荣惠太妃,以示保全,庶可翦断葛藤,相安无事,似不宜轻于相许,防为所挟呀!"

到底胡嗣瑗老谋深算,颇得溥仪赏识,遂颁"圣旨"一道:

> 恺仲所虑极为周到,可告林棨等照此进行。郑孝胥脱口许其承认条件,虽意在了事,究嫌专擅轻承。并闻郑垂、佟济煦颇有不平言论,亦殊不合,汝可一一开导,务体朕不得已苦衷。①

溥仪显然是听到了什么,许是郑孝胥之子郑垂和"庶务处任事"佟济煦在文绣事件上说了偏激或过分的话,溥仪不愿听这些,他还没有彻底绝情于文绣。

"郑垂等说话稍有偏激,但用心是好的,是为上着想。"胡嗣瑗为同事美言一句。

"果有所见,倘可面陈,何以并未向朕一言?徒然背后讥刺,何也?"溥仪不高兴地反问道。

"以臣之见,郑垂等未必敢如此放肆,容臣传谕晓譬之!"胡嗣瑗这才把对话收住了。

这时,在总务处办事房内,郑垂和陈宝琛还比比画画对口大谈呢!看样子握拳透爪,大有义愤填膺之势。胡嗣瑗一见方知皇上的话一点也不虚,于是匆忙向二人传达了刚才在皇上面前奏对的大意,叮嘱郑垂千万不要再讲非分之言。

胡嗣瑗办完这一圈子公事,觉得乏了,这才想起自己的生日还没办呢,于是匆匆返回寓所,只见子、女、侄、甥、同人好友等已先后来到,挤满了客厅和书房,红包绿裹的各色寿礼在几案上堆积如小山,惟皇后婉容的业师陈曾寿所献格调高雅,原来是他手画的一幅向日葵图,用以赞扬胡嗣瑗追随皇上的一片忠心。胡嗣瑗也顾不得细细观赏,因为一会儿还有重要的事情要办,遂命家人立即开席。于是,内外两桌的人们同时举了酒杯,胡嗣瑗与祝寿者

---

① 引自胡嗣瑗:《直庐日记》。佟济煦,当时在清室天津"行在"办事处管理庶务处。

一一碰过杯子后，用一种遗憾的语气开口说道："谢谢诸位光临！敝人公务在身，实无须臾耽搁之理由，故先退一步，请诸位吃好喝好！"祝寿者中大多知道他现正忙着什么事情，所以并不留难，也不感到扫兴，任他去了。

胡嗣瑗为什么这样急，连自己的寿筵也不能终席呢？因为根据皇上的口谕，他必须赶快去通知林棨，撤销郑孝胥的轻许之诺，没见到淑妃先不表示态度。于是，他离开寓所便直奔林棨、林廷琛的事务所去了。幸好二林尚未执行郑垂在电话中传达的郑孝胥的口信，他们还告诉胡嗣瑗说，张士骏也来过电话了，原订今日下午约见淑妃，因故不能实现，暂按改在明日下午见面。胡嗣瑗又疑惑了：淑妃到底打不打算露面呢？倘能抓到她的影子，看她一个弱女子还怎样张狂？

胡嗣瑗转身回到静园，刚在总务处办事房的皮转椅上坐定，就见奏事官奉旨来宣："宣胡任事入对！"

"愔仲找了林棨和林廷琛吗？"

"臣刚从律师事务所转来。"

"淑妃怎么说？"

"他们还没见着淑妃，约定又推迟一天。"

"朕尝细思此事，如彼能就范最好，否即听其离异，不必再泥旧法亦无不可，汝可相机办理。"溥仪显然很犯愁。

"还是以律师约见淑妃、侦知本人真意后再决进止为好。"胡嗣瑗说完就退下了。

这个晚上总算消停了几小时，胡嗣瑗在东兴楼又摆了两席，酒足饭饱，另携一堆儿女到春和剧场看了一场戏，且把头疼的事放在一边，先过过戏瘾再说。

三　真意难寻

第二天胡嗣瑗照常到处视事，偏偏乱七八糟的杂事又不少，一会儿郑垂来请假；一会儿官产处又来缴进北平市七月份的私产价银，计五百三十四元二角八分，区区小数，还必须开单、上账；一会儿林棨又来了，是为了另一个经济案子的事，替皇上写的原告诉状已缮清，须经胡嗣瑗过目后钤章；一会儿又有人来报，说是太庙前的一段马路正在拆修，为此事胡嗣瑗已一再与养路部门交涉过，希望不要拆掉供奉清室列祖列宗的太庙，也递了不少"小费"，对方总算答应只拆到大门台阶为止，这下保全了大清的颜面，胡嗣瑗也舒了一口气。正当胡嗣瑗忙乱不堪之际，奏事官又来"宣"了："宣胡任事入对！"

"臣蒙召见，恭听圣谕。"在一楼客厅，胡嗣瑗向皇上叩拜如仪。

"愔仲！朕召汝来，有一事告，朕为之而感悲凉：朕尝派员检查了淑妃屋内，发现衣饰等件已运走一空，恐无归志矣！但使不至成讼，令朕在法庭上出丑，即使彼人一定要求离异，亦不必固执不许了！"溥仪无可奈何的声音回荡在胡嗣瑗的脑中，并在他的心头又增加了一层焦灼不安。

退出溥仪客厅的胡嗣瑗刚回到总务处办事房坐定，又从外边走进一位身穿长袍马褂的先生，原来是婉容皇后的业师陈曾寿，他和胡嗣瑗私交不错，每次入园都来转转。据讲这次是中宫召来的，皇后娘娘的父亲荣源也在座。

"中宫说些什么？"胡嗣瑗问。

"颇攻淑妃之短，意殊可诧。"陈曾寿答。

皇家也有皇家的难唱曲，人生在世真难呀！胡嗣瑗送走陈曾寿后很有感慨。就在这时，房门启处，林棨和林廷琛到了。

"快坐下谈，见着淑妃了吗？"胡嗣瑗正等着他们，盼能侦知淑妃真意，现在显得迫不及待了。

"见着了！"林棨说。

"在什么地方？淑妃住在哪儿？"胡嗣瑗忙问。

"淑妃下榻的地方保密，她另外找一个地方和我们见面。"

"快详细谈！"

于是，林棨叙述了一个小时之前会见淑妃的详细经过。当天下午一时，二林按约定乘车去接张士骏，然后三人同车至某法国律师事务所，坐定后就见淑妃在其妹文珊陪同下从楼上莲步走了下来，双方在客厅相见。淑妃一边

流泪，一边诉说九年来在皇家的悲惨境遇，又谈到上月因一口唾沫与皇后闹别扭的情景。由于一时激愤，说话常常前言不搭后语，支离破碎。说着，淑妃还顺手从衣兜里掏出一把当票来，看样子能有十多张。她说，皇上常常不管她，没有钱花只好典当衣物。外人谁能相信一个皇妃还能沦落至此？她又说觅律师设法救济，实在是"势出无奈"。二林遂问淑妃今后打算怎样，有否"和平调解"的可能。淑妃当即提出五个条件，态度严肃，可见是早有准备的。

关于那些条件，胡嗣瑗在当天的日记中有详细的记载：

一、另住须听其自择地点；二、给予赡养费五十万元；三、此后个人行动自由，或进学堂或游历外国均不得干涉；四、行园内上用随侍小孩一律逐去，每星期驾幸其宅一二次，不得携男仆；五、不得损其个人名誉。如以上各条件不能照允，立即起诉，三日内务即答复。

二林认为淑妃的条件太严苛了，所以当场就给予反驳，后来和张士骏同车回寓，二林在车中曾对张士骏说："似此要求，恐无商量余地。"张士骏则表示他有把握，一定达到和平解决的目的。

原来真意如此！胡嗣瑗向来不轻信，现在看果然有理。他很气愤地对二林说："如上所述，所谓愿回另住之说，实属毫无诚意！可转告张士骏律师：如淑妃仍坚持那些条件，我即不能代达；如真有回来另住的心事，就应斟酌另提办法，方可接近商榷。否则，即使法庭相见亦所不避。"

林棨、林廷琛去后，溥仪又差人来宣。胡嗣瑗原原本本地汇报了律师面见淑妃经过，并说明了自己的分析和态度。在淑妃问题上，他的老练与多谋为溥仪赏识，已经可以说是言听计从了。这回听完胡嗣瑗的奏本，溥仪叹息道："似此足知淑妃平日性情乖谬，岂能专咎他人不容？"他和淑妃在感情上的裂度更大了。

那五个条件确是淑妃的"真意"吗？别看是当着面说的，也未必。

四　只能招架，无力还手

　　溥仪在报界惊世震俗的呼号之中，一时只能招架，无力还手。也有想替溥仪说几句话的报纸，有一篇《摩登风染帝王家》就想把文绣出走归因于受到"浪漫潮流"的影响。即便如此，说妃子是受了欧风熏陶才背叛皇上的，这同样是溥仪视为奇耻大辱的事情，最好是什么也不要刊登。可报纸的生命力就在于争夺新闻，特别是帝王之家这近似"桃色"的内幕讯息，哪家报纸肯轻易放弃发表权呢？

　　在这件事情上，甘愿替溥仪效劳的人也并非没有，这里不妨举出北京的一个封建"磕头虫"尹小阮，他有机会接触到了已经发排的报稿，得知北京舆论界即将披露溥仪"虐待妃嫔"的消息，"立即分赴各报馆相托请勿登载"，遂又于八月二十七日下午在撷英番菜馆宴请《世界日报》《北平晨报》和《益世报》等主编先生，"以私人感情"，"再三切实拜托各报"不要让"小皇上"难堪。此人着实有些神通，他不但说服了北京各报，并用电话托天津《新天津报》刘髯公总经理代为注重，果然，天津也有几张报纸回避此事。

　　如尹小阮者施其雕虫小技，目的已明明白白地写在他致溥仪的信中：

　　　　所以报陛下畴昔之宏施也，惟近日以来宴请各报友人等项需款较多，一时颇感困难。如蒙赐借四百元寄至北平，则阮必更竭力图报，以效驽钝之劳。想陛下必可俯谅微枕，惠赐接济也。

　　原为要钱！由于尹小阮从某种意义上说掌握了舆论工具，所以连溥仪也不能不敬他几分。当他的信呈报上去以后，溥仪立刻颁下"圣旨"："可酌复，告以经过实情，所需，有款即寄。"胡嗣瑗领命即执笔复信，对尹小阮"主持公理，力予维持，且感且佩"，并表示"尊需之数，即无此事亦当有以将意，一俟措到款项便可寄去也"。

　　复信中讲"经过实情"的部分，却并不是实事求是的：

此次淑妃突偕其妹文珊同车外出,由其预约律师来函要挟。事后检查原住屋内衣饰及贵重物品运走一空,显系勾串卷逃,当敢借诉讼为反噬讹索之计,论情论理均无调解之可言。彼方律师既先以调解相要求,我主人究不忍遽从屏绝,连日正由行园当务律师与之接洽,所有平津报载消息,都未与事实悉相符合。素知执事宗旨正大,遇事极为关切,特将经过实在情形撮要奉告。①

溥仪的小动作起了一定作用,有人开始在报上编些蛊惑人心的说法,以掩盖文绣出走这件事的封建压迫的本质。他们都是些编造故事的行家里手,说什么溥仪与淑妃的感情一向很好,婉容甚至常为淑妃梳头;淑妃突然出走完全是受了别人的怂恿,还无中生有地说,淑妃有个弟弟,平素挥霍无度而家甚贫寒,希望姐姐能兴起诉讼,以便从中渔利。不管故事编得多么离奇,都不能扭转社会舆论锋芒!

当双方律师频频接触之际,曾有无数记者千方百计地刺探会谈内容方面的情报,企图把爆炸性头条新闻抢到手,最后都失望了,只好在他们的报道中对此一笔带过,或曰已经"协商一切,因两方所提条件相差甚远,故数日来迄无结果",或曰"会议关防甚密,探刺匪易,但闻所拟办法已由男方律师当晚报告溥仪,俟溥仪交御前大臣商议妥善后方可算数云"。总之,均属推测性"新闻"。

也有善于钻营的记者不知从什么地方摸到了蛛丝马迹,在报道中透露了一些接近事实的信息:如说溥仪方面在会谈中"已经降调",并不坚持"不许离异",只是很缓和地提出,考虑到溥仪的特殊身份,不要起诉,也不要登报声明;又说文绣方面除继续坚持绝不返回静园与溥仪、婉容共处一居的条件外,还要求溥仪支付赡养金五十万元,分居另住,如不答应就要向法庭起诉;还谈到因双方各持己见,差距太大,未能达成协议等。

真有一人掏出了文绣约见林棨、林廷琛那次会谈的底,会谈是在旧历七月十五日亦即公历八月二十八日进行的,仅仅两天后出版的《北平晨报》便

---

① 引自《清废帝溥仪档》,原件藏中国第一历史档案馆。

报道了文绣十分坚决的态度：

> 林廷琛律师前日下午曾在某处晤及文绣，询其真意，彼惟掩面啜泣。告林曰："我到现在还是一个老处女，素常受尽虐待，现在惟有请张律师等依法保障我应享的人权罢了！"言下态度颇为决绝。

正如记者们报道的，这个时候的文绣正左攻右进，溥仪则前推后挡，双方的对垒激烈程度达到无以复加的程度。文绣当面所提的五个条件显然是溥仪不能同意的，当他听过胡嗣瑗的陈明之后竟横下心来颁旨道："至万不得已时只可听其成讼！"于是，胡嗣瑗又找来常务律师林荣，令其向文绣律师张士骏发表如下声明："淑妃昨提条件无从接近商洽，如有调解诚意，自须另行提议，否即成讼亦所不避，似未可一味迁就，动为所挟。"

然而，文绣也根本没把解决问题的希望寄托在溥仪的点头上。她在当面提出五条的同时，坚决地向天津地方法院提出了要求依法调解的诉状。在这份诉状中，文绣写道：

> 为声请调解事，声请人前于民国十一年，经清逊帝溥浩然纳为侧室。九年以来，不与同居，平素不准见面，私禁一室不准外出，且时派差役横加辱骂。盖以声请人生性憨直，不工狐媚，而侍役群小遂来为进谗之机。溥浩然虽系逊帝，而颐指气使、惟我独尊之概，仍未稍减于昔日。声请人备受虐待，痛不欲生，姑念溥浩然具有特别身份，为保全其人格及名誉计，不忍依照刑事程序起诉，理合声请钧院俯予调解，令溥浩然酌给抚养费，异后各度以保家庭而弭隐患，实为法便。谨呈天津地方法院。[1]

---

[1] 引自《清废帝溥仪档案》，原件藏中国第一历史档案馆。

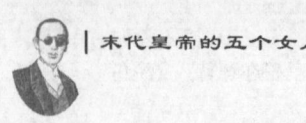

> 副状
>
> 为声请调解事，声请人奇妲氏因十一年经清逊帝溥浩妣纳为侧室，几年以来不与同居，平素不惟兄而私絜一室，不惟外出且时派著役横加辱骂。甚以声请人生性憨直，不工瓶榼两俘役群小逮秉为进谗之机。溥浩妣鱼俅广听帝而颐指军徙催我掷弃主概何未稍威於者。日誊诉人愤愤虐待殊不极注念溥浩妣具有特别身分为保全人格及名誊计不忍徙里则事推序趁诉理合辞请
>
> 钧院俯予调解令溥浩妣副给扶养贽异居各度以深宪庭内辉
>
> 偈惠宗为质俅谨呈
>
> 天津地方法院

律师为文绣拟写的诉讼副状

五　严重的对峙

八月二十九日，那份声请调解的诉状尚未转到溥仪手里，胡嗣瑗忽然接到林棨打来的电话，告诉他说，最近张士骏已经知会法院调解处，并签发了传票。因为当前正处在接洽和解期间，如传票送到，可暂勿收受。当时胡嗣瑗听说后就很生气：张士骏律师不是已经说好要"和平调解"吗？而且我方

常务律师当即与他进行了洽谈,他怎么可以背后又把状纸呈递了上去?这事办得太奇怪了!气愤之下,胡嗣瑗在电话里命林棨立即来园面谈。林棨到后他们又商谈了一阵,决定由林棨出面前往张士骏律师处诘问他:为什么一边调解还一边告状?为什么不守信用?

林棨去后,邮差又专程送来了陈宝琛本日上午从北平发出的"快函"。信中说,溥仪的另一位"师傅",奉命留守清室驻北平办事处的朱益藩,拟请敬懿太妃和荣惠太妃莅津解纷,念在宫禁一段共同生活的情分,或许能劝劝淑妃"回头是岸"。但见报载彼方索费五十万元,与在津所闻大不一样,不知是否属实,又近状如何,望见信速给朱益藩一个电话,以便决定行止。胡嗣瑗见信立即给朱益藩挂了长途电话,告知淑妃方面态度不妙,原拟计划暂缓实行。然后又给陈宝琛写信,把近日交涉详情一五一十地叙说了一遍。

当天下午三时,林棨又来报告上午去诘问张士骏的情景。他按照胡嗣瑗的吩咐,毫不客气地质问张士骏为什么言而无信。张士骏声辩了几句,并不正面回答,实由淑妃自己决定,当律师的又能说什么呢!

"就我个人愿望而言,希望在和平谈判中解决问题。"张律师说话很有分寸。

"可是,昨天淑妃提出的条件也太苛刻了。如果诚意言归,岂能如此无情无理,使我无从接近商洽?"林棨说。

"恐怕遽行决裂的可能性也存在!"张士骏说。

"决裂也不妨公开说!"林棨说。

"文绣女士与溥仪先生共同生活九年,哪能没有一点夫妻情分?"张士骏说。

"有感情就应好好地回来,别提那么多条件才是。"林棨说。

"文绣女士不辞而别,当然有她的难言之隐,这一点溥仪先生是清楚的。"张士骏说。

"彼方到底还要怎样?"林棨问。

"据我个人推测,结局不免脱离!"张士骏答。

"那么,姑就脱离而论,应有怎样的办法呢?"林棨进一步探询道。

"如无条件听其脱离,但能给予费用若干,便可一了百了,纵无现款,能给珠串首饰之类或珍宝文物,能值十万八万,似可无事。"张士骏答。

"好吧！有些问题明日再商。"林棨说。

"可定在午后二时见面。"张士骏说。

胡嗣瑗听完林棨的述说，自知"别居"一途已无希望，遂在当天的日记中写道："似此情形当属离多合少矣，闻之使人悲愤交集。"第二天，他向皇上陈明此事时，溥仪难过地让他"追写呈上，以备录入日记中"，胡嗣瑗闻命，退下后"默写林棨、张士骏昨日问答共四纸呈览"。

林、张的问答反映了溥仪和文绣双方严重的对峙，而这种对峙从双方律师对报界记者们发表的谈话中也可以看得出来。

八月三十日，也就是林、张那次问答的次日中午，溥仪的律师林廷琛公出来到北平，立即被闻讯赶来的记者们包围，请他谈谈对文绣出走一案的意见。

林廷琛推脱不掉，便做了下面这篇即兴发言：

该案双方现正进行调解中。本人以为文绣所提理由均不充分。所谓虐待云云，均非事实，且更无相当证据。溥仪纳文绣为妾，新民法尚未公布，故溥仪在法律上仍认文绣为其家属之员。溥为家长，自有相当的约束之权。若按新民法立场，文绣在溥家无法律上之地位，欲去则去耳，且不得谓为离婚，仅能说是脱离关系。今文绣一方要求别居，一方又要求给予赡养费，此实为矛盾。盖若欲同居，则一切开销自当由溥仪方面负担，不能额外再给金钱，归文绣个人支配。若请求离异，则文绣在法律上既无位置，何能有此要求？若说是要脱离关系，则随文绣之意离去可也，溥仪自不能负给予赡养费之义务，此理固极为明显也。"①

同一天里，文绣的律师张绍曾也遭到记者的包围，但他不透露任何内情，态度相当严肃。他说："本案正在和解中，文绣女士本人对外暂不发表意见。待此案结束后，当有启事刊登报端，声明一切。"记者问起文绣的住处，他也守口如瓶。显然，文绣绝不打算做出丝毫让步。

也是在八月三十日那天，天津地方法院调解处得到张士骏律师的"知会"

---

① 引自《北平晨报》1931年8月31日。

以后，即向溥仪下达了调解处传票和"副状"，通知他"定于民国二十年九月二日下午二时在本院民事调解处施行调解"，要求当事人"务于调解日期前各推举调解人一人报告本处，届时协同到处以利进行"。就在这纸通知中，还赫然写着这么一行字："当事人如无正当理由不于调解日期到场者，得科十元以下之罚款。"溥仪固然是不怕这区区几个小钱的罚款，但"对簿公堂"可真是要他的命！在他看来不仅丢了自己的颜面，也丢尽了列祖列宗的脸啊！短短几天之中，为了文绣的出走，溥仪使尽了花招儿。派律师去"商洽"只是验证了文绣的坚决，而编造故事又能骗得了谁人？传票到底还是送来了，看来"招架之功"已悉数破败。

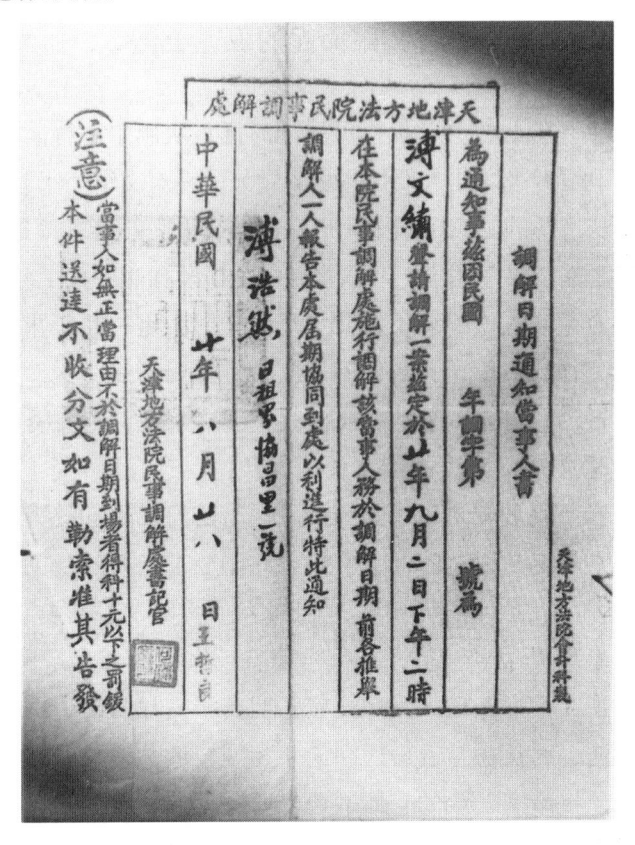

1931年8月28日，天津地方法院为调解文绣离婚案，传溥仪到庭的通知书

第七章 黑云压顶

一 拍案而起的卫道士

正当溥仪感到黔驴技穷、捉襟见肘的时候，从额尔德特氏家族内杀出一个封建礼教的卫道者来，此人便是文绣的堂兄——傅文绮。

为什么会从文绣的娘家亲属中跳出一个文绮来呢？这当然是有原因的。

文绣的父亲端恭早年谢世，寡居操劳的母亲蒋氏也在两三年前身赴黄泉。至此，文绣的直系亲人中只剩下同父异母的"黑大姐"和三妹文珊了。黑大姐向与文绣无交往，更不干预离婚问题。惟有文珊始终在这件事上与胞姐同步思考，同步行动。可是，若从文绣的祖父锡珍来说，则文绣在北京还有一大片家族呐！除文绣所出生的端恭长房之外，尚有五房人家。文绣入宫前，家族中的主事者是她五叔华堪，文绣的入选与册封都是五叔当家。如果五叔在这时仍健在，肯定是要过问的，文绣也许能征求老人的意见，可华堪毕竟也已故去。各房晚辈之间多年分居，素无来往，家族关系渐趋淡薄。

文绣出走事件见报后，首先在额尔德特氏家族的各房亲属中间炸了锅，几乎都把文绣视为大逆不道的人，虽然不明真相，却要议论纷纷。华堪之子傅功清首赴津途，因长房与五房之间向来相处较近，来者虽有问罪之意，文绣尚能理解，遂将皇家九载的悲惨遭遇尽情倾诉。傅功清了解了真相，转为同情，回京后告知各房，老老小小大都替文绣流出了怜悯之泪。惟有二房的文绮独持异议，只见这位老夫子拍案而起，横眉竖目，大声疾呼："国法家教、三纲五常，岂容亵渎？皇恩浩荡，列祖有灵，岂可忘宗？我既身为兄长，绝不能袖手旁观！"

傅文绮，号侠先，晚清民初之际一直在山西做官，曾任榆次、介休和临汾的县知事，所以文绣少时未见过他。此人既好哗众取宠，又乐攀龙附凤，曾与大军阀阎锡山结为换帖弟兄。

如果说因婉容入宫而获实惠的家族成员首推其父荣源的话，那么，因文绣入宫而获实惠的家族成员，就要首推这位堂兄文绮了。一九二二年四月二十八日，即文绣被圈选为妃的谕旨颁布一个月后，溥仪又传旨"文绮著加恩赏给乾清门二等侍卫"[①]；同年十一月十九日，即文绣入宫前十天，溥仪再传圣旨"文绮著加恩赏给御前头等侍卫"[②]。浩荡皇恩，皆因有位族妹当了妃子，何其荣耀！

如今文绣竟敢和皇上闹离婚，这还了得！对于这样有伤门风的大逆不道之人，如不公开声明，整个家族都要遭到世人的指斥了。于是，傅文绮振笔疾书，给文绣写了一封快信，且以副本披露给新闻媒体，八月三十日即刊诸报端，从而在遗老中间赢得一片赞誉之声。正当招架不迭的溥仪偶获有力声援，心中暗暗高兴。该信全文如下：

蕙心二妹鉴：

顷闻汝将与逊帝请求离异，不胜骇诧。此等事件，岂我守旧人家所可行者？我家受清室厚恩二百余载，我祖我宗四代官至一品。且漫云逊帝对汝并无虐待之事，即果然虐待，在汝亦应耐死忍受，以报清室之恩。今竟出此，吾妹吾妹，汝实糊涂万分，荒谬万分矣！汝清夜扪心自问，他日有何颜面见祖宗于地下耶？

且汝之出此，不过听三妹家人所调唆，为讹诈逊帝几文钱耳。汝试仔细想想，汝纵讹得几文钱到手，将来果能不被一般小人所骗去乎？汝今年才二十五岁，汝以后之岁月又将何以为生乎？

[①] 引自《清废帝溥仪档》，原件藏中国第一历史档案馆。
[②] 引自《清废帝溥仪档》，原件藏中国第一历史档案馆。

此事有关我等累代家声，有关汝一身名誉，并有关汝一身生命，汝何竟不辗转一思耶？我家在道咸年间，曾倾家报效军饷二次，我辈祖宗之清廉，汝在闺中时岂未闻长辈说过？何数典忘祖，竟致悖谬如是耶？

我兄妹感情不佳，我平日只恨汝心地不甚明白。然汝随侍逊帝出宫之时曾袖藏利剪，拟自刎于丹墀之下，亦深佩汝有此一团烈性，不枉读书。何数年不见，竟截然变成两人耶？

汝随侍逊帝，身被绫罗，口餍鱼肉；使用仆妇，工资由账房开支；购买物品，物价由账房开支。且每月有二百元之月费。试问，汝一闺阁妇女，果尚有何不足？纵中官侍汝稍严，不肯假以辞色，然抱衾与裯，自是小星本分，实命不犹，抑又何怨？

汝今日之所挟持逊帝者，不过因逊帝顾惜名誉，不能不隐忍包容。其实，在此新潮澎湃之时代，诗礼旧家逃走一侍妾，固亦数见不鲜，与名誉无损也。即使诉诸法律，既无虐侍之证据，且汝所居地位当然不能与正妻一致待遇。而又系自行潜逃，实无充足理由能要求生活费也。何受人愚弄，牺牲自己，为他人作拍卖品耶？试再进一步言之，纵使汝达到离异目的，讹得金钱到手，汝之名誉已然破产，试问大千世界尚有汝立足之地乎？吾妹思之！吾妹其三思之！

若听兄之劝，请即速回溥府，向逊帝面前泥首请罪。逊帝念汝无知，或尚收留。若中官责罚过严，兄当沥血上堂，请求宽贷。汝若执迷不悟，兄纵不能奈汝何，吾恐汝终不免为社会中人唾骂而死也。吾妹思之！吾妹其三思之！

兄文绮披沥上言　八月二十七日

二　文绮的第二封信

最先登载文绮之信的《商报》传到静园，这里的君臣就像在没顶之灾的一片汪洋中捞着一根救命稻草，一个个喜形于色。

刚放下手中报纸的胡嗣瑗，显然有点情不自禁，从笔筒中抓过一只毛笔，

《商报》1931年9月1日刊出文绮致文绣的信

以流利的恭楷在日记中写道："见《商报》载淑妃之兄文绮劝诫其妹一书，语语透宗，声随泪进，不知勾串讹诈诸人见之亦有动于中否？"写完把笔一扔，急急忙忙地"入对"去了。当他推开溥仪的客厅房门，郑孝胥正高谈阔论地向皇上献策呢！

"文绮如此明白，可令将其妹领回，略给用费，事当可了，汝意如何？"郑孝胥见胡嗣瑗进来，转头相询，以示尊重。

"能照此办到极好，但此时若遽由我表示，恐彼且谓文绮为我所利用，一切非其本意。如此则必致枝节横生、转多窒碍，似宜俟双方律师商洽大致就范后，再告以非其族兄文绮出面不可，这样差不多可以免去种种误会岂不更好？"胡嗣瑗这番话似乎是回答郑孝胥，其实更是向皇上提出自己的参谋意见。

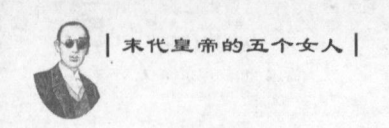

"所虑极是！"溥仪很欣赏胡嗣瑗的意见。

面带得意之色的胡嗣瑗退出溥仪的客厅，悠闲自得地回到总务处办事房。别小瞧这间办事房，它就像清朝宫廷里的军机处一样重要。这些日子里，皇上似乎更信赖他，当他和郑孝胥意见相左时皇上总是投他的赞成票，对他来说这是多么崇高的荣誉啊！

正中胡大管家的下怀，次日的报纸上又刊出了道貌岸然的文绮以家长姿态致文绣的第二封信，再劝二妹"急速回头"。

蕙心二妹鉴：

　　昨致一信，不知得达左右否？顷阅报纸，知汝仍要求不回溥府，并要求赡养费五十万元。呜呼！蕙心！汝如是之胆大妄为，真我作梦所不能想到。累代之家声，被汝一人破坏扫地矣！事已至此，吾复何言？一失足成千古恨，再回头已百年身。然若急速回头，或尚可挽救万分之一。

　　昔汉之班婕妤，曾求居长信宫供养太后。此段故事，汝当尚能记忆。敬懿、荣惠两太妃，现均居住北平，汝若能悔过陈情，恳求侍奉两太妃，或尚可以办到。两位太妃皆邃于佛学，吾妹随侍添香，学习绣佛，痛自忏悔，庶能稍盖前愆。且乞得慈云爱护，则稳度一生自无危险。

　　不然汝纵拼命讹钱，即诉诸法律亦终不能办到。即讹得少数到手，亦不过被人骗去。货悖而入者亦悖而出，乃一定之理。到彼时水尽山穷凄清无靠，身败名裂后悔已迟，虽欲博世人叹息几声亦不可得，岂不哀哉！我等虽叔伯兄妹，我总不忍汝行自杀政策。

　　我今言尽于此，听与不听尽在汝矣。蕙心！蕙心！汝试平心静气，对于本身将来的问题仔细想想。

　　　　　　　　　　　　　　　　兄文绮披沥上言　二十八日

胡嗣瑗正看得高兴，忽然从外面传来一阵摩托机动车的响声，绿色邮差又送来了朱益藩发自北平的快函。胡嗣瑗急忙打开来看，其中提到两件事情：一件说淑妃入宫前曾在溥仪的六叔载洵府中住了一些日子，淑妃的中选为妃也是载洵力荐的结果,他们之间关系密切,可否嘱载洵夫妇出面调解;另一件说据报载文绮劝诫其妹那封信非常明白、中肯,既然如此,可否请皇上召文绮来津,令其设法说服其妹,收拾局面。

胡嗣瑗遂持朱益藩信"入对"呈览,溥仪阅后叹息一声道:"朱老师拟嘱载洵调解一节,实为只知其一不知其二也!载洵夫妇久已反目,哪还会顾得劝诫淑妃?至于九年前的交往、选妃,不过含有利用淑妃意思,谈不上什么感情亲近,让他们参与此事不但没有好处,反而会有损害,所以还是不找载洵了罢!"

"朱师傅的信中还提到叫文绮来。"胡嗣瑗又提词儿试探皇上的态度。

"汝意以为如何?"溥仪自己不答却反问了一句。

"文绮义正词严地写信劝诫其妹,并公开在报上发表以正视听,这全部出于该员深明大义、情关手足,若遽由我方招之来津,共商挽救之法,恐彼方或且诬为文绮的一切个人行动,皆系受人唆使,这无疑只会给他造成不便,显然是有害而无利的,请皇上三思而行。"胡嗣瑗侃侃而谈,确实讲出一番大道理。

"极是,极是!"溥仪显然是折服了。

"依臣愚见可由朱老师访晤文绮本人,并致辞表示嘉勉之意,倘文绮愿自动来津料理此事,估计有可能收到釜底抽薪之效,岂不好吗?"胡嗣瑗乘势又出了一个高招儿。

"可即照汝所说,复函朱老师酌行之。"溥仪当即采纳了胡嗣瑗的意见。

很明显,溥仪是欢迎文绮的,想得到这位"御前头等侍卫"的进一步帮助,比如亲自来津"开导开导"他的妹妹等。然而如胡嗣瑗等溥仪的谋臣,是绝不蛮干的,当了解到文绮的信已经引起文绣和文珊的强烈不满之后,更加慎重而绝不随意涉足了。所以,在当天林棨、林廷琛与张士骏的晤谈中就出现了这样的对话:

"报上登载的文绮两书颇与调解有碍,文绣女士方面也有了相当的对待。"张士骏的话已经含蓄地夹带了一层略有责难的意思。

"此事系其兄妹关系,与我方无涉,不能过问。"林棨的答复把对方轻轻地挡了回去，这事也验证了胡嗣瑗的预见。

三 黑云压顶

文绮的信发表后，一股围剿年轻皇妃的旋风顿时从平地间刮起，潜伏在四面八方的遗老遗少射过一支又一支的冷箭来，对背叛封建伦理道德的孤弱女子，进行了疯狂而无情的攻击。有一些媒体偏向溥仪一边，成为"拍案而起"的封建卫道士们向文绣施压的舆论机关。文绣事件就像一支灵敏的政治体温计，准确地测试了二十世纪三十年代初我国封建主义浓度。这些报刊媒体所制造的社会舆论，无疑给背叛传统封建伦理、身处艰难境地的文绣施加了巨大的压力。

消息迅速地由平津南传上海，那里的清朝遗老于八月二十九日在哈同花园集会。据当时报道，在这个"讨论溥仪与妾离异案"的集会上，出席的若干"胜朝遗老""均主调解"，并推举晚清末科状元刘春霖北上，"参与清室会议"。

刘春霖一到北平便积极活动起来，有位记者曾采访他的行迹，并写成题为《前清状元刘春霖和记者的谈话》之专访文章，刊诸报端：

前清光绪癸卯末科状元刘春霖（润琴），在水车胡同寓所接见记者走访，对废帝溥仪和淑妃文绣离异事发表谈话云：淑妃文绣实属大逆不道，于情于理，均不合清祖宗法制。近日正与郑家溉、邢端、商衍瀛、陈云诰、邵章等在京翰林集议，拟联名撰稿公诸报端，抨击淑妃文绣云。①

刘状元等人的"讨妃檄文"尚待公布，而距平津千里之遥的奉天，有位著名遗老已经十分策略地向报界扩散了他的影响。他就是曾任清室内务府大臣的金梁，当时正在奉系军阀麾下任着奉天政务厅长的职务。他说："淑妃文绣生于满族破落之家，鼎革后被选入宫，和皇后时生勃豀，不若皇后具仪容，体态清便宛转，如流风回雪、娇憨活泼，为今上所不喜，固由来已久矣。"于是，以"二女争风"的一段平常故事轻轻掩饰了"妃革命"的反封建本质。

---

① 依据《庸报》1931年8月30日报道及有关档案资料。

原来，文绣出走事件发生第四天，北京遗老"左安法隐"就给金梁写信，把文绣提出的离婚理由斥为"四诬"："莲子同心，花开并蒂"，岂能"结缡九载，处女依然"，"其诬一也"；"侧侍则娇娃玉立，使令而宫监云从"，"率岁优游"还谈什么"虐待"，"其诬二也"；至于太监等"焉敢犯上"？即使"偶渎尊严"也应"御下以宽"，怎能说是太监欺凌？"其诬三也"；再说因循祖制，有尊有卑，更不可以为"东宫压制"，"其诬四也"。左安法隐认为文绣的"私逃"是"受人愚弄"，最终落个"身败名裂"。

遗老们的观点十分明确："国体虽更，典章犹在；五族虽云一体，黄屋仍尊"，文绣既已入宫为妃，无论如何也要忍耐，"雷霆雨露，总属天恩；顾影自怜，亦应含笑"。现在，既已做出了背叛皇上的行动，"不如从其兄文绮之所言，痛自忏悔，翻然改过，归故都，侍皇太妃下，按月由逊帝酌给生活费，长期事佛，以终余年，尚不失为一代丽人也"。

左安法隐的信是以下面这段话"申明大义"的：

> 礼义廉耻，国之四维；四维不张，国乃灭亡。今礼教凌夷极矣，恐过此以往更不知其所终极，此余所以不能已于言者也。余之为此言者，岂好为逊帝作辩护哉？实据事，据理，据律，为维持中国礼教计，不得不言，以供国中士夫留心此案者之研究，而下一最公正之批评耳。①

该信长达一千五百余字，集中表达了封建遗老关于文绣离婚事件的全部观点，又经当时一位著名大学问家吴闿生的批点，很快便在遗老中间传播开来。这既是为了抵消文绣事件的政治影响，也是为了挽救正在崩溃的封建礼俗。由此可知，文绣给当时社会带来了多么深刻的震荡。

在平津报纸上，帮那些遗老遗少们喊叫的篇章也堂而皇之地一篇接一篇地登载出来。其中一篇题为《文绣无权离异之我见》，借文绮信中的词句，对背叛封建伦理道德的文绣继续进行无理嚣张的攻击：

---

① 依据《致满洲金少保息侯梁书》，左安法隐作，收入《沧海文集》。

连日报载，清逊帝溥浩然之妃文绣，受人架弄于逃亡后提出离异要求，满城风雨传为新闻。实则不免为乃兄函中所谓"为他人作拍卖品也"，其愚诚大可怜悯。

　　按帝之妃，即普通人家之妾也。妾在法律上无名分之根据，根本上谈不到离异问题，况并无虐待之事实。且既已私逃，乃提离异，虽妻也在法律上尚有讨论之余地，况逃妾耶？又况溥府为特别家庭，更有为普通法律所不适用之此项理由事实在耶（专就过去之事实立论，非蔑视现行之法律）。

　　在伊兄文绮原函中，业经说得明了。惟原函中尚多含蓄处，且伊兄所最痛心者，为"勿作他人拍卖品"一语，妃固知书通文，而又熟于溥府宗族中之故事者，试一深长思之可也。总之，妾之地位名分，在法律上当然不能享受妻之权利。

　　鄙人非助人摧残女权，而深惜弱女子之受人包围、误走歧途致他日之追悔不及。特书所见，甚愿该妃之爽然自悟也。①

当时，文绣以幽居而谢客，摆脱了不少烦恼。可文珊不行，她不但必须代姐姐在一些场合抛头露面，而且有时也要回到家庭和丈夫的身边去。常在静园议事的胡嗣瑗、宝熙、朱益藩等遗老，都曾千方百计地找到文珊，陈以利害，希望她劝劝文绣悔过回头。对付这个还算好办，文珊这个女人之不寻常处就在于有主见，你这里花言巧语，她那边无动于衷。

可是，文珊还有个必须对付的家庭呢！婆家尊长载振是在老庆王奕劻死后奉民国总统黎元洪之命而袭封的，当然很反对文珊的行动；丈夫素来与文珊感情不睦，现在更不许她风风雨雨地跑来跑去。一天，文珊刚进门就被婆家长幼当头拦住，命她跪下说出文绣的藏身之处，文珊守口如瓶，一字不吐，为此经受了严厉的责罚。从此，文珊一想到这个家庭就心灰意冷，身前身后都是横眉冷对，哪有半点温暖？她思前想后终于决定也向丈夫提出离婚。

文珊的离家出走固然是为了摆脱封建家庭的束缚，不言而喻，也是为了

---

① 引自《实事白话报》1931年8月31日。

文绣。当她已经成为文绣的公开保护者和代言人的时候，黑云压顶而来，这压力不能不触及她。如果屈从压力，势必向姐姐落井下石；如果迎着压力，不付出代价，行吗？

正是这样，一个小小的文绣竟把平津的遗老、上海的遗老以及"满洲"的遗老，通通调动了起来，使之投入了保卫封建礼教的口诛笔伐的激烈斗争。

文绣与溥仪离婚事件不仅在清朝遗老中引起了轩然大波，平津等地的报纸媒体也对这一事件进行了密切的关注和报道，事件被称为向旧道德挑战、向"夫权"挑战的"淑妃革命"或"刀革命"。由文绣发起的这场"淑妃革命"给社会上仍旧根深蒂固的封建礼教以极大的撼动，可以说是为受压于封建"夫权"之下的女性树立了典范，并对婚姻家庭变革起着巨大的推动作用。这一事件对于女性革命运动、婚姻家庭变革正处于重要时期的中国社会的影响和意义是不言而喻的。

四　回击恶势力

面对压顶而来的黑云，文绣和文珊姐俩没有屈服，她们把反击的矛头首先就对准了文绮。因为在他公开发表的两封信中，字里行间全是威逼和谩骂，这样绝情的族兄真让她们难以接受。文珊是个烈性女子，当即委托律师张士骏向地方法院提起诉讼，理由是文绮曾在信中污蔑她"挑唆"胞姐，帮助胞姐走向"自杀"，文珊由此认为文绮破坏了她的名誉。

据知情人讲，文绣看过族兄文绮的来信，直气得眼前昏黑，两手发抖，想立即复信登在报上，直抒心中的愤懑，并使被蒙蔽了的千千万万的读者能了解真实情况。只是因为心情关系，文绣当时难以执笔，便由律师捉刀根据口述笔录，再由文绣亲自审定。信中尖锐地揭露了文绮的虚伪面目。

文绮族兄大鉴：

　　妹与兄不同父，只同祖，素无来往。妹入宫九载，未曾与兄相见一次，今我兄竟肯以族兄关系，不顾中华民国刑法第二百九十九条及第

《新天津报》1931年9月2日刊出文绣致文绮的复信

三百二十五条之规定,而在各报纸上公然教妹耐死。又公然诽谤三妹,如此忠勇殊堪钦佩。

惟妹所受祖宗遗训,以守法为立身之本:如为清朝民,即守清朝法;如为民国民,即守民国法。逊帝前被逐出宫,曾声明不愿为民国国民,故妹袖藏利剪,预备随逊帝殉清。嗣因逊帝来津,作民国国民一份子,妹又岂敢不随?既为民国国民,自应遵守民国法律。

查民国宪法第六条,民国国民无男女、种族、宗教、阶级之区别,在法律上一律平等。妹因九年独居，未受过平等待遇，故于本年八月二十五日，在天津国民饭店，跟同三位律师及该饭店执事人，经官内赵香玉、齐先生往返，与逊帝商妥，准妹暂随三妹居住。双方委托律师商榷别居办法，此不过要求逊帝根据民国法律，施以人道之待遇，不使父母遗体受法外凌辱致死而已。

不料我族兄竟一再诬妹逃亡也、离异也、诈财也、违背祖宗遗训也、被一般小人所骗也、为他人作拍卖品也……种种自残之语，不一而足，岂知妹不堪在和解未破裂以前不能说出之苦，委托律师要求受人道待遇，终必受法律之保护。若吾兄教人耐死，系犯公诉罪，检察官见报，恐有检举之危险。至侮辱三妹，亦不免向法院告诉。

噫！因此一度愚诚，竟先代妹作拍卖品，使妹殊觉不安。故除向三妹解劝外，理合函请我兄嗣后多读法律书，向谨言慎行上作功夫，以免触犯民国法律，是为至盼。余容续启。此请大安。

妹文绣含泪拜复。①

谁读过文绣这封复信能不感到痛快淋漓！她用以对付恶势力的武器不是别的，正是中华民国的法律！她投向皇权的炸弹也不是别的，正是写在资产阶级旗帜上的人权和人道！因此，当时就有人不无道理地把这一事件叫作"妃革命"。

文绣的复信随着当天的报纸来到皇家，当然还是胡嗣瑗先看到。每天的各种报纸先汇到总务处办事房来，胡阅后认为应"呈览"的便画个圈儿，然后交专人剪粘成册再呈溥仪阅览。胡读过文绣的复信，真是气不打一处来，遂在日记上写道："见《新天津报》载淑妃答文绮一书，显系律师手笔，支离怪诞，可愤可骇。"

正好那天中午，奉敬懿、荣惠两太妃面派，专程从北平来津慰问溥仪的载涛、广寿和爵善三人到了。他们在溥仪面前照例行完叩拜大礼，转达了两太妃的"懿旨"，"淑妃事总以和平调解为是"。溥仪遂命胡嗣瑗把这些天来双

---

① 引自《新天津报》1931年9月2日。

方律师交涉情况讲给载涛他们听,严重对峙的形势使他们都犯愁了。

"请皇上速召文绮来津,此人深明大义,又系淑妃族兄,可令其设法挽救!"载涛又一次提出了这个问题。

"汝又有所不知矣!眼下淑妃已经指斥文绮为我利用,又是谈话,又是复函,显腾于报端。当此之时,自不便再招之来津,使本来与我无关的事情,平添许多扯不清的痕迹。"溥仪忧心忡忡地说。

"臣奉旨已于今日上午给朱师傅发出了复信,请设法访晤文绮,表示同情,倘能自行来见淑妃,当面开导,以理相劝,或较有益。届时能获得涛贝勒等以礼相待,文绮亦必勇于自任,或可一举而成也!"胡嗣瑗发表自己的见解。

"朕亦愿文绮能来,但恐难于收效耳,姑试为之可也!"溥仪何尝不想尽快了结这桩倒霉事?不过他也看出了这中间的难度。

稍有头脑的人从文绣致族兄的复函中便可看出,文绣和文珊根本就不买文绮的账,这位族兄又能起什么作用呢?且看事实:就在文绣的复信登报当天,文珊也亲自带了复信手稿来到北平面交文绮之手。因为文绮在信中极不礼貌地点了文珊,使她气不消、恨难平,告了一状不算,还一定要找族兄当面评理。

两人见面如同仇人,年轻气盛的文珊痛斥文绮"助纣为虐",文绮则摆出封建兄长的派头,狠狠地打了文珊两记耳光。族妹不甘示弱,族兄大施淫威,两人竟扭打在一起。虽说还没到"杀声震天"的程度,毕竟惊动了傅家几房中的老少两辈,文绣的诸位兄嫂都出来解劝,还是五房族兄傅功清说了几句话,才把文珊说服。他说:"不管怎样,文绮是兄长辈分,比你大二十岁,打几下也应谅解,不该闹出笑话来呀!"文珊一向尊重这位五房族兄,就不再说什么了。

再说文绮因这一气非同小可,竟大病一场,此人十分迷信,有事无事扶乩坐禅,供奉吕祖。与文珊生气那天,因打坐时运气不得其法而热结膀胱,留下一个"膀胱炎"的病根。本来经手术治疗能够痊愈,可文绮不信西医,耽误了治疗时机,不足两年便一命呜呼了。①

就这样,文绣在文珊的帮助下,针锋相对地回击了恶势力的进攻。

---

① 前述关于文珊与文绮面争及动手的细节,依据文绣族侄傅嬙提供的资料。

第八章　龙凤分飞

一　尚未绝情的夫妻

　　封建礼教的卫道者们使尽全身解数，用上九牛二虎之力，要把文绣找回静园，让她认罪赔礼，以挽回"小皇上"的面子。可是，他们的努力终于失败了，溥仪这才开始认真考虑文绣的要求。

　　文绣出走的举动是果断的，在社会舆论方面争理的态度也是坚决的，但她毕竟是女人，是中国末代皇妃，是与溥仪共同生活了九年的妻子，她带着满身封建痕迹在封建樊篱中挣扎着，人们当然不应该用完美无缺的巾帼英雄的标准去要求她。胡嗣瑗不是一直在寻求淑妃的"真意"吗？事实表明，文绣起初只要求"别居"，要求溥仪给予她在皇家应有的地位，给予她作为妻子应该得到的权利。

　　文绣曾提出拨给她生活费五十万元，这是因为她在皇家的生活已无保障，想买点日常用品还要进当铺典当家底，而且往后生活道路还很长，没有一定的保障能行吗？文绣也曾提出与婉容分居，那是因为婉容太霸道了，连溥仪的随侍、婉容的太监也要欺负人，憋憋屈屈地守在一起又有什么好处呢？分开心静，各过各的，也不过是委曲求全的下策罢了。文绣还曾提出溥仪每周应驾临一两次，同床共枕，良宵相伴。请问这又有什么不对呢？名正言顺地嫁给溥仪的文绣要尽妻子之道，当丈夫的自然也应该尽丈夫之道。

　　起初，淑妃不允许提到"脱离"，还对张律师说："我生是皇室人，死是

皇室鬼，怎能谈到脱离呢？只求与皇后分居另住，给予必要的赡养费，此外的事情不商量！"张士骏见谈不拢，便找了个能和淑妃说得上话的近人再去谈。你道此人是谁？就是前中华民国总统冯国璋的孙媳妇，她是皇族毓璋的大女儿，也是淑妃的外甥女玉芬啊！玉芬受张律师之托于八月三十一日面见淑妃，好一番规劝，只是淑妃始终不讲"脱离"二字。

当时溥仪的态度怎样呢？关起门来扪心自问，难道自己就没有短处吗？再说文绣的要求哪一条不是从妻子的角度提出的？并不算过分啊！说句心里话，文绣的忠厚老实、内秀才学，还足以吸引溥仪。所以他不希望把文绣放走，并向文绣的律师透露了如下态度：文绣如欲私行调解，不能要求若干万赡养费，须由伊酌量其生活之情形，每月或每年给予相当生活费用；文绣不欲回宅同居，可由伊代觅居所，或返北平，寄居于太妃处，不能与文珊同居一处。

为了维护"帝王之尊"，溥仪故意把原则让步的措辞也弄得很严厉，这原是可以理解的。就在这种"体面的严厉"下，文绣提出的五条"别居"条件，均遭到了溥仪的拒绝。于是，张士骏律师鼓励文绣直接提出"脱离"办法，文绣痛哭不允；继而又动员玉芬出面劝说，文绣仍不首肯。正当事情又僵起来的时候，玉芬自恃是文绣的"实在亲戚"，又是这次文绣出走事件的实际发难者，加之较文绣年长，比较老练，便串联文珊，把文绣放在一边，自任"全权代办脱离事项"，并通过张士骏律师提出脱离条件：一、发还平日所用衣饰；二、酌给费用。林棨和林廷琛当即把这一情况转知静园具体主事人胡嗣瑗。

"像这种事情，淑妃本人不肯说出，旁人能负得了责任吗？"胡嗣瑗出语庄重。

"她们说是亲戚，全权代办责无旁贷，当然是要负责任的。"林棨答道。

"必须再与淑妃的亲戚接洽一次，要有淑妃明确的授权，才能考虑和她们洽商。"胡嗣瑗说完又补充一句，"明天听回话。"

"回话"果然在第二天，即九月一日的傍晚，由林棨和林廷琛送到胡嗣瑗面前。据说那两个亲戚已经见到淑妃，淑妃仍是不说"脱离"二字，但表示愿托两位亲戚代表谈判。于是，玉芬等代表文绣提出三条要求：要求脱离，给予所有衣饰等物，索费十五万元。

二　皇后不愿再喝苦酒

　　文绣曾在条件中提出"别居"要求，溥仪虽然并不反对，但有一人坚决反对，那就是"中宫"婉容。那些天，婉容总是命太监收罗平津出版的各种报纸，她仔细阅读一切有关文绣的消息或评论，最担心的事儿就是溥仪接受文绣提出的别居条件。有一天，她终于发现某报登出溥仪准备接受"私行调解"的态度。溥仪的条件是，可为文绣"代觅居所，或返北平，寄居于太妃处"，"每月或每年给予相当生活费用"[①]。婉容非常痛苦：文绣不走，我婉容还能在吗？这些年来"二女共侍一夫"的苦酒喝够了！现实就这样摆着：有她文绣，无我婉容，反之也一样！

　　婉容拿着报纸去找溥仪，是要让"小皇上""抉择"，两女选一。

　　"皇上已答应让淑妃别居？报上都登出来了。"婉容说着，把手中报纸递给了溥仪。

　　"俱属谣言！"溥仪竟看也不看就丢开了那张报纸。

　　"那就好了！可我总觉得不信实。"从婉容那美丽的脸庞上射过来的确是疑惑的目光。

　　婉容对"皇上"是崇拜的，但一遇到感情问题却不免疑窦丛生。这当然不该埋怨婉容，一定是溥仪在同类事上说过假话。其实他也正在说假话，他确实打算让文绣别居啊！只是经过这次谈话，他才真正改变主意：留下文绣怎么成？婉容又要跑啊！

　　"报纸可以胡编，我对你的爱也能胡编吗？"溥仪的话里充满柔情。他看婉容还是将信将疑，又接着说："这次我不能怪你有疑心，此事确是迟挨太久了！可我也不能糊涂到这种程度，连脸面也不顾及啊！我若骗你而允许淑妃单居，将以何颜见人？我是皇上，信义最要紧啊！"

　　"皇上所言，意甚绝绝。既然以信义为重，皇上与淑妃是一定能脱离了？"

　　"听我说呀，我的伊丽莎白！我绝不能没有信义，也绝不能不讲是非，这

[①] 参见《溥仪家庭风波可望和平了结》，载《北平晨报》1931年9月16日。该文报道了溥仪向文绣律师提出的三项声明。

你何必怀疑哪！你知道，有朝一日我是要出来做大事的，骗你一人事小，失去信义岂能治国平天下？"溥仪看婉容还是将信将疑，又接着说，"再说总有证据可凭嘛！如果结局是离异，则必须有淑妃的签字和我们的律师的签字；如果起诉，则必须有法庭的传票。无论如何我总要给你看到证据啊！"

"反正皇上要答应淑妃单居我也能够知道。如果皇上总是托词出门，就是答应了淑妃单居，就是上她那儿去过夜啦！"婉容撒娇般地轻声嘟哝着。

"这件事不管旁人怎样说，全凭我了！"

"奴才这回相信了。"

"这次我不怪你有疑心。这些天来，胡嗣瑗等所言我并未告诉你，所以，我不但不怪罪你，反而能够谅解你呀！"

溥仪的一番话终于解脱了婉容，把一缕光明投进她昏暗的心灵之中。"中宫娘娘"回到自己的寝宫，一遍又一遍地回味溥仪所说的每一句话。她想："皇上今天可把话说尽了，他说一定与淑妃脱离关系，并以信义为重。是呀，就在几天之前皇上还曾信誓旦旦地对我说'余如骗汝，是余不诚，汝可立即离余去，留余在此受报应'。皇上屡屡这样起誓，还能不算数吗？我看今天这一番话不会是骗人吧！"这么想着，婉容又把几天前记录在一页白纸上的溥仪誓词拿出来念：

如有人调停令淑妃单住，如余应允，那时余亦着汝脱离余；或再见淑妃余亦着汝脱离。那时余亦知汝还能否留居此处，即余设身处地一想，余亦不能在此！倘汝走后日日在报纸骂余，余亦不能怪汝非礼。

如余巧言骗汝，着余雷电轰顶；如余有意今生再见淑妃，着余枪毙！[1]

誓词归誓词，溥仪并不因为有了誓词就改变心思，婉容也不因为誓词而放心放手不再干预。

婉容一面逼得溥仪起誓，一面还要回避自己在这一事件中的责任。早在九月三日，她就曾让汉文师傅陈曾寿向静园"大管家"胡嗣瑗传达过她的"懿

---

[1] 引自《清废帝溥仪档》，原件藏中国第一历史档案馆。

旨"。旨曰："我方律师如再见淑妃，务问明，皇后平日虐待有何证据？否则胡某记载，恐后人见之诸多不便，等因。"皇后发难，胡嗣瑗不胜惭愧，甚至感到心惊肉跳：这皇家的家务也着实难办啊！一边是后，一边是妃，当中还有皇上，又各揣心腹事，得罪哪一位能没有麻烦呢？这些天他千方百计地东边调解调解，西边维护维护，又左右消弭一阵，其结果还是落埋怨。难哪！难哪！

皇后婉容突然要了这么一招，也不是没有根由的。日前溥仪曾命胡嗣瑗把淑妃出园前后事实经过记下呈览，婉容担心涉及她时会有不三不四的话，希望能把美名留给后世。

次日上午"入对"，胡嗣瑗跪奏道："昨天陈曾寿向我传达了椒闱的懿旨，是为了日前皇上曾命微臣将淑妃出园前后经过事实记出呈览之事。心惴惴然不敢载笔，可否俟办有头绪时请派陈曾寿记载，庶愈昭翔实也！"胡嗣瑗告了皇后的御状。

"皇后向来疑心最重，朕所深知也。实则此次事件若不是汝处理公正明白，近日已不免生出许多枝节矣！岂有随意记载之事？汝万不可存心上啊！倘汝愿意，即便将来交给陈曾寿记述亦无不可。"

胡嗣瑗得到这么一番体恤，感恩戴德以至老泪纵横。

三 离婚之议的提出

婉容希望趁着文绣离开静园这个机会，一举拔除眼中之钉。溥仪则更多地想着维系皇家体面，能对文绣有所控制才好。文绣呢，初时只谈"别居"，不肯"脱离"。然而由于事情的复杂性，过程却是以"商洽脱离"开始的。

九月二日一大早，胡嗣瑗就到溥仪面前，把淑妃的亲属宣称负责代办脱离及新提三个条件等情，一五一十地说了一遍。"这件事关系重大，拟请再宣郑孝胥等人入对，以便妥商应付之法。"末了，胡嗣瑗提出了建议。

"准请！宣郑孝胥、陈曾寿入对。"奏事官随即领命去了。其时陈曾寿尚未到园，郑孝胥奉召而入，胡嗣瑗又把经过叙述一遍。

"此事绝非他人所能代表，必须由林棨等亲自见着淑妃，问明本人真意，倘其果真志在脱离，再议应对之策不迟。"郑孝胥说。

"苏戡（郑孝胥，字苏戡）兄所言极是！"胡嗣瑗极赞其说。

"汝等所见与朕意吻合，照办可也。"

溥仪一锤定音。退下后胡嗣瑗立即打电话把林棨和林廷琛约来，转达了皇上的"谕旨"。林棨和林廷琛听了这番话都很赞同。当天下午，二林会见了张士骏，相约次日下午亲见淑妃本人。

九月四日下午二时刚过，文绣的律师张士骏和李洪岳来到溥仪的常务律师事务所，会同林棨、林廷琛两律师，乘车同赴约定的会面地点——天津法租界内六号路门牌八十三号寓所。这就是淑妃几度公开露面的借用地——法国律师庞纳富的事务所①。双方律师坐定后，淑妃在其妹文珊陪同下从内室走出来。只见淑妃手里拿着几张纸单，别人看不清上面用钢笔写下的一行行字迹。

"今日必欲见我，何意？"文绣并无寒暄，开门见山、单刀直入地问道。

"今来打搅，实因日前张律师曾谈到淑妃的两位贵戚自任代表，并提出了要求脱离的条件，像这种事断非他人所能代表，遂将提议转达皇上，皇上究以此事并非出自本人亲口所说，不忍心一下子认定这就是实行决绝，所以今天当面询问这事究竟是否出自真意，淑妃是否已经下了决心。"林棨礼貌地说明了来意。

"关于脱离一层，如果彼方赞成，我也可以赞成。"淑妃说。

"刚才已经说明了皇上的意思，必须问明淑妃本人的意向和宗旨，皇上自无赞成之理。"林棨说。

"实际上皇上久已无情无义，现在还有什么不忍？我尚有许多话说，但暂不宣布，这就是所谓家丑不可外扬，你们既然这样诘问，我也可以告诉你们，下面是我的三项要求：一、彻底脱离，各不相扰；二、我日常使用的衣物已经开列了清单，就在这里，应照单子全部付给我；三、必须拨付养赡费十五万元。能办到这三条便可无事，否则只好法庭相见再说了！"淑妃显然

---

① 据《庸报》1931年9月5日载文称，文绣离开静园后即由文珊陪伴居于此处，一切开销暂由庞律师担负，调解完毕再偿还。据说连文珊丈夫往见其妻亦须先经律师许可。此说聊备一格。

已有准备，把手持的四张纸单——衣物单，递给了林棨。

"现在正循着调解的原则商谈办法，又何必过早地提出法庭相见这类话？我们只想知道淑妃提出脱离条件是否已经决定，如果已经决定，今后商洽具体办法是直接面商，还是交由律师代办？"林棨又问。

"可与李律师商办。"文绣答道。

"委托律师何人系此方内部之事，既然说要与李洪岳律师商办，是否从明日起张士骏律师即无权说话了呢？因为这些天我们一直与张律师接洽，所以不能不事先问明白。"林棨再问。

"没有的事！我们仍系共同办理。"李洪岳赶快插了一句。

"尚有一事，我奉命代为转达，日前北平两位太妃委派载涛、广寿和爵善三人来津慰问皇上，对于淑妃也极为垂念，不知淑妃是否允许三人来见上一面？"林棨又提出新的问题。

"不见！见亦无话可说！"文绣迅速做出答复。

"来人出自好意，非见不可；文绣女士果有委屈正可向之声诉，何以不见呢？"张律师和李律师也感到文绣不见来人做得太过分，所以从旁插嘴劝她。

"如果真是两位太妃来了，我当然要请安、拜见；可是载涛等人来，见亦无用啊！"文绣坚持己见。

"两位太妃都是七十多岁的老人啦，岂有让老人家自行来津之理？请淑妃自己考虑，对来人能见就见一面吧！"林棨劝道。

张士骏和李洪岳两人也说了很多话，使劲儿地劝，他们不希望文绣失礼。

"我尚须考虑，缓日再答复吧！"文绣向后撤了一步，突然转变话题问道，"我方所提条件是不是由律师面达皇上定夺呢？"

"一向都由管理办事处胡某承转啊！"林棨据实回答。

"大臣只问国事，此乃我之家事，并非诸大臣所能管，汝若能面达皇上或较好说一点。"文绣似乎怀疑对方律师说话的可靠性。

"淑妃也应知道，静园之中，办事向来有一定的程序，无论如何承转，当然是有人负责的。我说过的话都是符合皇上本意的，说一句，算一句，淑妃不必过虑也。"林棨作为职业律师，头脑反应相当灵敏，只几句便把文绣顶了

《庸报》1931年9月5日刊出文绣为反对虐待而写的《绝命书》

回去。

会面就此结束，二林和张、李，双方共四位律师同车离开法租界。

四 "御前会议"上

从法租界返回的路上，张士骏邀请双方的同行们到自宅小憩，遂围绕文绣提出的脱离条件议论起来。林棨说，据个人推测，淑妃所提的三个条件中，第一条脱离问题既然是出于本人意愿，皇上或许亦可勉强允许，至于要不要另提附加条件则不敢知；第二条衣物问题，听说有七年前出宫时留在宫里没来得及取出的，还有被淑妃自己陆续携带出来的，事实上原有衣物大多已经无存，又何从检付呢？恐怕也是有困难的；第三条赡养费问题，因为园中近状极窘，想取出这样一笔巨款，事实上肯定办不到。张士骏听了林棨这番议论很觉气愤，怎么连赡养费也不想出呢？未免太过分了！心中不平，出口不逊，你来我往之下，谈话的气氛已经变得很尴尬。

九月五日上午，胡嗣瑗"入对"把昨天林棨等会见淑妃、当面听她提出脱离条件各节，一一陈明并建议宣召郑孝胥、陈曾寿和溥修三人"入对"，妥商办法。

"依臣之见，事已至此，实有不得已之苦衷，或可答应彼方脱离的要求，但须提出附加条件：一、不得另嫁；二、必须返回娘家而不得随便在外面居住；三、此后不得有损害主人名誉的行动。这几条必须都能照办，然后再请皇上酌给赡养费用，否则，彼方所要求的第二条和第三条就不能成立。这样，或许可以避免彼方动辄要挟。"还是胡嗣瑗最先提出具体意见。

"大家以为如何？"溥仪命与会者表态。

郑孝胥和溥修都赞成胡嗣瑗的意见，但陈曾寿沉默不语。此人作为皇后婉容的师傅，在这一事件中显然另有使命。

"曾寿以为如何？"溥仪点名再问。

"只好如此了吧！"回答颇有勉强之意。

御前会议上商议初定，老臣们一个个相继退去。胡嗣瑗回到总务处办事房，只见林棨、林廷琛二位律师已等候着他了，遂把御前会议上商定的三条允许脱离的附加条件告知二林，并命他们向彼方通报，立候确实回信。

皇后婉容也在静园内外广布耳目，闻有动静便要插手，这对胡嗣瑗来说虽然颇有妨碍，又无可奈何。

御前会议刚散，中宫便差人宣召陈曾寿入见，经仔细再三地"垂问一切"后方准退下。不大一会儿，中宫的太监又传下谕旨：命陈曾寿将淑妃交来的衣物单照抄一份呈览。陈曾寿遵旨索要衣物单以便照抄，胡嗣瑗不能推却。陈曾寿抄完刚要持之复命，溥修在一旁插嘴了："应该先呈请皇上览过，再转交中宫方合体制。"陈曾寿以为然，遂召唤奏事员呈请皇上，再决进止并转交事宜。

淑妃这一闹真非同小可，牵动了静园的上上下下。

关于离婚问题的谈判，就这样揭开了序幕。在此之前虽然各自都造了许多舆论，但在实质上还是围绕着"别居"问题而进行调解，而且这以后也还是反复的。离婚，对于逊帝溥仪和妃子文绣双方来说，也都是很难很难的呀！

五　扳倒虚设的障碍

老奸巨猾的胡嗣瑗在"脱离"二字上兜圈子，替溥仪提出了一条条的附加条件，淑妃会接受吗？明天将是怎样的局面？只好等过了这一宿再说。

第二天是旧历七月廿四日，亦即公历九月六日，胡嗣瑗正在办事房等待林棨送来关于淑妃是否接受三条附加条件的讯息，从进讲室出来的郑孝胥告诉他说，给皇上进讲时听说升允已于昨日病故了。升允是晚清大员，辛亥年间出任陕西巡抚，督办军务，誓师力战，身先士卒，清帝退位后，袁世凯以高位重聘而不就，实为大清之忠臣，葬礼不可不隆。为这事胡嗣瑗整整忙了一上午，别的都顾不上了。下午，溥修约胡嗣瑗到歌舞场娱乐一下，这几天的紧张也该松弛松弛，原来林棨等人也在座，不过人太多了不便动问淑妃之事。

晚饭后按约定在春和会晤，林棨把上午听张士骏转达的文绣的态度对胡嗣瑗复述了一遍。文绣并不反对溥仪关于脱离的三条附加条件，她说：第一条不许另嫁正与自己本意相合，当然要力全名节；第二条回住娘家亦属必然之事，谈不到有矛盾；第三条名誉问题更不成问题，因为皇上的名誉固然要紧，自己的名誉则更要紧，若损害了皇上，自己也绝不会光彩，所以这三条都可以照办。胡嗣瑗没料到淑妃在"三条"上如此果决，他原想"将"她一军的，结果却被回"将"了一军。林棨要求回话，胡嗣瑗答应马上陈明皇上，可于次日上午十一时来园听候答复。

九月七日上午还不曾"入对"，胡嗣瑗和郑孝胥先在总务处办事房里争论起来。原来在昨天傍晚时分郑孝胥也曾遇见林棨，得知彼方回话的情形。既然淑妃已经痛痛快快地答应了三条附加条件,实际是扳倒了胡嗣瑗为脱离而虚设的三个障碍,因而在脱离问题上,溥仪已经陷入无话可说的境地。那么下一步应该怎么办呢?郑孝胥认为,脱离问题只好如此,往后应在索要衣物和赡养费两个问题上做文章,目标放在"商减费用"上。

胡嗣瑗、郑孝胥两人各执一说,互不相让,只好双双"入对",分别陈明,而待"圣裁"。胡嗣瑗先陈述己见,溥仪基本赞同,乃颁旨曰:"届时自可酌量给予用费,彼果始终保全名节,此后亦不能说再不资助。兹据所述云云,亦殊觉其可怜。"郑孝胥继以"先给利,俟有款再付本之说"进言,竟被溥仪驳回,谕旨:"先给利,恐彼不能见信,不如一次提给若干,较省枝节。"

显然已见高低,胡嗣瑗乘势再奏一本:"诚如圣谕,如无本,安得利?还是一次提给若干为对。但是,眼下还不宜马上说明拨款数目问题,必须了解彼方返居娘家问题有无切实办法,届时再决进止。""允请,照行。"胡嗣瑗的建议又得到了溥仪的批准。上午十一时整,林棨和林廷琛准时来静园候信。胡嗣瑗遂把御前议论的情况与结果详细告诉他们,嘱按自己提出的方案办,即先要诘问彼方:回住娘家究竟有无确实保障?

胡嗣瑗万万没有料到,文绣根本就不纠缠那些所谓的"附加条件",从而逼着对方把脱离问题摆上日程。于是,溥仪那些老谋深算的臣下们又把着眼点落在"限制养赡费"上了。胡嗣瑗以为差强人意的是,在溥仪皇上眼里,自己的见解总要比郑孝胥略胜一筹。

六 载涛出面

为了能让文绣就范,胡嗣瑗又想到了涛贝勒,昨天在春和戏园子听林棨说淑妃已同意会见北平两位太妃派来慰问的载涛、广寿和爵善等三人,即向溥仪陈明,溥仪很高兴,希望能由载涛生出个新局面来,遂颁下谕旨:"电告载涛转约广寿、爵善即来津往见淑妃。"因为上次载涛等人来过,已返回北平去了。于是,胡嗣瑗遵谕打电话催促再来,回话说乘明日早车来。

中午时分,载涛、广寿和爵善三人到了,理应先叩见皇上,今天只能免了。仅由胡嗣瑗详述近几日的交涉情形，即用电话把林棨和林廷琛约到静园，并商定下午二时一起去见淑妃。

届时二林践约而至，陪同载涛等三公先到张士骏寓所，又一起赴约定之会面处所——法国律师庞纳富事务所。六人刚在客厅坐定，淑妃竟自己从别室走来相见，双方律师已会意，这种场合有外人很不适宜，遂相继退出。淑妃与载涛等三人座谈长达一个半小时，他们会见时陈宝琛就在胡嗣瑗家里一起等消息，晚五时过才见载涛等归来，胡嗣瑗便把载涛转述的座谈内容记在日记上：

> 据云淑妃见时痛哭，历述宫中苦境，至六月初七日受李志源凌逼等情，娓娓千数百言，不能悉说，而最要者始终谓"脱离"二字绝非本人之意。但求别居、给费等条，办到于愿已足。若必强之再入行园，则断断不能！涛答："所索费用五十万，事实上何从取办？"妃云："嫌多即减半亦可，须知，此项岂能用尽？仍为皇上所有。倘真无现款，便给内藏物品亦可。物品可随便赏给随侍人等，何独不能给我？"云云。涛答："现款纵减半，亦办不到——物品有无，亦不敢知。窃为妃计，总宜有一转圜之法，盍同诣太妃，面陈一切？"妃遽云："我不去！果有办法后我可往见太妃，彼时皇后亦不能拦我，如有话可与张律师接洽，由我亲笔写出条件可也。"说至此遂辞归。

忽然间情况变了，文绣又否认"脱离"二字，重提"别居"一层。前几天林棨等两次面见淑妃，是她亲自提出脱离条件，又亲手交出索要衣物的单子，怎么当着载涛又变卦了呢？真不想脱离吗，还是不愿意承担首先提出"脱离"二字的责任？一时让人搞不清楚。据从其他渠道透露的消息，载涛曾当面拟提了一个"别居"方案，而被文绣拒绝了。关于那个方案的内容，有如下一段文字记载：

> 由溥仪每年交付文绣之生活费用六千元，使文绣寄居于北平太妃处。

但文绣如欲寄居天津时，另由溥仪在日租界为其觅选相当住所。所有文绣一切日用器皿、衣服、首饰等物，均交文绣管有。

不管怎么说吧，既然淑妃自己否认了"脱离"二字，自然应该以她本人的最后决心为准，这就是静园具体主事人胡嗣瑗的看法。他还认为，淑妃已表示要求自己书写别居的条件，那就必须等她写出后再商讨对策。载涛则认为，若依赖双方律师辗转传递，恐怕难以得到淑妃的亲笔书写之件，即使得到了，亦不免掺入

《庸报》1931年9月5日刊出载涛出面调解的消息

他人的意见。遂商定次日由载涛再面见淑妃一次，当面请写条件，庶几可以免除传递的弊端。计议已定，便由胡嗣瑗嘱咐林棨用电话通知文绣的律师张士骏。

九月九日皇上又能见客了，胡嗣瑗和郑孝胥一早"入对"，陈明载涛等人昨天面见淑妃情形。胡嗣瑗还建议说，既然淑妃已经自行否认了"脱离"二字，当再从"别居"一层另商办法，请稍等一时，待载涛等人来到并面奏后再议。

不大一会儿工夫，载涛、广寿和爵善三人先后来到。载涛第一个进入溥仪客厅，叔侄间单独谈了很长时间。之后宣召广寿、爵善、胡嗣瑗、陈曾寿入见。

"淑妃今日脱离、明天别居，所提条件前后反复，何也？"溥仪思而不解，甚以为怪。

"此非反复，当系良心激动所致！"陈曾寿说。

"现经淑妃否认脱离，自应从别居另商办法了！"胡嗣瑗是从现实的角度

提出问题的。

"事已至此，倘再允其另住，恐有不便。加之她和皇后也已形同水火矣。"溥仪所顾虑的主要是自己已经受到冲击的尊严，再说婉容也闹得厉害。"请皇上考虑由我方提出条件，先令随侍太妃赴北平居住，似亦救济之法！"胡嗣瑗顺水推舟地提出了自己的具体方案。

"此层办到之后必须对其加以惩处，不能再有更易，否则人多言杂，迄难定议。"溥仪总是不忘自己的身份，即使很不光彩地输了棋也要找个台阶坦然而下。

"方策既定，涛请俟律师带来回话再商面见淑妃事宜。"载涛说完，大家都退了。

七 "贝勒"也无能为力了

原定载涛再见淑妃，以便得到她的亲笔"条件"，然后再商对策。然而经过这次"入对"，溥仪方面已经形成了确定性意见，载涛再见淑妃可以拿出谈判的面孔了。他们已不想听淑妃"怎么说"，而是要让她"怎么做"了。可是事情会像想象那样如他们的心愿吗？

午饭后林廷琛果然来送回话，他说刚才张士骏到他们的事务所去过，并说已就载涛还要面见淑妃之事询问了淑妃本人，她回答说："昨天话已说完，何必再见？"张士骏一时无以作答，遂临时编了一个理由："载涛等把昨天一起商议的情况打电话告诉了北平两位太妃，太妃们有些嘱咐尚须转达，所以才提出再见一面。"正巧这时进来一帮人，有律师，还有她的几个亲戚，不便再深说就先退出了。倘允延至明日再听回话，估计可以办到。

听林廷琛这么一说，载涛也就不愿意再见淑妃了，不如仍由双方律师商转一切，遂又将在皇上面前商议的情况告知林廷琛律师，末了说："别居实有种种窒碍，而脱离一节彼既否认，我尤始终并无此意，实在是件难事！"林廷琛眼睛一亮，出了个主意："照此推测，似乎可以采取名为别居而实系脱离的办法。"载涛一拍大腿："好主意呀！"他想：应该陈明皇上，照此办理，遂独自去找溥仪，听候"圣裁"。

"虽属'名为别居',也须淑妃母家能有可靠之人保障方妥。"溥仪听过他七叔的陈述,并不表示十分欣赏。

"别居一定要淑妃的母家有妥人保障,这一条是势所必争的。这一条解决不好势必牵涉给款问题,万万不可让这次参与勾串的人冒帮助之名而行诈骗之实,分用实惠。拨给淑妃的款项必须有切实的保存之法,否则转手将一文不名矣。试问彼时何以处之?"胡嗣瑗得意而滔滔不绝地说出了这一番大道理,搞得载涛也无言以对。

载涛还要给林廷琛回话,胡嗣瑗因而说道:"既然条件尚须妥商,请涛邸转知林律师暂按前议吧!"

"我也不打算面见淑妃了!"载涛说完便去给林廷琛回话,让他打电话给张士骏,就说"续见淑妃一节,既然至今尚未商定,就不必见了,统由双方律师接洽可也"。说完转身就走。

不料,一个小时之后张士骏又找到林廷琛,递交了一封淑妃致载涛的亲笔信。林廷琛乃到处寻觅涛邸和广寿、爵善两公,竟一个也找不到,随即往胡嗣瑗寓所说明了情况。胡嗣瑗知载涛打算明早返回北平,便偕林廷琛当即去找,来到载涛下榻的地方,听门房说载涛已经外出,不知所往,于是留了张字条,上写:"今日必得一见,明日早车万万不可离津返平。"随后又赴息游别墅去找广寿和爵善,得知他们已经乘晚班车返回北平去了。林廷琛乃将淑妃的信交给胡嗣瑗暂收,各自返寓而去。

九月十日清早,胡嗣瑗一到静园他的办事房立刻给载涛打电话,请涛贝勒前来开视淑妃的手函。载涛原打算今天乘早班车回北平去,因为见了字条才留下,接电话马上就来了。信确是淑妃亲笔:

七爷鉴:

顷闻张律师谈及今日再继晤谈,关于苦衷详情业于昨日尽情奉闻,愚以身心郁丧实难如命。祈与张律师直接榷商,想亦无不便也。余无续言。顺颂近佳!

文绣启

这是一封言词冷淡的短信，不但拒绝了载涛"再继晤谈"的要求，也没有写出关于别居或脱离的具体条件。本想让涛贝勒打开新局面，谁知他也无能为力。

八　谁都不愿先说"脱离"二字

双方都不愿意先说"脱离"二字，这很容易理解：谁肯承担先提出离婚的责任呢？这天，郑孝胥和胡嗣瑗把林棨、林廷琛两位律师也找了来，大家一起商量下一步的行动计划。

在意见分歧、局面颇僵的情势下，林廷琛律师提出了一个趋向折中的意见。他用询问的口气说："可否以我方律师个人意见的角度提出，为了顾全彼此的体面采取'名为别居实则脱离'的办法？"

"此亦不可遽出诸口，使我方仍有偏重于脱离的嫌疑，那样的话也许还是免不了为彼方挟制。"胡嗣瑗担心掉进身受挟制的陷阱里。

胡嗣瑗的意图到底还是被林棨琢磨透了，林棨的看法就聪明得多。他说："彼方忽主别居，忽主脱离，条件都是本人当面提出的，昨天突然又表示否认脱离，愿意别居，叫人莫衷一是呀！依我看，似宜请本人将决定性的宗旨在白纸上写下黑字，有所凭据，然后再商办法。"

"林律师有见地，佩服！"陈曾寿表态。

"不过，彼方不肯留下实据，岂不徒延时日，又要横生枝节吗？"林廷琛颇有疑惑。

"不必先要本人写出当然也是可以的，但必须向彼方律师张士骏说明：脱离条件由彼方提出进行协商已经数日，今若仍愿别居原无不可容纳，考虑到别居并不断绝关系，当然不应该再有其他条件。简言之，即无条件的别居方可照办。"林棨又修订了自己的意见。

"倘彼方坚决不同意无条件别居，那怎么办呢？"载涛才开口说话。

"彼方纵然不允，亦断不能像最初提出的那种条件，起码解决办法会逐步接近的。到那个时候，我方亦可提出适当的条件促其就范。"胡嗣瑗同意了林榮的"无条件别居"之说。

议论至此，意见趋于一致，结论是：要么别居，不能附加任何条件；要么脱离，得由淑妃本人提出，再商洽具体办法。大计议定，由胡嗣瑗"入对"，先呈览了淑妃致载涛的函件，又陈明了与载涛等人商议的过程和结论。溥仪遂颁旨曰："即照所议，由林棨等再与彼方接洽可也。"

对方回话终于在第二天晚上由林棨和林廷琛直接送到胡嗣瑗的家里来。当天早晨，林廷琛曾见到彼方的律师。李洪岳认为此事还是以脱离为宜，张士骏则说，脱离或别居要请我方酌情择一。

林棨听了大不以为然，他发表自己的看法说，淑妃既已自行否认脱离，又函致涛邸，嘱与张律师直接榷商，今天李律师忽然又以个人名义代为主张，而张律师又谓别居、脱离两层意思由我酌择其一云云。这两位律师的说法都算不上正宗八经的解决办法，应该再问张律师，彼方究竟确定了哪一项宗旨，必须照淑妃信中所嘱，由张律师负责进行，方可与之谈判。

"我很赞成林棨律师的意见，就那样去问张士骏好了！"这是胡嗣瑗的结论。

九月十二日上午，溥仪召见胡嗣瑗，胡嗣瑗陈明了昨天晚上与二林商议的情况，并说他们确定的原则是先问张律师，决定趋向，再商进行。胡嗣瑗的策略说到底，就是要逼着文绣先说出"脱离"二字。为此他已把"别居"一途的大门插上了：所谓"无条件的别居"，就是不许文绣提这个，要那个。而文绣要过什么呢？无非是和婉容分开居住，再给拨一笔生活费，使能与丈夫共度正常的夫妻生活。一句话，她要的是在皇家的平等地位和人道待遇，这正是胡嗣瑗不许她要的，是溥仪不许她要的。所谓"无条件别居"原来就是要吞噬掉文绣的人身自由！

事情终于又回到载涛出面调停之前的状况，那时候文绣曾当着溥仪律师的面提出脱离问题。胡嗣瑗便开始在"脱离"二字上兜起圈子来，先摆出三条附加条件，后来又追加说明一定要有娘家方面的"可靠保障"云云，至今文绣已经"一一照办"了。密切注意着这一事态发展的报界人士，迅速披露了这一动向。

随着文绣被迫先说了"脱离"二字，这场震惊中外的离婚官司即将进入一个新的阶段。此后要谈赡养费的具体数目问题了。

九　祖宗家法还管用吗？

九月十四日"入对"时，郑孝胥和胡嗣瑗都在溥仪身边，胡嗣瑗把昨天张士骏对林棨所说"决办脱离"的话陈明皇上，由于他的谋略，这"脱离"二字终于出自彼方之口了。有了这小小的功劳，他期待着皇上的欣赏。

"'脱离'二字究仍出律师之口，我心终觉恻然不忍。"溥仪竟发下这样一道"谕旨"，能证明他与文绣并非没有一点感情。

"窃以为彼方律师负责并敦促速办，自不便再行拖延，拟除照谕传知外，再问明：外家侄男叫什么名字？年岁若干？有无职业？果然可靠而能保障淑妃的生活吗？然后才能与彼方徐商具体条件。至于彼方请求发还衣饰物品，经已说明，可尽现存者尽数与之，此事也许不至于还有什么刁难。关键是彼方索要养赡费的数目太大，自应告以既然脱离出自彼方要求，不得提出索费数目。倘能照办我方提出的三条附加条件，可由皇上酌给生活费用若干。此节须请皇上先指示大约数目，以便让林棨等相机交涉。"胡嗣瑗已经感到了过度的必要，提出了进一步商谈赡养费问题的原则意见。

"内帑如无现款，可每月酌

西服领带洋味十足的溥仪

给二三百元作为息金,俟有款再拨给本金。"郑孝胥旧调重弹。

"如并不脱离而仅仅是别居,也可以提出专款存放生息,只准用息,不得动本。即便如此也必须有确切存款数目,至于脱离应一次性给费若干,仅仅许可用利已经办不到了,何况还没有存款数目,怎么能用这个去和彼方谈判?"胡嗣瑗这番话说得郑孝胥语塞。

"可预备一次给予三万元,再多实无此项财力矣!"溥仪提出了关于赡养费的一个原则上的数目,又不胜感叹地谈起导致变故的种种因素。溥仪有其本身的难言之隐,加之中宫婉容不容,久积猜嫌,以致横决。在这里,溥仪承认了一些客观存在的事实,但还不愿意涉及淑妃平日所遭受的种种非人道待遇。末了叹息道,堂堂皇家竟发生这种丢人的事情,祖宗家法也无能为力了,可怜可悲。

当胡嗣瑗和郑孝胥回到总务处办事房时,林棨已在这里等候了。胡嗣瑗等把刚才御前问答商议的情形转知林棨,使在处理过程中心里有数。林棨领宗旨去了,回到事务所即用电话通知张士骏,说明已经请示静园主人,还要进一步问明"外家侄男"的姓名、年龄、职业等情况,然后再商谈具体问题。张士骏回答说,他刚与张绍曾、李洪岳同见淑妃,由其亲笔开列了别居和脱离两种解决办法,全权委托律师代为择定。所以,很希望溥仪能对脱离一层爽快地表示同意与否的态度。最好请林律师能与淑妃再见一面,以免除怀疑。

林棨挂上电话不敢耽搁,赶快返回静园向胡嗣瑗报告,胡嗣瑗认为既已提出让我方律师面见淑妃,自然应该见面问明所定办法,然后再商具体条件。当时,林廷琛公出去了北平,因而决定等他归来后于九月十六日面见淑妃。

到了会面日期,双方律师商定把时间定在下午二时。对这次会面,胡嗣瑗的估计是"大势已专趋脱离一层,俟见后恐须进商条件矣"。溥仪也颁发"谕旨",定了调子:"事已至此,只可照脱离协商条件。"

真是一波未平,一波又起,每到关键时刻总有新情况发生。

十 溥仪希望"早了"

当林棨和林廷琛按照规定时刻来到张士骏寓所后,发现情况又有变化。

当时，文绣的另外两位律师张绍曾和李洪岳也在场，张士骏突然告诉二林说，淑妃不能见了，可由其妹文珊代见，这一突如其来的变化把二林窘住了。林棨心想：再见淑妃之说本系对方律师发起，今忽以文珊代见，这于理于情是万不能迁就的，遂毅然答复说："淑妃不来，实无见其妹文珊之理。只要贵律师等对于脱离一层，确得本人决心委托，代为负责，即暂时不见本人也是可以的。"

"确实能够负责！"张士骏的口气十分肯定。

"希望立即开始协商具体脱离办法。"李洪岳提出建议，实际也是对张士骏的"负责"的补充。

"这要向静园主人请示后再说。"林棨答复。

二林从张士骏寓所出来，一直到静园向胡嗣瑗做了汇报。胡嗣瑗也没料到淑妃竟又不见，他不敢断然做主，认为必须在明早"入对"时，面请进止后才能决定像这种情形可否即与彼方协商脱离的具体条件。

九月十七日上午"入对"的时刻又到了。胡嗣瑗把林棨等没见着淑妃以及和张士骏谈话的情形陈明后，提出了如下建议："拟先饬双方律师协商条件，俟有眉目抑或不能就范时，再请亲见淑妃，面谈一切，以免彼又借口我方延宕而另生枝节。"

"可与先商条件。"溥仪允请。胡嗣瑗得旨后，即宣林棨、林廷琛来园，转知皇上的决定，命先与对方协商脱离条件，骑驴看唱本——走一步，瞧一步。

九月十八日，双方律师继续会晤。

"静园主人已经同意并责成我俩与贵律师商谈脱离的具体条件，淑妃交来的物品清单已派人再查，可按现存尽数拨给。"林棨说。

"文绣女士日常所用的物品当然是应该归还的，既然静园已着手点查，须先交来查点后清单一阅。"张士骏说。

归还物品一事首先被提了出来，胡嗣瑗接到报告后立即指示佟济煦迅速开列物品清单交来，同时"入对"陈明，请求颁下了"圣旨"，"物品单可先交去"。随后，胡嗣瑗便打发佟济煦前往林棨事务所，面交了淑妃原来提供的四张物品单子和清点后新制的两张单子，这两张单子一张开列着淑妃居室内现存的物品，另一张开列着仓库里现存的原淑妃使用的物品。佟济煦还向林荣说明了连日来检视物品的经过实情。

"原索款数暂请保留，俟淑妃见单后再商增减。"张士骏收到林廷琛转来的那两张现存物品单子后便这样做了答复。所谓"原索款数"即指淑妃第一次会见林荣和林廷琛时，因谈到脱离问题而提出的养赡费数目——十五万元。所谓"暂请保留"是因为林廷琛提出静园财力拮据，请淑妃考虑酌减赡养费数目，张士骏表示可以转达这个意见，结果要看淑妃拿了主意再说。

"喂！我是张士骏，请林律师接谈！"张士骏在九月十九日上午把电话打到了溥仪的常务律师事务所。

"我是林荣呀，有话请讲。"

"贵方交来的现存物品单子已经转达文绣女士，她发现列在单内的物品短缺颇多，拟不领回，请折银五万元。另外，同意将原索赡养费由十五万元减为十万元。这样，一次总计付给十五万元也就了事了。"

"情况已明了，容我请示后再做答复。"

林荣是个戏迷，凑巧当天下午春和戏园子有名角好戏，就弄张票去瞧热闹，偏偏胡嗣瑗也是戏迷，他们在包厢里碰上了。林荣如此这般地把张士骏的话汇报一遍，胡嗣瑗对淑妃的宽宏大度不以为意，反而得寸进尺，念念有词地说道："我方只从接到淑妃来单，即对居室内和库内的物品进行了细致的查点，实存此数。至于珠翠饰品如何运出，淑妃心里明白，倘仍在物品上纠缠，则我方应说之话甚多，非不能说，不肯说也，似可止则止。至于谈到养赡费，既然是彼方要求离异，岂能更限索费数目？我若财力有余，便多给些亦未为不可，眼下实在只能办到三数，万难再增，可再与切实交涉。"说到这儿，一阵锣鼓过后，幕布拉开，胡嗣瑗、林荣两人的注意力一下子就被台上的角色吸引了过去。

这两天，东北的政治形势风云骤变，沈阳、安东、营口、长春等城市一个个被日军袭而据有。溥仪一边密切注视着动向，一边派刘骧业前往东北探听虚实，有点顾不得淑妃的事了。

九月二十日上午，溥仪照例宣陈宝琛、郑孝胥、胡嗣瑗、陈曾寿等人"入对"，并颁旨说："关外之变是否影响到我尚不可知，但不能不先有筹划。"于是，老臣们纵论大势，各抒己见，以备采择。末了溥仪又问了问淑妃事近日谈判的情形，胡嗣瑗乃把林棨转述的彼方要求以及他的答复一一陈明，深得溥仪的赞同，遂颁谕道："所答极是，但此事能了，总宜早了。"到这时，"早了"已成为溥仪心目中的原则，他要从家庭生活纠缠中摆脱出来[①]，投身到关外的政治中去。

十一　讨价还价

尽管溥仪想快些甩掉包袱，谈判仍进行得很艰难。在淑妃跟皇上闹离婚的那段历史中，确实有过讨价还价的事实，这给某些攻击者留以口实，可他们就不替文绣想想：一个二十多岁已嫁过人的女人，处在那样女人要依赖男人生活的社会里，离婚后的吃饭问题、穿衣问题，几十年的漫长道路，怎么走啊？是谁贻误了她的青春，铸就了她的痛苦？难道溥仪不该负责？为了复辟那个"大清"的海市蜃楼，他泼洒了无数的国宝和金钱，对文绣却十分吝啬，不愿意多拔一根毫毛。

九月二十一日，双方律师又在电话里进行了商谈。

"物品折价可减至一万元，索款十万元则不能再减。"这是张士骏的声音。

"物品折价一说万难成立；至于索款，如一定要求十万也是断然办不到的。"这是林棨的声音。

"如果不能照允，调解必至停顿。"

"事实上绝对办不到，亦无可如何！"

商谈僵持了一会儿，林棨表示将商谈的情况转达静园主人后，可于次日下午一时回话。遂于次日清早向胡嗣瑗作了汇报，胡嗣瑗立即"入对"详陈，当溥仪感到时机已趋成熟时，便按"早了"的原则稍有让步，在内部颁下一道密旨："此事总宜得了即了，不可使其涉讼。前拟给三万或再加一二万亦可，至多至五万之数，无可增矣。"

胡嗣瑗回到办事房见林棨正等着回话，就把皇上的意思说了一遍，又俯

[①] 依据胡嗣瑗：《直庐日记》。

首帖耳地密告之曰："这个给款限度万不可脱口就给加上去，宜先诘每月生活究需若干，若得二三百元必敷用度，倘要求过分，论理固不许，论势亦有所不能，那就只好听其所为，实不得已，可另筹应付之法。"

当下，林棨和林廷琛前往张士骏的事务所，双方就养赡费问题辩论了很长时间，两林为文绣的生活用费算细账，张士骏则强调一个无依无靠的单身女人的难处，以及溥仪应该承担的法律责任。辩论结果，林棨答应"或可办到"在三数（即三万元）之上再为"求加数千以至一万"；张士骏则表示"愿转达当事者"，"三日内必须办妥"。

胡嗣瑗得知双方的商谈情况，咬着耳朵根儿告诉林棨说："彼方什么时候回话，可持一不催、二不问的态度，以表示我方并不汲汲于求成，而不妨略予放纵，吊吊彼方的胃口或许好办些。"

回话是在九月二十五日傍晚由林棨直接送到胡嗣瑗家里的。林棨刚和张士骏会晤过，他最了解胡嗣瑗的心情，便等不到第二天上班就跑来了。张士骏说，眼下，淑妃已经同意照我方开列的现存物品单子领回，可不必折价；至于索款数目也可以减至八万，但绝不能再减少。末了，张士骏又强调说，如果我方仍不肯照允，他也无能为力了。

文绣坚持要八万元赡养费，溥仪则答应给五万元，在"八数"的讨价和"五数"的还价上争论不休。溥仪本想就此了结，可胡嗣瑗却持强硬态度，他还把自己的想法向皇帝陈明说，事已至此，不可操之过急，"愈急则彼愈难就范，未可再予松口"。很明显，胡嗣瑗的"强硬态度"并不在于干挺，也不是逼迫文绣去起诉，而是要最终达到使彼"就范"。溥仪对此颇为理解，乃颁下一个字的"谕旨"："是。"

胡嗣瑗略为思索，感到目标趋向接近，物品问题已经解决，索费问题也有希望，乃指示林棨可在谈判中适时地抛出内定给款的高限。第二天，胡嗣瑗"入对"归来，又把他因这次处理而深得皇上赞许的过程，十分得意地写进日记。

然而，也有人反对这样处理，"中宫"婉容就认为胡嗣瑗太"宽厚仁慈"，动辄以"他变"相要挟。按照她的愿望，只要发一道谕旨把淑妃废掉撵跑就行了，归还物品、拨付赡养费都是不该做的。

胡嗣瑗真可谓溥仪的耿耿忠臣，不怕攻击，不怕诽谤，宁为危难中的主子竭诚效力，绝不像夏瑞符者流不甘于共患难而溜之乎也。

十二　甩出了杀手锏

这天，双方律师的谈判仍十分艰难地进行着。

"关于养赡费的数目，最多至五万元，实属加无可加。"林棨根据胡嗣瑗的指示，抛出了内定的给款最高限额。

"毫无可加，只好由文绣女士起诉了！"张士骏一步不让。

"我方固然不愿意起诉，但财力只能办到此数，超过此限将使我方处于无法可想的状况，又当奈何？"林棨说。

起诉，对簿公堂，是溥仪最害怕的事情，溥仪方面的一切策略几乎无不是从避免起诉这一原则引申出来的。然而，为了能在谈判中处于主动地位，为了把彼方的要求压迫在最低限度内，他们总是在表面上故意轻视"起诉"二字。林棨在这里使用了"无可奈何就硬挺"的"不软不硬"的一招儿。有时是软招儿，有时是硬招儿，有时甚至使出绝招儿！前不久，他们曾抓住报界披露的"事帝九载，未蒙一幸，孤衾独抱，愁泪暗流"的文绣真实处境，经过一番周密策划，先声夺人地通过舆论"将"了文绣"一军"。

于是，受过"皇恩"的记者们便在报上声嘶力竭地替溥仪叫喊起来：

>　　伊与文绣早实行同居，彼并非处女，其所提出之离婚理由"未曾与之同居，仍为处女"一节，完全虚构事实。愿涉讼公庭为详细之检验，究竟彼是否处女？以断定有无同居之事实。文绣此次私行离家，避匿不出，显系受金文珊之略诱，现已搜得证据，即控告于法庭，逮捕，以凭究办。①

---

① 引自《北平晨报》1931年9月16日。

这样一来，文珊也卷进了旋涡中心。

虽然文珊并不害怕溥仪的讹诈，文绣可受不了啦！她还不过是个二十几岁正当芳龄的青年女子，怎好意思让法医做那种"丢人"的生理检查？她固然是封建社会勇敢的叛女，却也没有再进一步的勇气。其实溥仪又何尝愿意让一个曾为自家妃子的女人去经历法医验证？不过是在情急中抓住文绣的弱点加以恐吓罢了。他们的招数很有一些已经得手，使讨价还价的拉锯越来越有利于自己。

"屡闻溥仪先生对文绣女士并未绝情绝义，何不仍再从别居角度商谈一盘？"张士骏沉思良久，突然转入新的话题。

"脱离乃贵方决定提出，我方实出于迁就，不得已之所为也，如果尚可别居的话，即照现允之数——五万元，存本用利，淑妃可先赴北平与两位太妃同处。此外不能再有其他条件。这样做对于淑妃来说是极有利益的，对于静园主人来说也保全了体面，岂不两全其美吗？也能使淑妃摆脱离婚后浮游无归的处境。"林棨振振有词，情理俱全。

"完全明确，将如实转达，明天午后再谈。"张士骏似乎很高兴地去了。

双方律师向各自当事人汇报后，出人意料的事情发生了。胡嗣瑗听到汇报后持欣赏态度，他认为，淑妃若能幡然改计，可以准许她前往北平与两位太妃同居，随侍左右，如果不再提其他条件，应准照拨五万元，存本用利，以保障其生活用费。然而，当胡嗣瑗向皇上陈明后，溥仪却一反常态地下了一道"密谕"："能如此，岂非委曲求全办法？但近日中宫且以脱离而又给款，时有不平之辞。实告汝，此人奇妒种种，异想天开，不可情遣理喻。今日之局直闹成彼归则此必求去，两害相较只可听彼去而此留，目前暂可无事，惟汝知之而为我善处之。"

原来，"皇上"还被"皇后"约束着，无论什么条件，都不会允许别居。骤闻之下胡嗣瑗感慨万端，悲愤流涕。那天溥仪和胡嗣瑗足足密谈两个小时，内容甚多，可惜胡嗣瑗"不忍记亦不敢记"，今天，这一段秘闻也只好付诸阙如了。

林棨关于别居的解释成了无根之草，而张士骏的提议和"感动"自然也就成了水上浮萍，他在文绣面前也碰了大钉子。

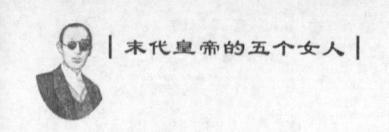

十三　艰难的谈判仍在继续

原来说好次日下午继续商谈，可是到了第三天还没有回话，于是林棨打电话找到张士骏，问他为什么不守信用。"唉！一言难尽哪！文绣女士身边的那些人总围着她七言八语，内部捣乱，使我无法按时给贵方以明确答复。"张士骏像有一肚子委屈，就这样在电话里向林棨倾诉了一通。林棨只好把这突如其来的变化转告胡嗣瑗。胡嗣瑗沉思良久，生气地让林棨在第二天早晨到静园候信。

九月三十日上午，胡嗣瑗和郑孝胥一起"入对"，陈明张士骏说的那番话以后，胡嗣瑗首先发表了自己的看法。他说："似此任意翻覆，我愈迁就，彼愈嚣张。拟饬林棨逐加质问，如彼词穷而仍不可理喻，只可暂从停顿，徐观其变。"

"憕仲所言甚是！迁就非良策，听其变化可也。"郑孝胥表示赞成。

"可行！"这是溥仪的决定。

胡嗣瑗遂告林棨转知彼方：绝不迁就，凡新加条件一概不予承认，如彼方仍然坚持则听其起诉。于是，双方律师的会谈又告停顿，文绣方面接连几天没有动静，溥仪方面也不追问。

十月二日，张士骏告知林棨说，头一天他曾单独会见淑妃，声明如果允许取消新增加的条件，他们可按照前议，承受委托，继续执行律师应尽的职责，把这个案子处理完毕；否则，只好请求辞职。

不管怎么说，僵局又开始向有利于溥仪的方向缓和了。胡嗣瑗乘势主动进攻，命林棨向张士骏声明：是彼方一味延宕，后果应由自己负责。请看他在十月四日的日记中写下的这一段话：

> 电话问林棨，知张士骏来称：昨向淑妃力辞调解，张绍曾、李洪岳又来坚留。因要求撤去另加索物条件，仍按前议进行，方可承诺。经淑妃照允，并亲函托以全权办理，刻下所求者，所索八数，丝毫不能再减，等语。

就这样，文绣方面因"内部捣乱"又增添的"索物条件"，由于溥仪方面的坚决拒绝，也由于文绣自己的律师张士骏用"力辞调解"给她制造了压力，而终于被取消了。

事情又回到原来的商谈上，回到"八数"的讨价和"五数"的还价之争论上。他把想法写在日记里了：

> 当嘱林棨答以我方所许五万，实亦丝毫不能再加。否则，限于财力，无可如何，只可静候彼方忖量办理。

"业经反复磋商，实因经济拮据，五数之外没有再加的余地，还望贵方谅解。"林棨根据胡嗣瑗"未可再予松口"的指示向彼方律师转达说。

"不能再加也就没有办法了，鄙人不才，惟有自请辞去调解之任。"张士骏答复说。

这是双方律师在十月五日的商谈中的最后谈话，事情还僵着，第二天，林棨向胡嗣瑗汇报了商谈情况。

"张士骏动辄以辞退相挟，其退否与我何涉？但问五数是否成议，否则因财力所限只可听之。"胡嗣瑗显然是生气了。

"那么，今天下午我再给彼方打个电话，作为最后的商洽！"林棨说。

胡嗣瑗许诺，他深信皇上会支持他。果然，当他"入对陈明"后得到"谕旨"："林棨所办之事只可如此答复，徐观究竟。"于是，这事又搁置了下来。

十四　拍板成交

十月八日，文绣亲笔开了一个单子，内列珠宝、书画、古董等若干件，这些都是溥仪从宫里带出来的，也是文绣在自己房内摆设过或熟知的。她让张士骏把单子转给林棨，并告知说，如果现款不足，可于现款之外给以有价值的物品若干。因为这对她来说涉及离婚后大半辈子的生活，也是实出无奈，皇上岂能斤斤计较？若仍不获允许，调解也真没有必要了。

张士骏转述了文绣的坚决态度，此即胡嗣瑗所谓"或恐吓，或软商，说

话甚多,不能悉记",事情可能由僵化而导致决裂。溥仪终于发现:如果还这样"干挺",彼方不会"就范",莫不如再多花几吊小钱,或许能减少许多麻烦,于是在十月九日上午颁下一道旨在缓和冲突的"谕旨":

> 带来珠串等件都已变价,无可检给。可饬律师再与开导,不得已再加给现款若干,总以了事为主。[1]

双方律师遂于次日下午再度晤面,林棨表示,可在五数之上再加少许,或一千,或两千,希望达成和解。张士骏也表示,愿尽力去说服文绣女士,如果还迟迟不能和谐,他也决心不再过问了。就此,双方律师在气氛上又融洽起来。

这几天里风云变幻,十月十一日有日本贵族院议员志池浓来见溥仪,说什么"东陲必属皇上",十月十四日又有日本驻津总领事桑岛主计来见,以代表内田康哉"谢赏"的名义,也送来一句话:"请皇上珍重,不可轻动,所事应看天心、民心之所向。"溥仪也派人出去,十月十二日派出他信任的家庭教师远山猛雄到日本去联络刚上台的日本陆相南次郎和"黑龙会"首领头山满;几天后又派刘骧业前往东北找荣厚等人刺探情报……何去何从,溥仪正站在政治抉择的路口上。

这时,在溥仪与文绣争斗的天幕上却出现了曙光,他们的裂缝终于在十月十五日下午弥合起来。那个半天里,因为林棨公出去北平未归,林廷琛先后与张士骏商谈了两次,在要价和给价上几经周折,最后统一在五万五千元这个数目上。文绣做了很大让步后,只要求一次交付现金并在最短时间内办理手续,溥仪非常爽快地答应了,称赞了胡嗣瑗和律师们的办事能力,并在十月十六日颁下"谕旨":

> 如此了结,总算能顾大局,现款即到期,三五日当可提拨。[2]

---

[1] 引自胡嗣瑗:《直庐日记》。
[2] 引自胡嗣瑗:《直庐日记》。

至此，退还物品和赡养费两个问题均已解决。自以为消息灵通而又无法得知确切真情的记者们，遂以《清逊帝与文绣离异，五十万元与五万元的商磋》为题，着头不着脑地报道了离婚即将成交的讯息：

> 清逊帝溥浩然的淑妃文绣请求别居并要求养赡费五十万元、退回妆奁一案，曾迭志本报。兹悉溥浩然方面已允付文绣养赡费五万元，至所有妆奁因冯变时颇有损失，恐不能如数交出。文绣已有允意，刻正由双方律师李洪岳、林廷琛等进行磋商，日内即将解决云。①

离婚协议书由二林初拟，再交张士骏改拟。改拟稿于十月二十日送到胡嗣瑗处，又经胡修改若干处并"入对"一一陈明，溥仪乃颁下"谕旨"说："拟改处均甚妥，存款尚有六日方到期，约一星期准可拨付。"

协议书经双方修改议定后，律师们又就具体手续问题交换意见。张士骏说："款项必须在协议书签字时当即就付。"林棨说："没有一星期时间难以措齐，当然也可以先付定期支票。"张士骏又说："贵方代表必须有静园主人授权、委任的亲笔信函作为证明才行。"林棨答复说："可盖用清室驻津办事处公章，绝

《天津平报》1931年10月23日刊出文绣离婚案和解的消息

---

① 引自《天津平报》1931年10月23日。

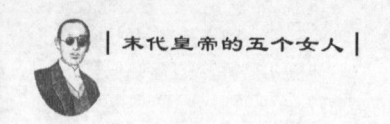

无差错。"

对这些，双方都无异议了。但是，林棨还曾提出，淑妃如同意上述办法应"自出手函"。这个意见经张士骏转达后，文绣表示"不愿照办"，但是，可以在收到款项和物件后分别付给收据，这一手续也可在协议条文内注明。这种办法当然也是可以保险的，胡嗣瑗遂表示"权宜许之"。

这场史无前例的、旷日持久的离婚纠纷终于有了头绪。

以"九五之尊"对簿公堂是溥仪不太愿意和极力想要避免的事情，虽然他力图"挽救"这场婚姻，并拥有"拍案而起"责备文绣的卫道士们的拥戴，但一方面中宫婉容极力劝说甚至以自己出走威逼溥仪与文绣离异，另一方面溥仪又正处于与日本人密切勾结，幻想复辟帝业的关键时刻，于是便同意了离异。双方从九月四日至十月九日，在赡养费和"脱离"、"别居"等问题上经过几次讨价还价，最终确定于一九三一年十月二十一日签署离婚协议书。

十五　宣告离婚

十月二十一日一整天，双方为协议书的签字各自进行准备工作。清早，胡嗣瑗就"入对"陈明了近情，溥仪满意地批准了他的行动方案，即派佟济煦到银行填写并取回了定期支票。不一会儿，林棨又给胡嗣瑗打来电话，转达了彼方的两条要求：一、关于代表签字问题须由我方律师去函证明；二、应尽数先付现款，不足部分再填给支票。胡告知：函证事可以酌办，但现款"一文俱无"，只能全部以定期支票支付。当天，佟济煦开出两张定期支票；一张票面值二万五千元，限十月二十六日支取；另一张票面值三万元，限十月二十九日支取。可谓万事俱备只欠东风了。文绣方面的律师负责缮写清楚一切书面文件，原定十月二十一日下午六时签字，结果因文件准备尚有未尽事宜，临时改延一天。

一九三一年十月二十二日，即旧历九月十二日，溥仪与文绣宣告离婚，离婚协议书的签字仪式于当天下午一时，在林棨和林廷琛的律师事务所举行。

协议书①中写入了自八月二十五日以来近两个月时间里，双方律师反复磋商、调解的成果。

　　文绣与清皇室主人脱离关系一案，兹经双方律师调解，议定条件如左：

　　一、文绣自立此约之日起，即与清皇室主人脱离关系；

　　二、清皇室主人于本件签字之日，给文绣一次终身生活费五万五千元（付款另有收据）；

　　三、文绣于本件签字之日即将所有随身常用物件（另有清单）全部带走（付物时另有收据）；

　　四、履行二、三两条件之后，文绣即归北平大翔凤胡同母家独身念书安度，绝不再向清皇室主人有任何要求；

　　五、脱离之后文绣不得有损害名誉之事，双方亦不得有互相损害名誉之事；

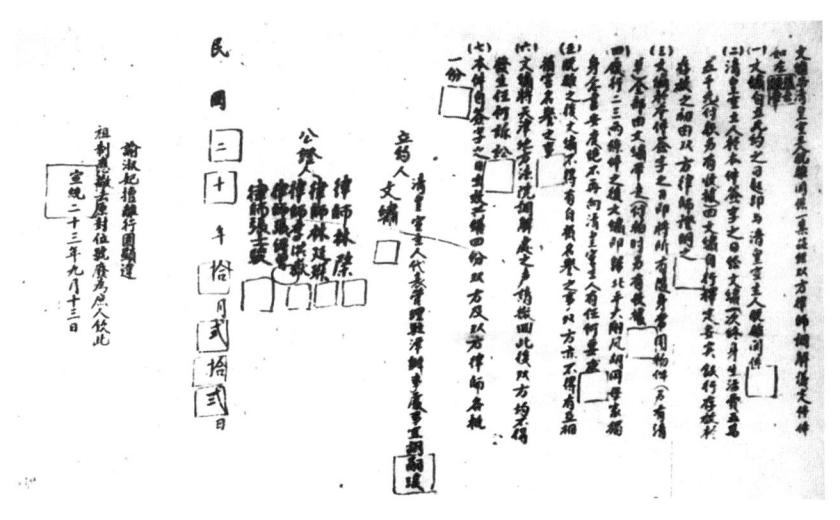

　　　　文绣和"清室主人"离婚协议书以及溥仪的"谕旨"

---

① 引自《清废帝溥仪档》，原件藏中国第一历史档案馆。

六、文绣将天津地方法院调解处之声请撤回，此后双方均不得发生任何诉讼；

七、本件自签字之日生效，共缮四份，双方律师各执一份。

在该协议后面有三方的签字画押：首位为"清皇室主人代表、管理驻津办事处事宜"胡嗣瑗；次位为"立约人"文绣；再位为"公证人"林棨、林廷琛、李洪岳、张绍曾、张士骏五位律师。

作为协议的首位签字人，胡嗣瑗把签字过程细致入微地写入了日记。这篇日记非同寻常，它记载着中国末代皇帝与末代皇妃史无前例的离婚案的终结：

午后一时，林棨以汽车迎余先到事务所。少迟，淑妃携其妹文珊，律师张士骏、张绍曾、李洪岳均到，与余隔屋不相见。林棨、林廷琛先与看明所写条件与底稿相符，物件单与原单无异，示以证明我方签字人函件均无他说。

由妃先在对屋一一签字，条件共缮四份，由双方及双方律师分存之，各附物件清单。余谨就条件后一一占位签署毕。妃亲书收到给款据，声明"正金定期支票二纸如届期该行拒绝支付应请换给现款"字样。签名盖章讫，余乃以付款支票二纸交林棨转付，遂分持条件各散。

余即到园，入见。面缴条件、收据各一件。物件单二纸仍请（准）带下，饬济煦于明早先将物件点运吉野街空屋内，再饬彼方来人搬取，较为方便。

承谕："即拟旨废淑妃为庶人。"因请明晨再办。回寓已四时矣，心中乃大不怡。①

至此，文绣与溥仪正式脱离了关系。第二天，胡嗣瑗奉命拟就"废淑妃为庶人"的"谕旨"，"入对"时奏请皇上过目。溥仪拿过来看时，只见"恭楷"两三行字：

---

① 引自胡嗣瑗：《直庐日记》。

谕淑妃擅离行园，显违祖制，应撤去原封位号，废为庶人，放归母家居住省愆，钦此。

宣统二十三年九月十三日①

溥仪读过两遍，细细思量，觉得措词未免过苛，于是提笔勾去"放归母家居住省愆"一句，才正式颁发。他还不惜花费一大笔广告费，把这条煌煌上谕刊诸平津报纸报头旁边的头条广告栏内，以向世人宣布，他虽然破费了几个钱，总算是买回了皇家的脸面，这场轰动全国的皇家第一起离婚案终于收场了。

溥仪和文绣离婚后，心情颇不平静，回顾淑妃在皇家的九年生活，似乎感到有点对不住她，但他不下"罪己诏"，反而把所有过失都推到了婉容的身上，从而迁怒于她，两人由同床异梦而终致陌路。当时，溥仪在遗老们的怂恿下正一心想着复辟，日本人就鼓吹他到东北自己的龙兴之地，重整旗鼓，借助日本人的力量再次入主中原，而婉容极力反对溥仪到东北去做日本人的傀儡。以上两种原因使得溥仪非常厌恶婉容。婉容有她的虚荣心，她想留在天津，继续这种奢华的生活方式，但遭到了溥仪的粗暴对待。无聊和孤寂使婉容的精神日益颓废，常常夜不能寐，终于得了神经衰弱症，只能更深地陷入鸦片的烟雾中，以麻醉自己求得解脱。而这，仅仅是她人生悲剧的开始，而更大的悲剧，还在后面等着她！与此同时，溥仪也会不时地想起文绣，想起那场中国历史上绝无仅有的妃子与皇帝的离婚风波，曾在社会上轰动一时的"淑妃革命"，他把这视为奇耻大辱！为了求得心理上的平衡，他还专门写了一篇《龙凤分飞记》的文章，以记其事。据因偶然机会而看过此文的清宫太监蔡金寿②说，文中对婉容多有责怪，用了"专横"、"霸道"等词句，遗憾的是这篇"御制宏文"没能存世。

十一月十日，即他们宣告离婚后的第十九天，溥仪在郑孝胥和郑垂父子

---

① 引自《清废帝溥仪档》，原件藏中国第一历史档案馆。
② 蔡金寿，原清宫小太监。自溥仪大婚即在长春宫伺候文绣，继而跟到天津。直到溥仪离津出关，他也离开静园。1938年溥仪又把他招到长春伪皇宫，关于《龙凤分飞记》的内容便是这时透露出来的。

| 末代皇帝的五个女人 |

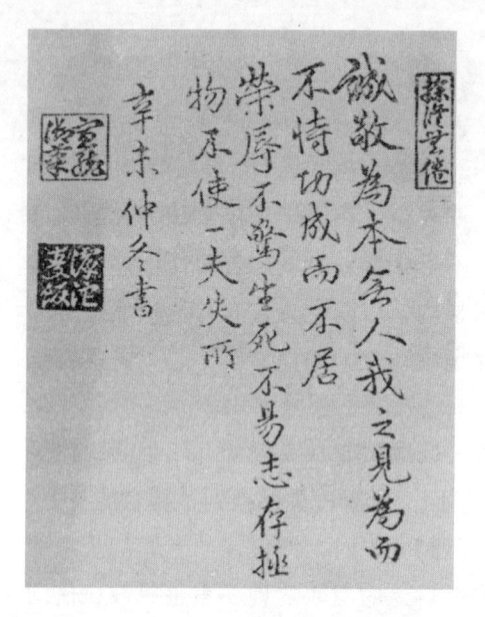

1931年溥仪离津出关前亲书一段话

以及日籍保镖工藤忠的陪伴下，乘汽艇偷渡白河，闯过守卫军粮城的中国哨兵，又登上大沽口外的日本商船"淡路丸"，吃了一顿"滹沱麦饭"，便向已被日本关东军占领的我国东北的营口码头驶去了。

幸亏文绣已和他离了婚，才没有跟他走这历史的一步——迈向背叛祖国人民的罪恶深渊。

《新天津报》1931年11月4日刊出土肥原秘见溥仪的消息

《天津益世报》1931年11月4日刊出土肥原秘见溥仪的消息

《大公报》1931年11月8日刊出溥仪宅发现炸弹的消息

1931年11月11日溥仪登上日本商轮潜往东北

第九章　大节不亏

一　重返北平

文绣离婚后办完善后的事情就返回北平去了。九年前她被选进宫之际，溥仪在北京地安门后海南沿大翔凤胡同为文绣之母蒋氏买了一处宅院，又赏赐成套豪华家具，谁知几年之间竟有沧桑巨变，院落依旧，厅堂依旧，却已经易主他归了。

原来蒋氏病故之际，文绣、文珊均在天津，"黑大姐"也早已出阁，这大翔凤胡同的房产竟落入蒋氏娘家兄弟蒋二手里。起初他说暂借住住，接着便出租吃息，不久便卖给房客，而把得到的一笔钱揣进自己的衣兜。

大翔凤既已无处容身，文绣又托玉芬在北京东四十条附近辛寺胡同租赁四间房子，暂时安顿下来。不久，文珊离婚后也返回北平，与姐姐一起生活。姐俩各自走过一段坎坷的人生道路，竟又在二十世纪三十年代之初的北平，恢复女儿身，重建闺秀生活。

她们每天闭户静居，读书习字消磨光阴。文绣在皇家时就喜欢中国旧文学，这会儿有了充足时间，预备一大书架古典和现代文学作品，手不释卷，兴致盎然。有时文绣也给文珊讲述宫中生活情景，那礼节、排场以及逸事种种，信手拈来即成趣闻。姐俩也不免想起闹离婚官司的日日夜夜，那时曾有不少人说文绣是为了向逊帝"敲诈几文养赡费"。文绣说，若是只为吃好穿好荣华富贵，又何必离婚？

文绣得到的是自由，绝不是金钱。就说那笔五万五千元的终身养赡费吧，七扣八扣，到文绣手中时早已所剩无几。最早是在离开静园之前就先交给玉芬一千元，请她在外边先事"打点"。玉芬邀请了律师，在国民饭店包租头等房间，再加上文绣离开静园以后，用在打官司上的开销更大，经文珊手先后借垫了大量的钱，都等着用那笔没影的养赡费归还呢！离婚签约那天，刚刚拨付的养赡费立即由文绣做了如下切割：赠文珊五千元，赠玉芬五千元，赠文绣留住的张家女主人五千元，赠张绍曾、张士骏和李洪岳三位律师各一千元，赠来往于离婚双方之间传话说和的中间人齐子度、赵香玉和李寿如三人各一千元，此外还债五千元，赏下人及各种零碎开销三千元。最后剩在文绣名下只有二万六千元了。

文绣确实没从离婚中获得经济实惠，可她得到了自由，更重要的是得到了政治上的自主权。溥仪与文绣离婚第十九天后就乘坐日本商船出关入笼，逃到东北，卖身当上日本军阀的傀儡皇帝。文绣则再也用不着跟他去玷污自己清白的历史了，从这一点来说她不比婉容更幸运吗？

文绣在辛寺胡同居住时，有一次族嫂尹秋宜去看她，文绣第一次向外人透露了她与溥仪离婚的政治因素："我和溥仪仅有夫妻之名而无夫妻之实，再加上种种虐待，这都属实。此外，我提出离婚还有更要紧的原因，自从冯玉祥逼宫后，溥仪心怀愤恨，口说愿当公民，其实无一日不想复辟。这且不说，在天津园子里不断与日本驻军司令官们以及领事馆的官员们往还酬酢，勾打连环，他是想让日本人用武力帮助他复国。这不是连点民族气节都没有了吗！要当中国皇上，起码要当个好中国人哪！溥仪太糊涂，不懂得这一条，我何必还跟他厮守在一起！"[1]

辛寺胡同的四间民房，与长春东北角上那片富丽堂皇的伪满帝宫是根本不能相比的。然而从政治上说，前者又显得清白，圣洁，美好。历史证明：文绣这一步是走对了！

一九三二年暑期刚过，文绣重又启用傅玉芳的名字，来到北平西城府佑街的北平市私立四存中小学校长办公室。说起来，这座四存中小学还是原北

---

[1] 引自文绣族侄傅嫱提供的资料。

洋政府大总统徐世昌首创呢！学校董事长张璧就是八年前随鹿钟麟前往故宫驱逐溥仪的那位北京市警察总监。正在接待文绣的学校校长姓齐名振林，也曾在北洋政府中任过某司司长。学校中的几十位教员大多是北平旧家子弟，在籍学生四百余人，多数出自官宦商贾之家。学校从初小到高中层次俱全，校风、校纪颇为严格。齐校长热情地接待了文绣，并安排她任该校国文课兼图画老师。

当老师是文绣先跟族兄傅功清提出的，族兄劝她：不缺吃不缺穿的，何必去挨那份累？不如在家读书学画悠闲自在。可文绣坚持要去当教员，她说有几次经过学校门口，听孩子们朗朗地读书、快乐地游戏，直把她馋得就想一头扎进孩子堆中去。族兄看劝不住，就说四存中小学教务主任是他的朋友，可以介绍，但据他所知该校经济拮据，教员的薪水很低，入别的学校又没有把握。文绣爽快地答复族兄说，就上四存学校可也，不付工资也行！傅功清这才理解族妹的心愿：文绣一定要去吃这口粉笔面，并非物质需要，而是寻求精神寄托。

心愿得遂的文绣昂首走上讲坛，教孩子们识读第一个生字、第一篇课文。文绣是位称职的教师：板书写得很漂亮，讲解课文清楚，明白，嗓音又透亮，学生们渐渐喜欢上这位新来的女教师了。

文绣能够胜任教职，因为她有深厚的古典文学基础。《诗经》中许多篇章，屈原的《离骚》、《九歌》，以及《牡丹亭》、《西厢记》和《红楼梦》中的诗词曲赋，文绣能够滔滔不绝地随口诵出。汉唐以来的名著名篇，直至现代林琴南的翻译小说，文绣看得很多，知识面广。加之在皇家十来年天天习字，日日练笔，画猫像猫，画虎像虎，这一切都在五尺讲坛上见功见效了。

四存学校的讲坛不但考验了文绣的学识，也在考验她是否能够适应平民百姓的生活。

文绣在宫中使奴唤婢，养尊处优，到这里则不但要与学生相处，还必须和校长、教员同事们以及"堂役"（学校工友）等共事，这对有皇妃经历的文绣来说，实在不是一件简单的事情。有人专门打听别人的经历，又热衷于涉及男女的流言蜚语。文绣总是面目严肃，躲开人们的话题，平时不苟言笑。

总算不错，人们背后议论顶多说她有点孤傲，倒说不出什么别的来，同事之间都还过得去。

文绣每天上午连续授课四小时，有时下午还有课，其余时间要备课，写教案，批改学生作文和图画作业等，此外还必须参加周会、校务会等学校活动。她原以为教书很有意思，也挺轻松，却没有这样吃苦的思想准备。每天下班回到家里，她已感到身体疲惫不堪，然而白天没来得及做完的事情，晚上还要在灯下接着做。

文绣并不是没有毅力的懦弱之人，苦点累点还能克服，可不久发生了一件令她无法容忍的事情。

二　恶 作 剧

那天文绣上班见校门旁围了一堆人，正在观看贴在墙上的一张红格信纸，文绣也凑上前看了几眼，只见她脸色顿变，"唰"的一下直红到耳朵根，三脚两步地急忙进校就奔校长室而去。原来红格信纸上，有一首用毛笔写成的顺口溜：

宣统皇帝小妃子，就在本校教国文，
欲睹花颜甭买票，上班时刻守此门。

"请傅老师先去上课，我负责把这恶作剧的制造者查出来！"齐校长把文绣安慰了一番。其实，安慰没有用，"查"出制造者也没有用，本来文绣和"小皇上"的事儿就风雨满城，能瞒得了谁呢？瞒过今天还瞒得过明日吗？仅几天工夫，学校周围的居民住户差不多都能把"傅玉芳"和"淑妃文绣"这两个名字联系在一起了。一到上下班时间，总有仨一伙俩一串的人们守在学校门口等着一睹中国末代皇妃的风采。

如果只限于人们之间口耳相传，问题还不算复杂。可是，这秘密不久就被报馆记者探去了。捷足先登的消息以《淑妃办学》为题最早披露了出去，其文云：

> 溥仪淑妃文绣，昔在天津时与之脱离关系，自经人调解由溥仪给予赡养费六万元后，即居北平母家。文绣在平拟开办一小学，从事儿童教育，以期与此天真烂漫之小儿女相伴，而度其无聊之岁月。且文绣本人亦好学不倦，每日埋头读书，对于旧文学深加研究，平日不事修饰，亦不外出，迥非现下一般摩登女子所能及也。

这篇文章尚可对付，其作者显然并未见过文绣，采访的内容无非是道听途说，既不准确又未暴露文绣所在的学校和家址。然而，事情不可能就此了结。记者们纷纷前来，有时甚至是数报数刊联合采访，从当教师问到宫妃生活，刨根问底，穷追不舍。这么一来二去地把文绣平静的生活一下子搅乱了，搞得文绣心情烦躁。等五花八门的采访文章一见报端，感兴趣的读者又不论远近地跑来堵校门，人越聚越多，有时还要硬搭讪着和文绣说几句话。至于有权势的达官贵人来了兴致，就派车到学校来，要把傅老师接到家里聊聊。校方自然不敢得罪，可文绣不愿意，这简直就是展览活人！事情发展到这种地步，学校既无法再聘用文绣，她也不可能再照常上班了。本来文绣当教员是为了有个精神寄托，现在反而增添烦恼，又何苦呢？于是，她在一九三三年底向校方递交了辞呈，算来当教员的时间才一年多，还不满三个学期呢！

文绣最后一次走出四存中小学的大门，心头别有一番滋味！虽说时间不长，可听过她讲课的学生起码也有一百多名啊！她教过高小，也教过初中，开了国文、图画和音乐三门课，这是一段多么可爱、多么宝贵、多么值得留恋的美好时光！孩子们给老师送行，一双双渴望的眼睛里含着惜别的泪珠。文绣也泪流满面，那么动情，那么伤心，她心里深深地埋藏着孩子们还无法理解的委屈。①

"小妃子来了！小妃子来了！"守在学校门口的无聊者常常跟踪"皇妃"，从学校跟到家，又从家跟到学校。

---

① 关于文绣在四存中小学任教的细节，依据文绣族兄傅功清等提供的资料。

文绣只得搬家，花两千四百元托人在刘海胡同买下一处四合院，遂从辛寺胡同大杂院那四间东房搬过来了。这边除正、厢九间瓦房外，还有半亩方圆的一块空地。文绣喜欢这里清静宽敞，出门不远就是德胜门大街，采购生活用品也颇方便。

这是文绣自己花钱置办的惟一房产，为了美化自己的天地，她不惜破费地大加修整一番。所有房屋门窗油饰一新，还另请画师加以彩绘装点，连大门的门坎也以朱红色油漆油得锃亮。

文绣还专门雇来棚铺的工匠在院子里搭起一座凉棚，要纳凉时便让人先用水枪激水，把席棚从上到下冲洗得湿漉漉的，用眼睛瞅瞅都觉得凉快。

院中原有石榴树、葡萄架和一片片的紫丁香，文绣入住后又在大门木影壁后面安设了荷花缸。北房檐和天棚底下挂了不少鸟笼子，文绣喂养的鹦鹉和画眉叽叽喳喳地鸣叫着，还有卷毛的黑白花色哈巴狗，小花猫也屋里屋外地跑来蹿去。这座位于闹市的四合院真让文绣装扮得鸟语花香，生机盎然。

恬静的新居，幽雅的环境，使文绣逐渐忘却了从四存中小学带出来的烦恼。

三　贵妇生活

在刘海胡同文绣的新居院内，一共住着五个人，除文绣外还有两个老妈子、一个梳头丫头和一个专司灶间的厨子。在辛寺胡同时文珊也和文绣同住，搬入新居不久，文珊改嫁，和丈夫秦景文住在香老胡同，秦是汉族人，是国民党市政府里的一名小官吏。在这里，文绣度过了几年平静的贵妇生活。

看书、写字、绘画又成了文绣生活的主要内容，她从这时起开始向皇族中的国画大师溥心畬学习绘画。溥心畬为号，本名溥儒，是道光皇帝第六子恭忠亲王奕訢的孙子。奕訢的次子即已革郡王衔多罗贝勒载滢，溥儒就是载滢的次子。此人在诗、书、画几方面都有相当造诣，对溥仪也有一股愚忠。文绣在醇王府"避难"时见过他一面，还听溥仪讲过他带把小刀跪在溥仪面前，表示要去刺杀冯玉祥的决心，故事倒挺有趣。文绣离婚回到北平，为了提高画艺亲自登门拜访溥儒，溥儒这人本来是喜欢端架子的，日常生活中一茶一饭之微也要讲个谱儿,可对待一个背叛了皇上的妃子并不差样儿,仍然很尊重,耐心教文绣画国画,向其传授技法。

文绣在宫中时每天都要拿出许多时间修饰、打扮自己,现在仍雇佣梳头丫头伺候着。文绣的衣服很多,装满了大大小小的箱箱柜柜,这些东西都是从天津带来的。根据离婚之约,溥仪允许文绣拿走了属于她自己的全部衣物用品,下面是她留在静园的一张收条:

> 兹收到清皇室主人给予文绣所有随身常用物件,按照字据附单全数,此据。民国二十年十月二十二日,文绣。①

这些箱箱柜柜里既有满式旗装,又有大量时髦的西式服装,从内衣到外衣,再从单服到棉服,从头饰到鞋袜,再从短衫到长袍,即使每日三换,文绣的衣服也够穿两辈子的。

文绣每天都洗几遍手,从洗手这件小事上倒能反映她身上那段宫妃生活的陈迹。她洗手一次必换三盆水,水温又必须一盆比一盆稍热,而保持最后一盆并不达到烫手的程度。为了适应需要,老妈子一定要掌握好时间和烧火的分寸,稍有不均匀等情况发生,文绣就要发火。

习惯于宫中生活的文绣,在离婚后的最初几年间仍过着万事不求人的日子,靠着积蓄生活。她本人一不抽烟,二不喝酒,吃饭比较讲究,但每天都和老妈子、丫头同桌共餐,当时的富贵人家很少有这样对待下人的。

在兵荒马乱的年月里,一个有钱的单身女人,很难把日子过得像湖光山色那样平静。不少人都在打她的主意,其中有武职的军官、文职的小吏,还有商界的经理等。他们知道文绣曾为皇妃,猜想她手中能有一大笔钱和一批金银珠宝,加之文绣又很年轻,于是慕名而毛遂自荐,一个个地登门求婚。很遗憾,文绣虽然也是为时人所不齿的再嫁之女,却自认为见过大场面,一般人还真不放在眼里,并不羡慕那些文职、武职。

又过了些时日,有个日伪华北政务委员会财务总署的局长派了媒人来说

---

① 引自《清废帝溥仪档》,原件藏中国第一历史档案馆。

亲，此人早就和额尔德特氏傅家有过往，安徽阜阳人，性情粗野，唇边颔下长一蓬黑黑的连鬓胡子。他依仗哥哥的势力横行里外，无人敢惹。你道他哥哥者何人也？就是曾任袁世凯的陆军次长，后来又给汪精卫的南京伪政府当过军事参议院院长的蒋雁行！这家伙本有老婆，来讨文绣是着意要尝尝皇妃的味道。这下可把文绣气坏了，她冲着媒人拍案而起："滚！快滚！我不做皇上的妃子，难道非要来当你这局长的小老婆？"媒人见势不妙一溜烟地跑出了大门。文绣这边还憋着一肚子气：倘我愿意给日本人当母狗，也可以在金銮殿里当，还用不着钻进你那个官衙门！文绣恨恨地想着，连午饭也不吃。

一九三七年"七七"事变后，平津陷于敌手。日本侵略者耀武扬威，而地方警察和伪保长等像狗似的跟着起哄，镇压人民，搜刮钱财。他们听说刘海胡同住着一个离了婚的皇妃，哪肯放弃机会，便蜂拥而至，乘机敲诈勒索，逼着文绣今天捐钱，明天纳物，没完没了地为所谓"大东亚圣战"效劳。更有一些汉奸、翻译等"二狗子"也找茬上门，或是威胁，或是调戏，死活不放地纠缠着。那风雨如磐、虎狼当道的年月，已不允许文绣继续平静地生活下去了。她手头虽有几枚现钱，既不存银行，也不买股票，只是藏在家里坐着花，大手大脚地花了几年，经这一番变乱，狼掏鬼诈，自然也就所剩无几了。

四　拒绝回到皇家

就在这时，发生了一件重要的事情，目击者是马锡五先生。马家亦满族人（镶黄旗），与文绣家为世交，从父辈起就来往不断。文绣离婚后仍常到马家走动，谈话很风趣，临走时必定掏出许多红包（钱），从马家最小的孩子直到女仆每人都给一个。马锡五也常常奉母命前往文绣在刘海胡同的宅院看望"傅家二姐"。他说，他所见到的那时的文绣"生活得很平静，也很清闲"，经常看京剧，自己也能唱几句，有时还在马家清唱，可以称得上是一位"富贵闲人"。

不久就发生了那件重要的事情，马锡五先生说，他不仅目睹了事件经过，还真切地看到了文绣的生活因此事而发生的巨大变化。他叙述说：

记得有一天，母亲叫我把一件新做的旗袍送到文绣家去。我骑车至厂桥南口一段时遇到戒严了，有不少日本宪兵和警察站立在那儿，禁止行人通行。我刚进文绣家所在的刘海胡同西口，就见七八个警察在文绣家附近转悠。我上前按门铃，一个警察拦住我，问我到这家干什么，我回答说是来看望二姐的。正在纠缠时，门开了，侍女张二小姐出来了。她忙向那警察解释，解了我的围。

　　进入院内，张二小姐告诉我，刚才"满洲国国务总理"张景惠和"华北政务委员会委员长"王克敏来了。原来，溥仪要册立新妃，日本关东军还要溥仪娶个日本女人为妃，溥仪怕日本人监视他，这才又想起文绣，于是派张景惠送信来，请文绣回满洲重做皇妃。

　　张二小姐让我在下房等候，她去通禀。等了一会儿，她从北屋出来对我说："二姐精神不好，要少说话。"我进了正屋，见文绣坐在太师椅上，忙请安问好。她见我拿着件新旗袍，便说："快坐下，谢谢你奶奶（指我母亲）了。"沉默一会儿，她拿起桌子上的信，皱着眉说，"溥仪要我去满洲，我才不去呢！不受那个罪！"[①]

　　马锡五先生依据耳闻目睹的亲身经历写出这件事来，自然是真实可信的，也让后人了解到，当年的曾经不惜为清朝喋血的小皇妃，不但因政治见解及立场的分野而与"皇帝"丈夫分道扬镳，打了一场惊天动地的离婚官司，又在历史的关键时刻，抗暴御侮，洁身自好，拒赴伪国，保持了民族的大义、大节和个人的品格、尊严！文绣的这一页历史应该被记载下来，不能忘记。

　　关于这件事情的发生时间，依马锡五文中所叙是在溥仪选妃时为了逃避关东军的安排才想到文绣。溥仪在伪满期间有两次选妃机会：一次是在一九三七年春天，选定了谭玉龄，册封在一九三七年四月六日，"七七"事变尚未发生，当时的华北政权是以宋哲元为委员长的冀察政务委员会，王克敏在该委员会中的身份是委员，这些都与马锡五文中所叙的情节不符；另一

[①] 引自马锡五：《淑妃文绣的后半生》（甄连生记录整理），载《团结报》1990年1月17日。

次是在一九四三年的春天，选定了李玉琴，册封在一九四三年五月，这时华北早已沦陷，王克敏以"华北政务委员会委员长"的身份给日本人当走狗，都与马锡五文中所叙的情节相符。由此可知，文绣拒赴伪国之事应发生在一九四二至一九四三年的冬春之际。

曾经有过传闻，说文绣在伪满期间去过长春。据王简斋说，伪满初年的一天，"宫内府大臣"宝熙找到他，告知说因碰上文绣"坐在街边啼哭"便带回自己公馆，让王简斋将此事禀明溥仪。王遂照办，当时"溥仪面色沉郁，默默无语许久"，向王挥了一下手，王见状便悄悄退下。① 此后风言风语不少，有人说文绣来向溥仪要钱，被挡在保康门外边没让进来，待了一个多钟头没人搭茬就走了。李国雄也说，他听溥仪讲过"淑妃来了，我没理她"一句话。② 都是传来传去，不足为凭。

一九五六年十二月，溥仪在抚顺战犯管理所接受潘际坰采访时没有说文绣到过长春，只说文绣"从天津托人带过信给我，说愿意回来，我决定不要，既然离开了就别回来"③。文绣不住天津怎又从天津捎信？

事实上，溥仪的亲笔信确由张景惠捎到北京文绣手中了。或许我们不能肯定地说文绣没到过长春，但是也同样不能肯定地说，文绣到长春就是要重返皇家，就是要向溥仪化缘。二十世纪三十年代的文绣尚不致落魄到不顾脸面的地步。传闻无据，绝不可信。

据马锡五说，溥仪请文绣重返满洲的信虽然被拒绝了，这件事却深深伤害了文绣的心，改变了她平静的生活。马

任伪满"军政部大臣"时的张景惠

---

① 参见王简斋：《我跟随溥仪二十八年》，载《天津文史资料选辑》第42辑。
② 依据李国雄于1987年夏天向笔者提供的口述录音资料。
③ 引自潘际坰：《末代皇帝传奇·傀儡滋味》，通俗文艺出版社1957年版。

锡五写道：

> 从那以后，文绣的脾气就变得古怪起来，不爱多见人，也不到我家来了。有时我母亲还让我去看望文绣，我觉察到文绣性格与以往大不同，比如，不论谁去她家，进门时都不准用手拉门，而要用脚尖勾门下角，又不准用身体挨着门和门框，进门后要按文绣指定的座位落座，而且坐的姿势要求双腿合拢，两臂垂直，使人十分别扭。如果有人进门时挨上门或门框，待客人走后，文绣便命张二小姐用热水浇洗门与门框。由于她如此变态，以致许多亲友渐渐与她疏远起来。①

一个政治上清白的人家，一旦被张景惠、王克敏之流跨了门槛，会有不幸而受污染之感，文绣的洁癖固然早有根苗，但突然加重或许与刺激性的事件有关吧。

文绣的家境从此走向败落。先是变卖金饰：她随宫九载，积有一批数量可观的金银首饰和珠宝制品，其中不乏世间稀有之物。结果，全都落入地安门方砖厂口一家金店的掌柜手中，一件件宝物变成了一摞摞的伪钞，而那看上去并不算少的纸票子，转瞬之间就贬得一文不值了。继而又辞掉梳头丫头，打发了厨子和老妈子，最后连刘海胡同的院宅也卖了。除留下一套最喜欢的珠花头饰外，已经空空如也。

然而，她虽然失去了"富贵闲人"的条件，却依旧大节不亏。

---

① 引自马锡五（甄连生记录整理）：《淑妃文绣的后半生》。

第十章　再婚生活

一　街头叫卖

"屋漏偏逢连夜雨",文绣身边惟一的亲人三妹文珊又病逝了,她更觉得形只影单、凄苦无比。虽然还有一位同父异母的"黑大姐",可是,自进宫后便与这位姐姐断了来往,她只有重操童年旧业——二十多年前文绣曾为读书而拼命地挑花活儿,二十多年后文绣又为吃饭而拼命地挑花活儿了。

马锡五先生这时也来看望过文绣,他述说看到的情景道:

> 她(指文绣)搬家了,住在一个小院内。她破落了,只住两间小屋,家具简陋;几年不见,她显得苍老了,身穿一件蓝布旧旗袍。她对我感慨地说:"你看我还像个样子吗?落到这步田地,都是命……"我转达了全家对她的问候,并赠给她一个红纸包(钱),她显得有些不好意思,但还是收下了。临走时,她流着泪对我说:"这里的保甲有时找我的麻烦,求七兄弟和他们说说,关照关照。①

由于这是马锡五先生最后一次见到文绣,所以能留有较深的印象。文绣已经成为极普通的劳动妇女,收入甚微,还不得不忍受地头蛇的欺侮。她重新学会了俭朴,把租用的两间北房又退掉一间,靠自己的双手挣饭吃,洗衣,

---

① 引自马锡五:《淑妃文绣的后半生》(甄连生记录整理)。

做饭，买粮，买煤，一切家务活计全都自己拿了起来。

这时候有些好心人看文绣生活太苦，劝她再嫁。如果能找到合适的人，文绣也同意再嫁。鉴于宫妃生活的教训，文绣追求的是那种专一的爱情，她要找一个未婚男人或是死了妻子而又没有儿女的男人。她希望婚后能够获得丈夫真诚的爱，倘不能如愿以偿，宁可独身以终，死而不憾。

抗战胜利那年文绣三十六岁，已是人到中年，毛遂自荐的，替人说亲的，还是络绎于途。但文绣不愿降格屈就，为了躲避纠缠，她又想搬到别处去住。可是，她能搬到哪儿去呢？

文绣硬着头皮去找在北海公园当工人的黑大姐，倘能找个园艺工的差使，她也肯做。作为看大门的女工，黑大姐只能另给文绣指一条路：让她找找娘家表哥刘山。

刘山安家时全仗文绣之母蒋氏接济，后来当了瓦工，技术不错，人又憨厚耿直，眼下一家五口在北京西城石驸马大街后闸租住三间平房。这会儿听文绣说明来意，二话没说就找车帮文绣把家搬了过来。

刘家的生活很是艰难。所谓三间房，其实只是一明一暗两间，里间是个小套，另有一间厨房。晚上睡觉，刘山夫妇住在最里边的套间内，刘山的两个女儿和文绣住在外间，而刘山的儿子就临时在厨房用木板搭铺，早撤晚铺凑合着住。刘山的妻子是个家庭妇女，家务之余糊包装用纸盒，挣几枚手工钱贴补家用。文绣来这以后不忍白吃白住，也和表嫂一起糊纸盒。

糊纸盒毕竟收入甚微，文绣总想多帮刘家一点，就主动提出要出外找点活干，经刘山与包建筑盖房的瓦工头说好，让文绣当小工给瓦匠们挑灰递砖。天哪！一个曾为皇妃、动辄使奴唤婢的女人，一个过惯了贵妇生活、整天吟诗作画的女人，居然能干这个苦活儿？文绣有毅力，她挺着做，咬紧牙关做。有半个月吧，刘山看出她实在是支撑不住了，就替她辞了活儿，不让她再遭罪。文绣还想找点别的活儿干，又苦于没有门路，只好回家仍和表嫂一起糊纸盒。

一个瓦工要养活六口大人，生活太难维持了，后来刘山又想出一个道道来。石驸马大街处于闹市区，街上有不少国民党的大机关，如北平党部、华北日报社等，上、下班来来往往，川流不息。一天，刘山对妻子和文绣说："糊纸盒,时间不少搭却没有几文收账,日子还是紧巴巴的,不如在路口摆个纸烟摊,捎带卖点瓜果花生,准能多挣几个。"刘山打这个主意也是有点把握:他有个连襟是前门外果子市专门批发纸烟鲜果的商人,进货有保证。至于做买卖的本钱,刘山支支吾吾地不想说出,其实文绣哪里会不知道?这时文绣手边还有最后一件值钱的东西,那就是因特别珍爱而一直舍不得出售换米的珠花头饰,这事儿刘山也知道,实被逼无奈就想到拿它当生意本钱。

文绣的心事可不在一件首饰上,那珠花确是她的爱物,而且是纪念性质的,然而为了生活,卖掉并不足惜。只是这上大街摆乱摊子,可真把文绣难坏了。想当初她在四存中小学当教员,不是挺文雅吗,却也招惹了那么多是非,如今又要到马路上出洋相,须知这种事形同皇妃展览哪!

刘山是老实人,一心只想养家糊口,却哪里料得到这一层干系?文绣则苦在心里,说也说不出口,试想:在人家家里住着,天天要张嘴吃饭,挑灰递砖的活儿又干不了,再嫌摆小摊丢丑怎么行啊!倘又被误解不愿掏珠花,简直跳进黄河也洗不清了。

文绣硬着头皮答应下来,就在热热闹闹的石驸马大街上叫卖开了。

"烟卷!'哈达门'、'炮台',包金纸的,请来一支吧!"

一位真正的皇妃在大街上叫卖烟卷,这是中国近代史上千真万确的事实。

果然不出文绣所料,真相很快就传开了。前来无理取闹或揶揄调笑的地痞无赖,给文绣带来无穷无尽的烦恼。刘山这才明白过来,像文绣那样有历史身份的人,上街摆摊叫卖还是不合适啊!于是,他只让自己的妻子上街,文绣仍躲在家里糊纸盒。

二 再婚生活

不久,刘山受雇为华北日报社修缮房屋,了解到报社需要校对员,就找报社总务科丁科长推荐文绣,为了说明文绣有国学基础能胜任校对工作,就把她入宫并在皇家读书十载的经历一五一十地说了一遍。丁科长感到很惊奇,马上向社长张明炜汇报。张社长对文绣的飘零身世极为同情,立即会见文绣

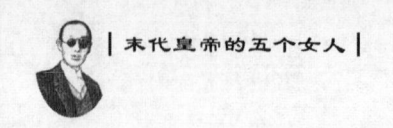

并客客气气地告诉她，马上就来上班。

校对工作虽辛苦，但收入固定。只是年头不大好，通货膨胀很厉害，每月发下薪水就得一分钟也不敢耽误地交给表嫂，换成粮食和煤球搁着，多余的再兑换成银元。

自从文绣的身世在报社传开以后，人们同情她，都想帮她安个家，真可谓求婚者不绝。文绣本人也动了心，实在没必要还守着皇家那条"不许再嫁"的规定。再说长期住在刘家，表哥自然没甚话说，表嫂哪能不挑理？寄人篱下就免不了出闲话，终究不是办法啊！

社长张明炜颇欣赏文绣的才学，打算把她介绍给自己的姑表弟刘振东。自日本投降后，张明炜即任国民党中央宣传部驻华北特派员，兼华北日报报社社长，人还正派，官僚习气也较少，加之一贯同情文绣，文绣对他也很敬重。这回张社长要给她介绍对象，她自然多了一层信任。

张社长让太太和文绣谈，文绣听说，刘振东乃是张家两辈老亲，人又耿直憨厚，遂同意见见面再说。

文绣这次考虑再婚确实是慎之又慎，虽属中年再嫁，绝不敷衍将就。他与刘振东相识后，居然又用五个多月的时间相互了解，似乎可以算是地道的恋爱了。

两人接触之中，刘振东深深同情文绣的遭遇，文绣也逐渐了解了刘振东其人。刘振东本是河南人，出身穷苦，人挺勤快，也读过几年书，到十七岁上已长成身材高大的彪形大汉，继而应征入伍。在国民党军队中他虽说不会阿谀奉承、讨好上级那一套，却是打仗不要命，渐渐攒了点军功，从士兵一直升到少校。与文绣相识之际，他正在中南海国民党北平行营主任李宗仁部下任职，管理库房。此人戎马半生，年过四十尚未娶妻，最令文绣喜欢的是，他为人爽直，又没有脾气，特别是从不拈花惹草，游逛烟街柳巷。文绣衡量再三，总算满意了。

结婚前，刘振东拿出自己的全部积蓄交给文绣，让她置办家具，购买衣物用品并筹备婚礼宴席。

刘振东是老实人，任职一向谨小慎微，不敢营私舞弊。积蓄全是从二十多年的官俸中一点一滴俭省下来的，因为纸币不稳，他便随时兑成黄金和银元放在箱底，现在总算要有自己的家了，便高高兴兴地拿出来让妻子派用场。

一九四七年夏天，文绣和刘振东在北京东华门"东兴楼"包了十桌鱼翅席，隆重地举行婚礼。"东兴楼"可是一家颇有名气的餐馆，当时，"看梅兰芳的戏，吃东兴楼的馆子"，乃是北京人的两大快事。

男方的主婚人是刘振东的顶头上司，北平行营副官处长李宇清，此人后来曾任代总统李宗仁府邸的副官长，女方的主婚人就是族兄傅功清。"东兴楼"距中南海北平行辕不算很远，前来贺婚的刘振东的同事很多，济济一堂，把十桌席坐得满登登。其时，文绣年届四十，经历多年的颠沛困苦，但看外表并不显老，皮肤仍很细腻而有光泽。当她满面羞容陪新郎挨桌敬酒的时刻，能不想起二十多年前清室大婚而身受册封的情景吗？可是，她又怎能愿意重提那一段令人心碎的往事呢？

婚后，刘振东在北平西城白米斜街租了三间平房，摆设了新添置的家具，还雇佣一个老年女仆做饭、打杂，文绣也把华北日报的校对职务辞去，一变而为国民党的军官太太。

文绣又有了一个属于自己的宁静的家，她最不愿意再提宫里的往事。每天料理家务，并不轻易出门，得闲有暇还是看书习字，手不离管。文绣喜欢京剧，嗓音还相当清亮，有时能操琴的族侄来看她，一时兴起便要唱几段花旦、青衣戏，还真够味儿。

白米斜街离前门大栅栏也不算远，文绣常和丈夫一起到那儿看戏，下馆子，也度过那么一段吃喝玩乐的好光阴。她梳起时髦的卷发，身着漂亮的旗袍，打扮得很讲究。

有时候两口子也不免拌嘴，刘振东是个倔人，文绣也有个性，舌头碰牙也是很自然的，然而，毕竟两人都不年轻了，遇事互相担待也就过去了，夫妻感情还不错。

一九四八年夏天，李宗仁赴南京出任国民党政府副总统，北平行营名存实亡。刘振东和文绣商量，决定退役，用手头积蓄买下日本人遗留的八辆平板车，当上靠租车吃息的老板。刘振东粗通文墨，社会上的人缘也不错，租车生意蛮兴隆。

中秋节过后,时局突现紧张状态,李宗仁副总统的副官长李宇清已经撤到台湾去了,刘振东也想卖掉家当投奔李宇清,可文绣却舍不得她苦心经营的这个白米斜街的新家。

白米斜街的家终于被卖掉了,八辆平板车换回一张船票钱,全套家具又换回一张船票钱,可正当刘振东和文绣准备前往天津购买船票的时候,传来天津陷落的消息,继而北平城及城内二十余万国民党军队又被铁桶般地围困了起来。刘振东这才放弃南逃的念头,把船票钱换了白米,与文绣两人守在没有家具的空房中,怀着忐忑不安的心情,静待命运的安排。

三 在她最后的日子里

北平再度改称北京,老城换了天地。

白米斜街文绣的家笼罩在哀愁之中,刘振东吓得直哆嗦,他怕政府了解底细后会把他投入监狱,甚至枪毙。于是,想一走了之,回河南老家种地去。

"你要回老家?"文绣问。

"种地去还不中吗?"刘振东说。

"你当兵以后回去过?"

"军务在身不许回去。"

"家中还有什么人?"

"久不通信,在这战乱年头里情况不明啊!"

"既然如此还回什么老家?即使回去了,人地生疏,能否落脚你有把握吗?如果就想回去避风,怕也是天真。哪儿不是共产党的天下?跑了和尚跑不了庙啊!振东,你要仔细想想才好。"

文绣对问题的看法还是很理智的,最终说服了丈夫。刘振东抱着听天由命的态度,到市公安局登记自首了。那天,他向文绣做了临别交代,说如果判得重,文绣无法为生就再走一家;若判得轻,出来一定再让文绣过几年舒心日子。文绣把准备好的衣服包递到刘振东手上,让他放心而去。等把丈夫送走，那伤心的眼泪才簌簌地流淌下来。

谁知刘振东吃完早饭出门，半晌居然回来了，进门就对文绣说："我还以为再也见不到你了，没想到还能回来！"文绣忙问有没有结果，刘振东告诉她说，公安局的人说了，等待处理，保证不抓。

过了几天，街道治保干部通知刘振东上公安局听取传达处理结果，经认定：按刘振东在国民党军队担任的职务是"过杠"了，但本人交代与调查结果相符，没有民愤，特给予从宽处理——戴上"历史反革命分子帽子"，监督管制，但不再追究刑事责任，不抓不押。街道还分派他清扫自家跟前的一段马路和一处公共厕所，当然是义务的。

文绣不知自己给"小皇上"当妃子那段历史算不算"问题"，索性也跑到公安局去"登记"，工作人员听完她的交代都憋不住笑，安慰一番，让她回家安心生活。

一九五〇年八月一日，溥仪在苏联伯力囚居五年之后又被送回祖国，开始了抚顺战犯管理所的十年改造生涯。与此同时，和他相关的几个女人，都曾是他的妻子，现在也各有各的命运：皇后婉容和"明贤贵妃"谭玉龄早就死去；"福贵人"李玉琴尚在溥修家中"守节"；而离婚再嫁的淑妃文绣，正在白米斜街的平房中过着自己的市民生活。

当时像刘振东那样有历史身份的人，又处在监督管制之下，生活自然不会怎么好过。文绣家里的一位族亲曾去过，用下面这段话形容了那个住处："那是一间灰顶平房，四壁萧然，案头也有几件瓶瓶罐罐陈列着，均已破旧而不堪入目了。汗垢污染的被褥，零落横陈在枕边；一两只缺角或瘸腿的桌椅，在堂间随便摆放。一到晚上，燃起那盏没有灯罩的旧油灯，细细的一缕灯烟升腾在狭小的房屋内，愈发显得穷困潦倒。"[①]

这位族亲就是文绣的堂侄傅林祥，他曾在二十世纪三十年代因丧父找文绣借过钱，二姑虽然给他拿过一百块银洋，却冷冷地说了一句"以后别再来了"。当时亲亲故故来沾她的人太多，文绣真也答对不起。眼下傅林祥在市公安局当电工，下班后还能揽点活儿做，生活安定。

---

① 引自文绣族侄傅嫱提供的资料。

有一次，文绣不小心在院子里跌了一跤，把右臂摔得红肿起来，动弹不得。她想来想去没别的办法，硬着头皮找林祥借钱，傅林祥回忆那次见面的情景说："二姑来找我正是七月大热天，她面容憔悴，精神萎靡，剪着半截短发，衣服破烂不堪，光着脚穿双布鞋，那鞋竟是前包头后打掌，早该换双新的了。二姑见着我，还没说出几句话，就用那只没受伤的左手拉住我，呜呜嗨嗨地哭个不停。我看二姑太可怜，不管她从前对我怎样无情，我现在也不能坐视不救，立即带她到公安医院看病，上了药又拿了药，临走，我送她一些钱，让她自己买点补养品。"①

几天之后，傅林祥去工地干活儿，正好路过白米斜街，就拐进二姑文绣家的院子，想看看她摔伤的右臂好些没有。于是，他看到了如前所述那种凄清的景象。

"好多了，动弹动弹也不疼了，多亏四侄救我一驾，怎么谢你呢？"

"二姑说这些就见外了！"

"想起那些过去的事，我心里不好受哇！"

"总想那些过去的事干啥！"

"哪能不想？人心都是肉长的，四侄，别怨恨你二姑了，行吗？"

"怨啥？二姑不是待我挺好吗？我家举丧，二姑赏了银元一百块呢！"

那时，刘振东正受到管制，家里生活没着落，是文绣最悲观的时候。

"二姑夫呢？"

"这些天管制对象集中劳动，在北海公园清挖湖底淤泥。"

"二姑夫够辛苦的。"

"没抓没押，就算不错了。"

"二姑可要注意身体，别累着。"

"前些日子闹一场大病，几乎要了我的命，当时曾想：我这人难道就要死在这间又脏又破的小房子里吗？我看着这盏油灯，好像已是油尽灯熄的时候。这几天居然好过来了，连做梦也想不到哇，真是老天爷保佑。"

"二姑哇！何必如此悲观，国家不会让人冻死饿死，何况二姑还有文化，

---

① 引自文绣族侄傅嫱提供的资料。

慢慢找个工作干,生活也就不愁了。"

"要找工作谈何容易!我是历史反革命分子的家属,过去和小皇上的事儿街坊邻里也无人不晓,谁敢用我这样的人?"

一时之间文绣似乎觉得真没出路了,丈夫被管制,自己又找不到工作,饱一餐饥一顿的,身体也坏起来了。

文绣曾找族兄傅功清,请帮助找个需要保姆的人家,照管照管小孩也许能行。族兄接连介绍了两家,主人见文绣面黄肌瘦的样子,就不愿意雇佣她了。

与傅林祥同院住着一位王大夫,在北京西城府佑街北口北大附属医院工作,挺同情文绣的遭遇,答应找院长谈谈,帮她在医院找个洗衣服的勤杂工作。

王大夫确实像他说的那样做了,可他得到的答复是严立尊院长十分严肃的批评。严院长说:"这种人怎么也能往医院介绍!她是皇上的妃子,是要别人伺候的,哪能做好勤杂工作?她又是国民党反动军官的太太,肩不能担担,手不能提篮,能为人民服务吗?医院用这种人影响也太坏了!"

不久全国又开展了"镇反"运动,刘振东因交代问题清楚,被撤销了监督管制处分,并给以生活出路,分配到北京西城清洁队当工人。文绣自然很高兴,生活又有着落了。

因为刘振东所在的单位在西城,他和文绣就把家也搬到西城辟才胡同西口。刘振东每天在离家很近的西城清洁队上班,文绣就在家做几顿饭,环境固然不算怎么好,总算没有冻馁之苦。

文绣这个新家离住在西城东斜街十六号的族兄傅功清家不远,但因当时正在镇反运动中,出于避嫌的考虑,两家并不频繁走动。有时傅功清上街正碰上刘振东在清淘厕所或扫大街,就顺便问问文绣二妹的情况,刘振东总是简单地说"挺好"两个字就算答复了。

大约是一九五一年十二月里的一天,傅功清在晚饭过后突然把大儿子傅林森招呼过来说:"今晚别出门,等天黑后我领你去看二姑!"

"为啥要等天黑后?"

"晚上去不惹人注意。"

"哦,明白了!"

在镇反运动中，不仅像刘振东那样的国民党少校军官要接受审查，连满洲贵族出身的傅功清也是审查对象。所以，他们在接触时小心谨慎，那是可以理解的。

傅林森至今还记得那天晚上他在二姑家看到的情景："二姑已经显得很老相了，脸上有很多皱纹，一眼看去像有五十多岁，身体和精神都不大好。他们住的那间小屋只有十平方米左右，生了一个煤球炉子，连取暖带做饭。室内什物零乱，四壁沾满了尘埃，门上挂着一块破旧的蓝色麻包布，顶棚横竖糊了一些旧报纸，即使是白天，室内的光线也肯定是暗淡的。"①

饱经沧桑的文绣显然已经习惯于眼前的生活，似乎并不以坎坎坷坷为不幸了。她面对族兄颇有条理地忆起往日的时光，而刘振东呆坐一旁，绝不轻易插嘴说话。这是我们迄今所知道的中国末代皇妃的最后遗言。她以平静的令人心酸的语言总结了自己的一生。她说：

我母亲蒋氏受了一辈子苦，我进宫一回，她没占什么便宜，连进宫看女儿一面都不行啊！我在皇家十来年，中宫欺负我，连他们家的狗也拿我不识数，我有眼泪可没有地方流哇！

我和小皇上离婚，心里绝不后悔，他视我为奴才，为什么还要和他一块儿生活？如果还依赖着他不离婚，下场还不知道会怎样呢？也许早就死在异地他乡了。

我在刘海胡同买了房子，手里还有一笔款子，如果俭省点过日子，一辈子也花不完哪！可我在宫里生活惯了，不会做人，该帮忙的我不帮，不该借的又借人，结果又叫玉芬坑骗了一回！我这人是耳朵软心善，经不住人家好话哄骗，太轻信别人，自讨苦吃啊！②

傅功清也知道这码事：那是文绣搬到刘海胡同以后，玉芬又找她借钱，好话说尽，信誓旦旦地讲，一年为期，完璧归赵；文绣念她在离婚案中出过

---

① 引自文绣族侄傅嫱提供的资料。
② 引自文绣族侄傅嫱提供的资料。

力，就撒手借出现洋五千元，结果一直拖欠不还；过了几年，玉芬生病死去，这笔数目不小的款子便永远没有了着落。文绣的生活便从这时起一天比一天更紧张了。

"二妹也用不着发愁，现在不是熬过来了？二妹夫对你也不错，将来还有好日子！"

"我现在总算过着自由自在的生活！"

文绣和溥仪离婚后，好日子少，苦日子多，确实遭了不少罪，可是她毫无悔意。经历生活的万千磨难，但倔强的性格如昔。

已近午夜时分，族兄和侄子几次起身告辞都被文绣拦着，最后必须走了，才让刘振东送行。文绣也送到院外，并一直看着三个人消失在路滑霜重、夜色深沉的远方……

"将来还有好日子！"文绣想着族兄傅功清安慰她的这句话，一丝淡淡的笑容飞上嘴角。是呀，一个离乱的时代已经过去，她和丈夫也从扭曲的历史中踏上了正路，生活刚刚安定，他们正可以用自己的双手创造崭新的未来啊！

然而，文绣竟太早地走到了自己生命的终点。一九五三年九月十八日，当她因心肌梗死而去世时，年仅四十四岁，一生无子无女。文绣弥留之际，只有丈夫一人在侧。刘振东与文绣的婚姻生活并不长久，而且中经政局之变，作为患难夫妻，刘振东还对得起自己的妻子。文绣断气后，刘振东在西城清洁队找了四块木板，做了一具没有棺罩的薄棺，在两名工人同事的协助下，没举行任何仪式，就拉到安定门外土城义地埋葬了。一抔黄土，结束了这位中国末代皇妃凄苦悲凉的一生，但比起末代皇后婉容的死，也勉强算得上是善终了！

傅功清等几位族亲在事后才得知文绣的死讯，只能以洒几滴同情的泪水作为祭奠。文绣死后六年，溥仪获赦，并于一九五九年十二月九日回到北京。像溥仪的其他亲属一样，傅功清也曾前往溥仪当时所居的崇文门内旅馆看望。他们共同回忆当年一起打高尔夫球、踢足球的情景，当然也会谈到文绣。溥仪说话总是慢声慢语的，好咬文嚼字，还带一种古板的四平八稳的腔调。

他们第一次提及文绣，溥仪便一反常态，极为伤感，傅功清也只好打住话头，不再说下去。后来不知怎么又谈到文绣身上，溥仪却开起玩笑来，他幽默地指着傅功清的鼻子说："文绣虽然不是我的皇后，却是我的妃子，不管怎么说吧，你总是我的内兄大舅子吧？承不承认啊？哈！"傅功清也跟着打哈哈，可他岂能看不出来，就在溥仪那个玩笑的背后，隐藏着多么巨大的内心苦痛！

溥仪曾和文绣共度九载，对她很了解。文绣聪明，好学，上进，性格倔强，有强烈的自尊心，本来可以走一条自己的人生之路，却跟他拐进了泥潭，归根结底，是他坑害了文绣！

后来溥仪写文章对文绣发表了如下的感想：

现在想起来，幸亏她早日和我离了婚，到后来才没有成为婉容第二。我认为这不但是她的一个胜利，也是她平生幸福的起点。[1]

---

[1] 引自溥仪未刊遗稿。

文绣生平年表

一　进宫前后

1909年　12月20日（宣统元年，旧历十一月初八），出生于满洲镶黄旗没落的额尔德特氏家族。祖父大清朝吏部尚书额尔德特·锡珍，父额尔德特·端恭。

1911年　辛亥革命前，端恭病死。

1912年　辛亥革命后，家财抵当殆尽，家族分家散伙，各立门户。文绣、文珊姊妹随母离开世居老宅，搬迁至哈达门（今崇文门）外花市租房而居。

1914年　前后，母蒋氏现款及首饰被其胞弟借出亏尽。蒋氏领着女儿挣手工钱度日。

1916年　9月初，以傅玉芳之名登记注册，入花市私立敦本小学初小一年级就读。

1921年　春，小皇帝溥仪"早定中宫"，经敬懿皇贵妃及端康皇贵妃政治斗争，立婉容为后，立文绣为妃。

1922年　3月，随母亲蒋氏偕文珊搬回方家胡同老宅，学习君臣大礼、宫中规矩，诵读《女儿经》。

1922年　11月30日凌晨2时整，溥仪派人迎娶文绣入宫。蒋氏叩谢天恩。文绣入住长春宫。

1922 年　12 月 1 日凌晨 4 时，皇后婉容进宫。溥仪临时传谕免除其跪迎之礼，令婉容不快。

1922 年　12 月 2 日，溥仪、婉容按满族风俗行过"捧柴礼"，祭拜，进团圆膳，拈香行礼。按礼制，淑妃未能同行。

1923 年　1 月 4 日，大婚典礼结束周月之后举行册封仪式，上午 10 时礼成。正式拥有"淑妃"身份。

1923 年　1 月，溥仪为其聘英文专家凌若雯，学字母、单词、会话以及《英文法程》等，渐能阅读英文版《伊索寓言》。

1923 年　4 月，溥仪颁旨派遣名儒朱益藩教授其四书五经和作诗填词之法。

1923 年　4 月 30 日，溥仪以探望患病的亲祖母——醇亲王奕譞侧福晋刘佳氏为名，携皇后和淑妃前往什刹海畔醇王府，领略一路风光。

1923 年　6 月 6 日和 9 日，刘佳氏病重，溥仪再携皇后和淑妃连续两次出宫探望。

1923 年　7 月 31 日，按宫廷规定帝、后、妃放假避暑。随皇帝、皇后出宫游景山。

1923 年　8 月 3 日，再随皇帝、皇后登景山远眺，被围观。

1923 年　8 月 4 日，帝携后、妃往帽儿胡同荣公府探望国丈。

1923 年　12 月 8 日，《国强报》刊文《淑妃寿辰止贺》。

1923 年　12 月 15 日（旧历十一月初八），入宫后第二次过生日，内务府"不拟操办"。

1923 年　12 月 22 日，溥仪偕同皇后、淑妃省视祖母刘佳氏。

1924 年　1 月 12 日，溥杰与唐怡莹结婚。

1924 年　1 月 13 日，因溥杰结婚，溥仪携同皇后和淑妃以及瑜、瑾、瑨三太妃，赴醇王府受双礼。

1924 年　春，失宠。皇后婉容写信挖苦淑妃。

1924 年　11 月 5 日，鹿钟麟逼宫。淑妃收拾诗文手稿、信及首饰，遣人送至溥仪处，自己亮剪刺喉，被内监救下。下午，溥仪携婉容、文绣出宫。

1924 年　11 月中旬，因殉清未遂事件使溥仪复萌敬重之意。始同餐，常交谈。

1924 年　11 月 21 日，敬懿和荣惠两位皇太妃移居大公主府。"大清皇帝"、"皇后"和"淑妃"尊号依法同时废除。

1924 年　11 月，被允准回大翔凤胡同傅宅看望额娘蒋氏。溥仪曾携带礼物四色"驾幸"傅宅。

1924 年　11 月 24 日，张作霖率奉军入京，段祺瑞出任"临时执政"，解除对溥仪的监视。郑孝胥主张暂避日本公使馆，将来依靠日本力量实现复辟。文绣反对投靠日本。

1924 年　11 月 28 日，溥仪进入日本公使馆。文绣埋怨。两天后，与婉容同被送进日本公使馆。

1924 年　12 月至 1925 年 1 月，目睹溥仪一步步走上靠近日本之路。

1925 年　1 月 24 日（旧历大年初一），因溥仪偏袒婉容，坚决抵制，被溥仪抽打。

1925 年　2 月 24 日（旧历二月二日），溥仪暗赴天津。

1925 年　2 月 25—26 日，捎口信将蒋氏请来一见话别。由日本人护送前往天津。

1925 年　2 月 27 日入住天津张园。

1925 年　3 月之后，溥仪外出只带婉容，不带文绣。

1925 年　6 月，溥仪屈尊往见张作霖，张作霖奉劝溥仪重返奉天老皇宫。溥仪对文绣谈对张作霖的不佳印象。

1926 年　9 月，溥仪、婉容应邀会见英国乔治王子，婉容得意，刺激文绣。

1926 年　至 1927 年，未获赏任何物品。

1928 年　旧历九月，向婉容进贡生辰贺礼。自己生辰时却无人进贡，亦无赏赐。

1928 年　载沣偕全家迁居天津，坚决不住日本租界寓所，而住到英租界内。文绣常至载沣处请安，陪同说话。

1929 年　某日，文绣哭闹，溥仪作诗，以蕊珠作比挖苦她。

1931 年　春，文绣顶撞溥仪，后写短文，眷恋情深。

1931 年　春末，溥仪作打油诗讽刺文绣。

1931 年　7 月 21 日（旧历六月初七），外出归来，因吐口唾沫，令婉容生疑状告。溥仪命人"斥责"，不理睬文绣的哀告，折腾数日，以至"眼中出血"，才"降旨宽赦"。

1931 年　7 月 23 日，溥杰从日本归来，向溥仪转达"满洲最近也许就要发生点什么事情"的讯息。驻津日本领事和司令官频繁往来静园。文绣看在眼中，急在心头。

1931 年　7 月 29 日，日本华族水野胜邦子爵赠送溥仪扇面，上写："天莫空勾践，时非无范蠡。"政治变局在即。

1931 年　7 月末，给文珊妹留下遗书，欲寻短见。

1931 年　8 月 20 日（旧历七月初七七夕节），哭闹自裁，被太监拦下，至溥仪处报告邀功。

1931 年　8 月 23 日，精神恍惚，被溥仪怀疑指桑骂槐，欲治罪，气愤之下以剪刀刺喉，划伤随身太监，终于清醒，认清本质。

二　离婚官司

1931 年　8 月 25 日（旧历七月十二日），借散心为由，由文珊陪同走出静园，让太监赵长庆带信转交"皇上"，离婚之诉就此发端。

1931 年　8 月 27 日，尹小阮拜托多家报纸，不要揭载"皇家离婚案"，见效。

1931 年　8 月 28 日，溥仪口谕：必须当面询问淑妃真意，才能进入谈判。文绣会见对方律师，诉说境遇，提出"和平调解"的五个条件。溥仪的律师认为条件严苛，给予反驳。

1931 年　8 月 28 日，向天津地方法院提出要求依法调解的诉状。

1931 年　8 月 29 日，上海清朝遗老集会讨论溥仪与妾离异案，均主调解，推举晚清末科状元刘春霖北上参与清室会议。

1931 年　8 月 29 日，北京遗老"左安法隐"致函遗老金梁，斥文绣提出的离婚理由为"四诬"。

1931 年　8 月 30 日，《北平晨报》报道文绣会见律师时的坚决态度。

1931 年　8 月 30 日，溥仪的律师林廷琛公开言称文绣要求别居与索要赡养费两相矛盾。

1931 年　8 月 30 日，文绣的律师张绍曾遭到记者包围，但未透露任何内情及文绣住处。

1931 年　8 月 30 日，天津地方法院调解处向溥仪下达调解处传票和"副状"，通知他"定于民国二十年九月二日下午二时在本院民事调解处施行调解"。

1931 年　8 月 30 日，堂兄傅文绮致信文绣并刊诸报端，指斥文绣为人挑唆，借离婚讹诈，劝其向溥仪请罪。

1931 年　9 月 1 日，《商报》刊出傅文绮再致文绣信，劝其"急速回头"。

1931 年　9 月 2 日，《新天津报》刊出文绣致文绮的复信。直抒心中愤懑，尖锐揭露文绮伪善，并以中华民国的法律维护人权，索求人道。

1931 年　9 月 4 日下午 2 时，双方律师会见文绣。文绣提出三项脱离条件：1. 彻底脱离，各不相扰；2. 日常衣物已开列四张纸单，应照单付给；3. 拨付养赡费 15 万元。否则法庭相见。

1931 年　9 月 5 日，《庸报》刊出文绣为反对虐待而写下的《绝命书》。

1931 年　9 月 5 日，《庸报》刊出载涛出面调解的消息。淑妃痛述宫中苦境，但求别居、给费等，绝不再返回静园。载涛提议"同诣太妃，面陈一切"，淑妃拒之。

1931 年　9 月 5 日，溥仪因尊严受到冲击，加上婉容哭闹，不再考虑"别居"，要求"脱离"。

1931 年　9 月 7 日，《庸报》刊文，历数文绣入宫后的遭遇。

1931 年　9 月 9 日，溥仪与胡嗣瑗、郑孝胥等共商处置"淑妃"之策，溥仪表态：办理脱离。

1931 年　9 月 10 日，淑妃亲笔致信载涛，拒绝"再继晤谈"的要求。

1931 年　9 月上旬，因文绮两信发表，遗老遗少围剿，部分报纸倒戈攻击文绣。

1931年　9月12日，溥仪一方提出所谓"无条件别居"，意图吞噬文绣人身自由。文绣遂首先正式提出"脱离"，离婚官司进入新的阶段。

1931年　9月17日，依胡嗣瑗建议，先与文绣方协商脱离条件，围绕归还文绣日常用品和支付赡养费这两个问题展开谈判。

1931年　9月18日，双方律师商谈"文绣女士日常所用物品"归还事宜。佟济煦分别开列"淑妃居室内现存的物品"和"仓库里现存的原淑妃使用的物品"两张单子。文绣提出养赡费数目为15万元。

1931年　9月19日，文绣发现列在单内的物品短缺颇多，拟请折银5万元，并同意将原索赡养费由15万元减为10万元，即一次总计付15万元。

1931年　9月20日，东北政治形势骤变，多个重要城市被日军袭而据有。溥仪密切注视着动向，派刘骧业前往东北探听虚实，与老臣商议筹划，意欲早日了解离婚官司，一心于政治。

1931年　9月21日，溥仪密旨：赡养费最多给至5万。

1931年　9月25日，文绣表态，赡养费数目可以减至8万。双方争论不休。

1931年　9月下旬，双方律师谈判新方案：允文绣别居，照给5万赡养费，但只能存本用利，且需赴北平侍奉两位太妃。溥仪不允，两害相较，只能留皇后，去淑妃。

1931年　9月30日至10月5日，谈判一度僵局，胡嗣瑗和郑孝胥认定可静观其变乃至任其起诉。

1931年　10月8日，文绣开列她房内珠宝、字画、古董若干件，表示如果现款不足，可给以有价值的物品若干。

1931年　10月9日，溥仪颁谕，言无法检付已经变价的珠宝等，可再加现款若干，早早结案。

1931年　10月11—14日，日本贵族院议员志池浓、日本驻津总领事桑岛主计鼓动溥仪出关。

1931年　10月15日，文绣让步，双方协商同意将赡养费定在5.5万，约定三五日即可提拨。

1931年 10月22日，溥仪与文绣宣告离婚，当天下午1时举行离婚协议书签字仪式。协议书中最重要的条款为"文绣自立此约之日起，即与清皇室主人脱离关系"，"清皇室主人于本件签字之日，给文绣一次性终身生活费五万五千元"。

1931年 10月23日，溥仪"废淑妃为庶人"的"谕旨"见报。

三 离开皇家

1931年 11月初，溥仪和文绣离婚后，溥仪迁怒于婉容，并作《龙凤分飞记》，以记其事，对婉容多有责怪。

1931年 11月10日，溥仪偷渡白河，离津出关，驶向东北营口码头。

1931年 11月，返回北平娘家，大翔凤胡同房产易名换主，只得租房而居。后文珊离婚而返，姊妹重建闺秀生活。

1932年 2月上旬，文绣向族嫂尹秋宜第一次透露与溥仪离婚的政治因素：溥仪甘愿投靠日本人，置民族气节于不顾，不想再与他厮守。

1932年 9月初，启用傅玉芳的名字，进入北平西城府佑街北平市私立四存中小学任教。

1933年 年底，因有人恶作剧，引得众人围观末代皇妃，无奈向校方递交辞呈。

1934年 春，不堪无聊者跟踪滋扰，搬家，于刘海胡同置四合院定居。

1934年 春至1943年春，依靠溥仪给付的"终身生活费"，在刘海胡同新居，度过十几年平静的贵妇生活。偶有求婚者，拒而不嫁。

1942年 至1943年冬春之际，"满洲国国务总理"张景惠和"华北政务委员会委员长"王克敏，手持溥仪亲笔信，请其回满洲重做皇妃，拒之。

1943年 春至1945年8月，因溥仪派人来请重做皇妃，深受伤害，脾气变怪。家境开始败落，始变卖金饰，继而辞去用人，变卖房产。

1945年　秋冬，胞妹文珊病逝。重操童年旧业挑花活儿，借以糊口。

1945年　黑大姐娘家表哥刘山，把文绣接回家同住。寄人篱下，不得不变卖钟爱的首饰，换得做生意本钱，沿街叫卖，却招来地痞无赖，无奈，只能居家做活儿。

1946年　春，刘山受雇为华北日报社修缮房屋，得以举荐文绣。遂被录用为报社校对员，收入稳定。

1947年　夏，和刘振东在北京东华门"东兴楼"举行婚礼。再婚生活就此开始。

1947年　至1949年，与刘振东在北平西城白米斜街租平房而居。

1948年　夏，李宗仁赴南京出任国民党政府副总统，北平行营名存实亡，刘振东退役。购买八辆平板车，靠租车吃息，生意兴隆。中秋节后时局紧张，两人卖掉家当欲经天津渡船撤往台湾，然天津陷落，北平被围困。逃台计划流产。

1951年　刘振东担心因历史问题而入狱受刑，拟躲回河南老家种地为生。被文绣说服，去市公安局登记自首，被判监督管制，义务劳动。文绣亦因"皇妃"身份去公安局登记，被嘱回家安心生活。

1951年　多次寻找工作未果。刘振东被撤销监督管制处分，分配做清洁队工人。搬家至西城辟才胡同。

1951年　12月，族兄傅功清携子傅林森看望。文绣总结自己一生。

1953年　9月18日，因心肌梗死去世。

1959年　12月9日，文绣死后六年，溥仪获赦回到北京。傅功清前往看望。谈及文绣，庆幸她明智果断。

附录一 《直庐日记》中有关淑妃离婚案的记载

(起于1931年8月25日讫于同年10月22日)

胡嗣瑗　撰写

冰　迅　注释

[注释者按]

胡嗣瑗，字琴初，又字愔仲，贵州人，学识渊博，在清末科场中屡试屡第，终于一九〇三年殿试中点翰林。辛亥革命后追随张勋拥戴溥仪复辟。溥仪在天津期间，胡嗣瑗是"行在"大管家，也是溥仪处理内外大事的重要参谋。

文绣离婚事件发生后，胡嗣瑗以清室驻津办事处"总务处任事"的身份，上递奏折，下传谕旨，来往函件无不经手，并把这一过程首尾相衔地载入日记。于是，这若干篇日记便自然成为了解文绣离婚事件始末的完整可靠的记录。

如果说来自文绣族人的回忆以及留在历史档案中的文献或当年的报刊文字，只能给人以外观的印象和外在的说明，那么，胡嗣瑗的日记则从溥仪的立场出发，披露了这一事件的内部情状。

《直庐日记》未曾刊布过，特根据手稿本，加以标点，分段，注释，附于《中国末代皇妃额尔德特·文绣传》后，一并献给关心文绣命运的读者。康尔平同志协助我做了摘抄工作，特附笔致谢。

辛未(1931年)①

七月十二日(8月25日)

……忽奉上②派内侍齐济忠③以汽车来召，急急入园适。郑孝胥已先在，同入对。承谕④：淑妃今日突然出园至国民饭店，其妹偕行。到饭店后，由其妹交随去太监手信三件：一为其妹金文珊函，一为律师张士骏、张绍曾函，一为律师李洪岳函。竟以"淑妃平日备受虐待，只可求法律救济"云云。当派内侍备车往接淑妃，不得见面。由该律师面谈经过，语多强横，只张士骏当主和平调解，"要求另住，照给用度，别无条件"等语。比去人赶至载振宅，尚见淑妃在楼窗下视，旋即入内，而载振硬叱去人不许入内⑤，似此情形，亟应加以处分。

臣⑥对：此事诚属意外，但淑妃平日颇得人望，必有人从中挑拨，一时为其所愚乃至如此。总宜和平处理，万不可听其决裂，更难收拾。刻可先遣我方常务律师林荣等与彼方张士骏等接洽，姑看究竟作何要求，一面能得一熟人宅眷能直谒淑妃者，面询真意所在，方好着手。

郑孝胥⑦则谓："淑妃此举已犯家法，似可先行废去名号，彼方所求不遂，当然成讼，我但遣律师陈诉。妃因触犯家法，名号已废，即不至有其他影响"云云。鄙意万不可如此操切，助长彼方气势，因略与辨析，得旨⑧："汝二人可随时会商办理。"

退下，即偕郑孝胥往访林荣、林廷琛，示以张士骏等人来函，告以平日待

---

① 括号内日期为公历，系注释者所加，后文同。
② 上、上边等都是臣属、侍从及族人等对溥仪的敬称。
③ 即祁继忠，是溥仪信任的随侍。伪满初曾往日本陆军士官学校学习，后涉嫌"宫中丑闻"被溥仪驱逐。
④ 谕指溥仪的话，在胡嗣瑗等遗老心目中，尽管出自废帝之口，仍是神圣的"谕旨"。
⑤ 据当时报载，溥仪确曾派太监等搜查载振家屋，但并未发现"淑妃在楼窗下视"。其时载振正在沈阳办事，是他的福晋拦阻了搜查人员。
⑥ 臣者胡氏自称，指胡嗣瑗向溥仪陈述己见。
⑦ 郑孝胥当时也在天津，与胡嗣瑗同为"总务处任事"，且位列胡前。
⑧ 得到溥仪的指示，旨即圣旨。

遇淑妃情形及此次经过大略，嘱与张士骏约其晤面，调查现象，再定应付之法。

仍回园处①，奉讫。

七月十三日 (8月26日)

到园与郑孝胥详说淑妃事利害，应付苟不得法必至横生枝节，更难收拾。渠②亦领悟，不似昨日之颠顶无闻。入见③颇有责难，而上怀郁怒，仍未能解。

陈宝琛来见，闻亦不得要领④。

臣入对，反复言之，屡承诘问，立即委婉说明，可不必遽予淑妃处分，亦毋庸与悠悠之口争闲气，仍俟林棨等接洽后再请进止。

陈曾寿假期未满，奉中宫⑤召来，传谕赏饭。饭后入见椒闱⑥，历言向来淑妃不讲礼节，曲予宽容而淑妃执拗性成，竟至闹成今日之局。适荣源亦来同坐，闻请责成原保淑妃七人团出面调处，不知七人果为谁何也。

林棨、林廷琛来言：顷晤张士骏。据云：淑妃但求在园外另住，月给用度，每月驾出临幸数次，于意已足，云云。因嘱林棨等与张士骏约面见淑妃，证明其真实意旨，再行妥商。

午后三时乃退直⑦。

夜间林棨、林廷琛来寓云：已与张律师约定，明日由渠转告淑妃，订明时刻见面。

七月十四日 (8月27日)

为余生日，晨起向祖先位前行礼毕，即趋直。

郑孝胥云：昨夕，林棨等至其寓，告以接洽情形。因照彼所要求另住，

---

① 园即静园，清室驻津办事处所在地。处指总务处，胡嗣瑗办公的地方。
② 渠，他。指郑孝胥。
③ 觐见溥仪。
④ 作为溥仪的师傅，陈宝琛当时也常驻天津备顾问。面对淑妃之变也一时没了主意。
⑤ 中宫即指皇后。
⑥ 椒闱亦指"皇后"婉容。
⑦ 直谓值班之意。

给以用度，每月驾临若干次各节，尽可一一承认。彼当无可再说，我辈当担任行之，如不合上意，即自请惩处，亦所甘愿。已命郑垂电告林棨等照允等语。

鄙意所见亦自有理，但答应何可过于容易？宜分出步骤，方免别生枝节。陈宝琛意与余同。

旋入对，陈明律师接洽经过大略，并郑孝胥所说电知林棨允许彼方所提条件。因言人情变幻，尚须侦取淑妃本人真意所在，是否与彼之律师所说相符，方易由我酌定另居处所，禁止此次勾串人等往来。届时再请明降处分，遣往太妃行邸伺候，以示保全。庶可剪断葛藤，相安无事，似不宜轻于相许，防为所绐①。

得旨："所虑极为周到，可告林棨等照此进行。郑孝胥脱口许其承认条件，虽意在了事，究嫌专擅轻承。并闻郑垂、济煦②颇有不平言论，亦殊不合，汝可一一开导，务体朕不得已苦衷"等因。臣对："郑垂等说话少激，意却向上。"承谕："果有所见，尽可面陈，何以并未向朕一言，徒然背后讥剌？"臣对："郑垂等当不敢如此，容传谕晓譬之。"

退下，见郑垂在处③与陈宝琛对谈，大有握拳透爪之势，因略述顷间奏对大意，即回寓。

客去，往访林棨、林廷琛，告以进行步骤。据张士骏电告：因河北有事，恐钟点已过，淑妃须明日方可得见云。

归舍，蒙宣④人对。承谕："细思此事，如彼能就范最好，否即听其离异，不必再泥旧法，未始不可。汝可相机办理。"臣对："总以律师得见淑妃，侦得本人真意，再决进止。"

七月十五日(8月28日)

近午，蒙召见，密议检查淑妃屋内，衣饰等件运走一空，恐无归志，但

---

① 绐，欺哄。
② 佟济煦，时为"庶务处任事"。
③ 处指总务处。
④ 溥仪召见。

使不至成讼，即彼求离异，亦不必固执不许等因，承命，弥增焦悚。

陈曾寿来，奉中宫召见，荣源亦在座，颇攻淑妃之短，意殊可诧。

午后退出，答客数家。

下午，林棨、林廷琛来。言顷，由张士骏同车至一法国律师事务所[①]。淑妃偕其妹文珊自其楼上联步至客坐相见，淑妃涕泣历诉九年来待遇之薄，并月前与中宫启衅情形[②]。语多支离，毫无确证，手出当票十数纸，谓无钱使用，所以典质衣物（意在证明其境遇迍邅）。因续言"势出无奈，乃出觅律师，设法救济。现如和平调解：一、另住须听其自择地点；二、给予赡养费五十万元；三、此后个人行动自由，或进学堂，或游历外国，均不得干涉；四、行园内上用随侍小孩一律逐去，每星期驾幸其它一二次，不得携带男仆；五、不得损其个人名誉。如以上各条件能照允，立即起诉，三日内务即答复，等语。

林棨等略与驳诘，仍与张士骏同车回寓。因语士骏，似此要求恐无商量余地，而士骏仍力任必求达到和平目的，一似确有把握也者。

予答以"如上所述，所谓愿回另住之说实属毫无诚意，可告张律师，如所云云我即不能代达；如真有回来另住心事，须斟情酌理，另提办法，方可接近商榷，否即法庭相见，亦不避"。

两林去后，奉宣到园入对，一一分析言之。承谕："似此足知淑妃平日性情乖谬，岂能专咎他人不容？"等因。

九钟半退归，意惘惘如有所失。

七月十六日（8月29日）

到园乃知，昨晚退直后林棨来电话告知据张士骏知会，法院调解处已出

[①] 关于文绣脱出静园后的居住地点有两种说法：据文绣的族人讲，住在袁世凯七姨太张氏的娘家兄弟家；据当时报载是住在一位法国律师家。从《直庐日记》看，法国律师事务所至少是文绣出头露面的地方。

[②] 事出旧历六月初七日，文绣外出归来在院中吐唾沫，婉容疑是诟骂自己，向溥仪告状，遂派李国雄"奉命斥责"，逼得文绣几乎自杀殒命。

传票①,现在接洽和解十。如传票送到,可暂勿收受,云云。

张律师主张调解,我方常务律师即日便往接洽,而彼又一面呈递状纸,殊为可诧。因电约林荣来园面商,由荣往诘张士骏,何以办法两歧,实与信用有碍。并声明淑妃昨提条件,无从接近商洽。如有调解诚意,自须另行提议,否即成讼,亦所不避,似未可一味迁就,动为所挟。

入对,一一陈明。得旨:"至万不得已时,只可听其成讼。"承交阅京中尹小阮来函②,附到通讯稿,稿内已知淑妃索款五十万之说。尹某表示关切,意在抽丰③。蒙谕:"可酌复,告以经过实情,所需有款即寄。"

接陈宝琛本日快函,谓:"朱益藩④拟请太妃莅津解纷,但见报彼索五十万,与在津所闻迥殊,近状如何?得信,即电朱决进止。"立由电话告知

---

① 经查,传票确已送达静园。该传票题为《天津地方法院民事调解处调解日期通知当事人书》,正文如下:

  为通知事,兹因民国　年调字　号,为溥文绣声请调解一案,兹定于廿年九月二日下午二时,在本院民事调解处施行调解。该当事人务于调解日期前,各推举调解人一人报告本处,届期协同到处,以利进行。特此通知。

在传票送达人处写着:"溥浩然,日租界协昌里一号。"传票落款为"中华民国廿年八月二十八王哲良"。票面上还钤有天津地方法院民事调解处书记官何履孚的名章。

② 经查,这位尹小阮家住北平宣武门外校场口64号,他致"静园主人"的信内容如下:

  窃阮久未恭请圣安、弥深景慕,前日北京正闻通信社稿中,有关于陛下之新闻一则,阮见此稿后立即分赴各报馆,相托请勿登载。昨日又有一稿,阮即于下午在撷英番菜馆,宴请同业各报馆友人,以私人感情请其切勿登载。故今日北平各报如《世界日报》、《北平晨报》、《益世报》等均未刊登,而各报并接到由天津寄来之稿,内载陛下有虐待妃嫔等事。阮再三切实拜托各报勿登,并用电话托天津《新天津报》刘髯公总理代为注重,此所以报陛下畴昔之宏施也。惟近日以来宴请各报友人等项需款较多,一时颇感困难。如蒙赐借四百元寄至北平,则阮必更竭力图报,以效驽钝之劳,想陛下必可俯谅微忱、惠赐接济也。敬呈御览。附呈通信社稿二份。

                 尹小阮叩
                 七月十五日

③ 抽丰,从中得点好处。
④ 朱益藩也是溥仪的师傅,溥仪在天津期间,他奉命"留守"北京,处理"清室驻京办事处"事务。

益藩："彼方态度不妙，所拟缓行。"旋详致陈宝琛、朱益藩书一函，又手复尹小阮函[①]，均交邮快递(尹函并经呈览乃发)。

……三钟许，林棨来言："已晤张士骏，先诘其一面调解，一面递状，未免有失信用。而彼多方声辩，仍愿继续和平谈判。因言昨见淑妃所提条件，如果诚意言归，岂能似此无情无理，使我无从接近商洽？彼恐遽行决裂，或恐吓或解释，反复殆千数百言。最后谓：其个人推测，结局不免脱离。遂诘以姑就脱离说，应如何办法？彼云：如无条件听其脱离，但能给予费用若干，便可一了百了。纵无现款，或给珠串之类，能值十万八万，似可无事。约定明午两钟晤商而退。"似此情形当属离多合少矣，闻之使人悲愤交集。

七月十七日(8月30日)

见商报载淑妃之兄文绮劝诫其妹一书，语语透宗，声随泪迸。不知勾串讹诈诸人见之亦有动于中否？

入对，陈明林棨昨与张士骏问答各节。承谕："可追写呈上，以备录入日记中。顷据郑孝胥言，文绮如此明白，可令将其妹领回，略给用费，事当可了，汝意如何？"臣对："能照此办到极好，但此时若遽由我表示，恐彼且谓文绮为我所利用，一切非其本意，转多窒碍。似宜俟商洽大致就范，再告以非其胞兄文绮出面不可，庶免去种种误会。"得旨："所虑极是。"

退下，默写林棨、张士骏昨日问答共四纸，呈览。两钟退直。

林棨来，言顷又晤张士骏，据云往见淑妃，告以日前条件不能商办，可

---

① 经查，该复函内容如下：

径复者顷奉交阅台端来函并通讯稿一件，均悉具见。主持公理，力予维持，且感且佩。此次淑妃突偕其妹文珊同车外出，由其预约律师来函要挟，事后检查原住屋内，衣饰及贵重物品运走一空，显系勾串卷逃，尚敢借诉讼为反噬讹索之计。论情论理均无调解之可言，彼方律师既先以调解相要求，我主人究不忍遽从屏绝，连日正由行园当务律师与之接洽。所有平津报载消息，都未与事实悉相符合，素知执事宗旨正大，遇事极为关切，特将经过实在情形，撮要奉告。至尊需之数，既无此事亦当有以将意。一俟措到款项便可寄去也。遵谕泐复，余不言。即颂文安。

清室驻津办事处启
八月二十九日

否竟商脱离办法。淑妃痛哭不允,谓"生是皇室人,死是皇室鬼,何能说到脱离?但能另住,给费,方可商量"云云。士骏因约冯国璋之孙妇(毓璋之女婿为妃之外孙女婿)①到其寓中协商,嘱再与淑妃侦取真意,即行奉闻。

林棨归后,旋送法院调解处传票并副状②各一纸来。据云,已与前方说明正在调解中,不必派人前往。

七月十八日(8月31日)

接朱益藩函,以淑妃未入宫前曾住洵邸③内颇久,可否嘱载洵夫妇调解开导,又见报载文绮劝诫其妹一书,极明白中肯,可否请上召之来津,令其设法挽救,云云。

……陈明林棨昨与张士骏交涉情形。承谕:"朱老师拟嘱载洵调解一节,不知载洵夫妇久已反目,向来不免有利用淑妃之意,若令其加入,无益有损。至叫文绮一层,汝意以为何如?"臣对:"文绮劝诫其妹,全出该员深明大义,情关手足。若遽由我招来商同挽救,恐彼方或且诬为一切皆系被人嗾使,转多不便。"得旨:"极是。"臣因言:"若由朱老师访晤其人,致辞嘉勉。倘能自动来津料理,庶亦可收釜底抽薪之效。"得旨:"可即照复朱老师酌行之。"

林棨、林廷琛来言,今日张士骏未来晤,仅以电话相告:冯国璋孙妇昨见淑妃,仍不愿说脱离二字。其戚两人自任可代办脱离事件,要求发还平日

---

① 张士骏前往文绣寓处而约冯国璋的孙儿媳妇导引,似能说明两个问题:一是文绣很可能住在袁世凯七姨太的娘家兄弟家;二是文绣或文珊平日与袁、冯眷属有来往。
② 经查,文绣声谓法院调解的"副状"全文如下:

为声请调解事,声请人前于民国十一年经逊帝溥浩然纳为侧室,九年以来不与同居,平素不准见面,私禁一室不准外出,且时派差役横加辱骂。盖以声请人生性戆直,不工孤媚,而侍役群小遂来为进谗之机。溥浩然虽系废帝,而颐指拿使惟我独尊之概,仍未稍减于昔日。声请人备受虐待,痛不欲生,姑念溥浩然具有特别身份,为保全其人格名誉计,不忍依照刑事程序起诉,理合声请钧院俯予调解,令溥浩然酌给抚养费,异后各度以保家庭而弭隐实为德便。谨呈天津地方法院。

③ 一九二一年溥仪选妃时,载洵极力为敬懿太妃奔走,主立文绣为皇后,为此曾与举荐婉容的端康太妃和载涛争执。这里透露,文绣入官前曾在载洵的府上住了一段时间。

所用衣饰，并给费用。当答以此事本人不肯说出，旁人能负此责任否，彼称其戚自任代办，当然能负责任，须再与其戚接洽一次再来回话，未云彼方见报载文绮书甚怒，指为有助杀损誉嫌疑，已另延律师与之起诉，即答："此层不在我们讨论范围之内，可以不问。"

七月十九日（9月1日）

复朱少保函，告以载洵恐无能为力，文绮两致书其妹，具见血性识力，但彼方已指为助杀损誉，欲与成讼，若我再招来商同挽救，彼必诬为一切皆受人嗾使，非徒无益，而又害之。可由京设法接晤嘉勉，听其自行来津向乃妹开导，或者有效，亦未可知。即付快邮。

傍晚，林荣、林廷琛来言，张士骏顷晤，据云其戚二人来称：已见淑妃，虽未说脱离二字，却已愿该二人代为谈判——一、要求脱离；二、给予所有衣饰等物；三、索费十五万元等语。此事即由其戚出面负责，自可按所提条件商办。

荣等所提各节自当转达我方主人，苟有照此条件商办之意，必得见淑妃本人问明真意是否如此，再为着手进行。士骏亦不能更有异辞。

顾续言报载文绮两书颇与调解有碍，彼方已有相当对待等语。荣等答以"此事系其兄妹关系，与我方无涉，不能过问"云云。余告以须明晨入请进止方能答复。林荣、林廷琛允明日到园候信而去。

七月二十日（9月2日）

到园，即入见。陈明林荣等昨见张士骏，据称彼方由戚属宣言代表负责提出三条件各情。因言事关重大，拟请宣郑孝胥等同对，妥商应付之法。蒙上允之，时陈曾寿尚未来，孝胥奉召入，余复向之详述一切。孝胥谓："此事非他人听能代表，须林荣等亲见淑妃，问明本人真意，果其志在脱离，再议办法。"余极赞其说与上意同。

退下即电约林荣、林廷琛来处，由余述旨，告以昨虽据张士骏声明，据彼方戚属代提脱离条件谓"本人略已同意"。未经本人口说，我主人究不忍遽从摈绝,须再由我方律师与约亲晤淑妃面谈,再看与昨言是否相符。果本人亦愿脱离,方可商酌允否,林棨等亦极谓然。

两林去后,见《新天津报》载淑妃答文绮一书,显系律师手笔,支离怪诞,可愤可骇。

正午,载涛、广寿、爵善自京奉太妃面派来津慰问六飞①安否并传谕:"淑妃事意以和平调解为是。"

入见时宣臣同入,承旨将连日往过一切情形缕晰告知,载涛等亦请召文绮来,企望设法挽救。蒙谕:"彼招文绮为我利用,显腾报端,此时自不便招之,使前更添痕迹。"臣因言明已函致朱益藩设法访晤文绮,表示同情,倘能自行来见淑妃,面为开譬,或较有益。可否由载涛等一并接以礼貌座,文绮亦必勇于自任耶。承谕:"我亦愿文绮能来,但恐难于收效耳,姑试为之。"退出,已申初矣。得林棨等函报,已晤张士骏,明日下午亲见本人!

七月二十一日(9月3日)

陈曾寿入见中宫,退下传谕:"我方律师如再见淑妃,务问明皇后平日虐待有何证据,否则胡某记载,恐后人见之诸多不便"等因。伏闻不胜愧悚,连日故意调护消弭,乃复有此。倘谕呈览,不肖信义末孚,心知惧矣。

七月二十二日(9月4日)

陈曾寿函托请假一日。

入对,陈明林棨函,告淑妃改今日午后见。拟言其切实声明,彼方虽有人代表提出离异办法,而上意究以此事非本人口说,仍不忍遽从屏绝,须面证是否真意,有无决心,再行商夺。并述日前太妃派载涛等三人来慰问皇上,对于淑妃亦极关②。来人可否相见?须得答复或者以情动之,万一有回头之想亦未可知。倘竟表示决绝,毫不为动,真所谓无可奈何!彼时再请进止办理。

得旨:"可行。"

---

① 即圣驾,取"六龙驾车"之义。
② 疑此处落一"切"字。

代陈曾寿乞假，因及昨日曾寿所传淑闱谕，日前上命将淑妃出园后经过事实记出呈览，刻不敢率尔载笔，可否俟办有头绪时，请派陈曾寿纪载庶愈昭翔实。

承谕："皇后向来疑心最多，我所深知。实则此次非汝处理公明，近日已不免生出许多枝节。岂有随意记载之事？汝万不可存在心上，将来即交陈曾寿纪述亦无不可"等因。仰荷曲加体恤，感刻曷穷！

午后……林棨来言：两钟后张士骏、李洪岳来，同赴法界六号路八十三号庞纳富律师事务所。淑妃偕其妹文珊出见，手持衣物单四纸问："今日必欲见我何意？"当答称："日前张律师来云，有贵戚二人代提要求脱离条件。此事断非他人所能代表，提议随经转达皇上，究以不出本人口说仍不忍遽认为实行决绝。因今面询是否真意，已否决心。"妃云："脱离一层，如彼方赞成，我亦可赞成。"答云："顷已述明：上意须问明本人主诣，自无赞成之理。"妃云："实则上久无情无义，现尚有何不忍？我当有许多话暂不宣布，所谓家丑不可外扬。既如此相诘，我即要求脱离：一、所有衣物开单在此，应照单给我；二、需给费十五万元；三、照此三条办到便可无事，否即法庭相见再说。"答云："现仍徇此方调解之意商询办法，不必遽提法庭相见。但闻脱离条件是否决定？如已决，此后面商办法抑交律师代办？"妃云："可与李律师商办。"答云："委托律师何人系此方内部之事。既云与李律师商办，是否从明日起，张律师即无权说话？因连日皆与张律师接洽，不能不先问明。"李律师即掺言云："靡有的事，我们仍系共同办理。"林又云："尚有一事令我代达，日前太妃派载涛、广寿、爵善来津慰问皇上，对于淑妃极为垂念，来人可否一见？"妃遽答："不见！见亦无话可说！"张、李两律师反谓："来人出自好意，非见不可。果有委曲，正可向之声诉，何以不见？"妃云："如太妃来，我尚可见。此辈见亦无用。"林云："岂有太妃七十多岁老人自行来津之理？来人可见则见。"张、李两律师劝之尤力，妃云："我尚须考虑，缓日再答。我方所提条件是面律师面达皇上定夺？"林答："向由管理办事处胡某承转。"妃云："大臣只问国事，此乃我之家事，非诸大臣所能管，汝若面达皇上或较好说一点。"答以："园中办事向有一定程序，无论如何承转，当然有人负责。我所说皆系皇上本意，说一句算一句，不必过虑也。"妃遂无言，面交衣物单四纸，仍由张、李两律师同车至张士骏宅小憩。因语以："据我个人推测，淑妃所提条件，第一条既出本人决心，上或者亦可勉许，有无另提条件则不敢知；第二条闻有曾在宫内未及取出者，有为淑妃陆续携去者，事实上原有衣物本已无存，何从捡付？第三条园中近状极窘，安可得此巨款？事实亦办不到。"张士骏闻索款无出，词气至为不逊，李洪岳转好语慰解之，此今日谈判经过之大略也。并交衣物单四纸。林荣去。

七月二十三日(9月5日)

入对，详陈林荣昨见淑妃面提脱离条件各节。请宣郑孝胥、陈曾寿、溥修同入，妥商办法。即蒙召，郑孝胥等三人同上。

承谕："细述林荣昨见淑妃情形，俾孝胥等知之，应否照允各抒所见，候夺。"臣详述毕，孝胥即云："彼方对脱离一节已经自行硬办，尚有何法？"嗣瑗云："此等岂一方硬办便能算数？不过不允，彼又作何？富相许之太易，又何免其要挟！"溥修云："事已至此，不允彼必起诉，更多不便。"嗣瑗云："不得已，或可允其脱离，但须提出条件，一、不得另嫁；二、须回外家①，不得在外随便居住；三、此后不得有损及主人名誉行动。若必均能照办，再请酌给费用；否则彼所要求第二、第三两条，当然不能成立。庶免动为所挟。"承谕："大家以为如何？"孝胥，溥修意均赞同，曾寿默然。上再问之，亦答称："只可如此。"前议定三条告知林荣等往达彼方，立候确实回复。

顷呈淑妃所开衣物单回纸，仍奉交下。陈曾寿奉中②召见，垂问一切退出。有中使③传谕，命曾寿将淑妃衣物单照抄呈览，余不能却也。曾寿抄讫，溥修谓："须呈上转交方合体制。"曾寿乃唤奏事员呈请进止。

……闻郑垂言，沪报载淑妃事。索来一阅，由电话问朱益藩；"已晤载涛否？文绮曾否访见？"据云；文绮已见，自愿来津。当告以即来固好，若再缓来

---

① 外家指文绣娘家。
② 中指中宫婉容。
③ 中使即婉容的用人，奉命传谕。

亦无济。

候至四钟，简问林棨等消息，据复对方张、李两律师同来，告以所提三条承诺转达，明日必有确实答复。

七月二十四日（9月6日）

下午，至歌舞楼应溥修之约，七钟归。适与林棨等相左，饭后特往春和觅之，得晤。据云："彼方律师张士骏来称，我方所提办法，第一条与淑妃本志相合，当然力全名节；第二条回住外家亦属必然之事；第三条不但上之名誉要紧，其一己名誉尤为要紧。所有三条办法均可照办云云。当允即照转达，明日答复。"林棨等约来日十一时来园候信。又据云淑妃许见太妃所派载涛等三人。

七月二十五日（9月7日）

到园，晤郑孝胥。知昨夕亦见林棨等，知彼方回话各节。孝胥意在商减费用数目，或先按月给息，俟有款再付本。余意此时若遽与专议给费多少，恐更不易收束。似应先问回住外家，须以外家至近何人为保障，如其余姻属皆不能指为外家之人。必此一条先有切实办法，其一、二两条乃不至徒托。其言而最要者"脱离"二字，系由彼自动提出，岂能更限制我方，索款若干？倘有外家切实保障，届时再我方酌给用费，论情论理皆说得过去。

孝胥亦能坚执其说，因同请入对，一一陈明。得旨"届时可酌量给予用费，彼果始终保全名节，此后亦不能说再不资助。据所述云云，亦殊觉其可怜"等谕。

孝胥仍以"先给利息，有款再付本"之说进，承谕："先给利，恐彼不能见信。不如一次提给若干，较省枝节。"臣言："诚如圣谕，如无本，安得利？自以一次提给若干为是。此时尚不宜遽与说明，总看外家有无切实办法，再决进止。"仰荷俞允"照行"退下。

林棨、林廷琛来，即如在上前所议详告之。……并遵谕电告载涛，转约广寿、爵善即来津往见淑妃。据云，明早车可来。

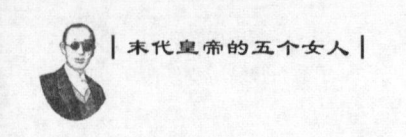

七月二十六日（9月8日）

午刻，载涛、广寿、爵善自京来，又与详述交涉情形。当约林棨、林廷琛到处，订明两钟许往见淑妃。届时二林陪三公先至张士骏宅，同行抵法人庞纳富所。淑妃一人出见，律师相继退出，坐谈约五刻余。余与陈宝琛在直庐候至五钟，涛邸等五人方回。

据云：淑妃见时痛哭，历述宫中苦境。至六月初七日受李志源[1]凌逼各等情娓娓千数百言，不能悉说，而最要者始终谓"脱离"二字，决非本人之意。"但求别居、给费等条，办到于愿已足。若必强之再入行园，则断断不能。"涛答："所索费用五十万，事实上何从取办？"妃云："嫌多即减半亦可，须知此项岂能用尽？仍为皇上所有。倘真无现款，便给内藏物品亦可。物品可随便赏给随侍人等，何独不能给我？"云云。涛答："现款纵减半亦办不到，物品有无亦不敢知。窃为妃计，总宜有一转圜之法，曷同诣太妃面陈一切？"妃遽云："我不去！果有办法后，我可往见太妃。彼时皇后亦不能拦我，如有话可与张律师接洽，由我亲笔写出条件可也。"

说到此遂辞归，看此情形，本人决不愿办脱离，自当从另居一层办去。林棨因追述二次面见淑妃，问明自提脱离条件，并交所开物件单各节。今日既自已否认"脱离"二字，自应以最后决心为准。但淑妃既说亲写条件，俟写出后方可进行。涛邸虑由律师传说，恐虽亲写亦不免掺入他人意见，遂商定明日再由涛邸面见淑妃请写条件。即嘱林棨电告张士骏达意。

七月二十七日（9月9日）

到处，同郑孝胥入见，陈明载涛等昨见淑妃情形，既自行否认"脱离"二字，当仍从别居一层另商办法，请俟载涛等少迟来面奏后再议。……载涛、广寿、爵善先后到，载涛先入独对甚久，旋叫广寿、爵善及余与陈曾寿同入见，伏闻上谕颇以淑妃所提条件前后反复为怪，陈曾寿对："此非反复，当系良心激动。"臣言："现经淑妃否认脱离，自应从别居另商办法。则见上意显以别居

---

[1] 即溥仪的随侍李国雄。此人后来跟溥仪到伪满，又一起被苏军俘获，从伯力收容所到抚顺战犯管理所，一九五七年获释，现居北京。

为不便,臣因请由我提出条件,先令随侍太妃赴平居住,似亦救济之法。"

承谕:"此层办到,必须加以惩处,不能再有更易。否则人多言杂,迄难定议。"

载涛遂请俟招律师来与商酌而退。饭后林廷琛来云:张士骏顷到事务所,面称已问彼方,据答昨日话已说完,何必再见!士骏因诡称:"因载涛等昨据所言电达太妃,回电当应转之语,故须再见。"适彼有律师皆到,戚属咸在,不便深说,先退。若改明日,必可办到,等情。涛邸闻言遂亦不愿再见,一切仍由两方律师商转。

面告林廷琛别居种种窒碍,而脱离一节彼既否认,我尤始终并无此意。廷琛因言:照此推测,似须名为别居而实系脱离。涛邸力赞其说,由涛自请独对,言之退云:上意别居须彼母家有可靠之人保障方妥。涛云:淑妃与其妹相依为命,当然其妹与之同住(此层敝意极不可能),至给款用收利办法而上意不如一度给予若干较为直截等语。

余谓:"条件尚须妥商,总之别居必得外家妥人保障,势所必争,给款万不可令此次阴谋诸人诈骗分用,须有切实保存之法,否则转手即一文不名,试问彼时何以处之?涛邸亦无以答也。当经涛邸面嘱林廷琛,电话转致张士骏,今日既未商定,即可不见,统由两方律师接洽。

两钟回寓小憩,三钟后林廷琛到寓,手持淑妃亲笔致涛邸一函[①]由张士骏转交者,因觅涛邸及广、爵两公均不得见,特来约余同诣涛邸。门者告以他出,不知所往,留字约今日必得一见,明早车万不可即行。又同访广寿、爵善于息游别墅,则晚车已回京矣。廷琛将淑妃函交余暂收,悯恫回寓。

---

① 次日载涛再度要求面见文绣,却被拒绝。经张士骏律师,文绣转给"涛七爷"一封短信,内云:
七爷鉴:

顷闻张律师谈及今日再继晤谈,所有苦衷详情业于昨日尽情奉闻,愚以身心郁丧实难如命,祈与张律师直接榷商,想亦无不便也。余无续言。顺颂近佳。

信尾钤有"文绣印"的名章。

七月二十八日（9月10日）

上电促涛邸到处，开视淑妃手函，仅不允再见，一切嘱与张律师直接榷商，并未写出条件也。

当约林棨、林廷琛来商此后进行调解办法。郑孝胥云：彼既嘱与张律师直接榷商，当然继续所提离异条件办理。"余驳云："昨日淑妃面告涛邸，否认离异一说，现自应问明究愿别居，抑竟脱离，方可说到办否。则恐彼转谓脱离系我方愿办，要挟更多。"孝胥未听毕，匆匆去。林廷琛云："可否作为我方律师个人意见，语以名为别居，实则脱离，良为顾全彼此体面起见？"余谓："此亦不可遽出诸口，使我仍有偏重脱离嫌疑或为所挟。"林棨云："彼方忽主别居，忽主脱离，条件均系本人面提。昨忽否认脱离，又愿别居，莫衷一是。似宜请本人将决定宗旨写出，再商办法。"陈曾寿颇因其说。林廷琛谓："似此徒延时日，恐生枝节。"林棨云："不必先要本人写出亦可，但须问张士骏，脱离条件由彼方提出进行协商已经数日，今若仍愿别居原无不可容纳，顾别居并不断绝关系，自不能再有条件。简言之，无条件之别居方可照办。"涛邸云："此说彼不允，奈何？"余云："彼纵不允，亦断不能如最初条件，但办法尚可接近。届时我亦当提出条件，促其就范。"于是，众无异议。

余入对，呈览淑妃致涛邸函，并陈与载涛等协议情形。得旨："即照所议，由林棨等再与前途①接洽可也。"退下，林棨、林廷琛约陪载涛在大华午饭，饭后回寓小憩。

七月二十九（9月11日）

……淑妃事有可虑者三层，而苦无办法也。

夜间林棨、林廷琛来寓言："廷琛今早见彼方律师，李洪岳。则谓此事以脱离为宜，而张士骏又云，脱离、别居请我方酌择其一等语。"林棨颇不然其说，谓淑妃既自行否认脱离，又函致涛邸，嘱与张律师直接榷商，今李律师忽以个人代为主张，而张律师又谓两层由我酌择其一，皆非正办，应仍问张

---

① "前途"即对方，这里指淑妃。

律师前途究定何项宗旨。由渠负责进行，方可与之谈判。余甚韪之。

八月初一日（9月12日）
淑妃事仍如昨议，先问张律师决定趋向，再商进行。蒙召见，一一陈之。

八月初二日（9月13日）
电询林棨，据答昨觅张律师未得见，今当再约时访之。

林药来言：顷与张士骏通电，彼仍决办脱离。谓我所开三条，一一照办。第二条已觅得外家侄男，可与同住。专候我方表示，不可再为拖延，约明午后一钟答复。许以明早入请进止，可到园接洽。

八月初三日（9月14日）
与郑孝胥同入对，陈明林棨昨与张士骏所谈各节。承谕"脱离二字究仍出律师之口，我心终觉恻然不忍"等。因窃以彼方律师负责敦促自不便再与推延，拟照谕传知并先问外家侄男何名、年岁若干、有无职业、果能保障与否，再与徐商条件。其请发还衣、饰物品，经已说明，尽现存者尽数与之，或不至有刁难。惟索费数目较巨，自应告以"脱离"出自彼方要求，不得提出索费数目。我开三条办法果能照办，应由上酌给费用若干，此节须请先示约数，便告林棨相机交涉。

郑孝胥云："内帑如无现款，可每月酌给二三百元作为息金，俟有款再拨本。"余谓："如不脱离而仅另居，可提出专款存放生息，只准用息，不得动本，但亦须有存款的数。至脱离则系一度给费若干，仅许用利，已办不到，况无存款的数，岂能与之开议？"孝胥语塞。上已了然，得旨："可予备一次给予三万元，再多，实无此项财力矣。"

随又论及淑妃此次变故，窃窥上意诚有难言之痛，而深不满于中闱之不容，久积猜嫌，以致横决，语次不胜感叹。臣等何敢置辞？孝胥突云："祖宗家法，今日是否适宜亦是疑问！"余斥之曰："祖宗家法何者不宜，当我辈所敢妄议？今日但问家法能行与否，何得轻议其非宜？"孝胥竟敢于上前訾诋孝钦，指为女娲。余不得不举同光两朝垂帘主事，实迫于势之不得不然，而归责于当时大臣无人，致酿成两宫之衅。但请示宋英宗时果无韩琦其人者，则母子之衅早成矣①。孝胥嘿然，上却首肯。又请派济煦同笔帖式永惠②，先到淑妃旧住楼上检视所存物件，开一清单备发。得旨："可即传知。"退下，林棨已来，因同孝胥如在上前所问答一一告之。

林棨来言：顷由电话向张士骏传上意，据答称已同张绍曾、李洪岳见淑妃，开出别居、脱离两种办法，全权委托律师代为择定。脱离一层尚望我方爽快表示，最好再由林律师与淑妃一见，以免怀疑等语。余意彼既愿我方律师再见淑妃，自以见面问明所定办法再商进行条件。棨请俟林廷琛明日自京回，后日往见。余许之。

八月初五日（9月16日）

……又陈③林棨等与对方律师约定，今午后二时见淑妃，大势已转趋脱离一层。俟见后恐须进商条件矣。承谕；"事已至此，只可照脱离协商条件。"

退下，即与广寿，爵善言之并述淑妃事近数日经过情形。

林棨、林廷琛来言：顷到张士骏家，张绍曾，李洪岳皆在，临时谓淑妃不能见，由其妹金文珊来见。棨等云，再见淑妃之说本系对方律师发起，今忽以金文珊代见，万不能迁就，即毅然答以："淑妃不来，实无见其妹文珊之理，只要贵律师等对于脱离一层确与本人决心委托代为负责，即暂不见本人亦可。"张士骏等均答称"确能负责"。似此情形可否即与协商条件，许以明早面请进止再定。

八月初六日（9月17日）

到园，同郑孝胥入对。陈明林棨等昨日未见淑妃与张士骏谈话情形。拟

---

① 宋英宗为仁宗养子，嗣位后与曹太后有猜嫌，幸赖韩琦从中排难解纷，才使母子得以和解。事见《宋史·韩琦本传》。
② 毛永惠，是静园内在庶务处掌管文书、收发事务的办事员，当时称为"笔帖式"。此人后来仍在伪满宫内府的内廷司房中任职，因不堪溥仪的暴虐而于一九四二年逃跑。
③ 胡嗣瑗入对已陈述了几件事情。

先饬与协商条件，俟有眉目抑或不能就范时再请亲见淑妃面谈一切，以免彼又借口我方延宕另生枝节。承谕："可与先商条件。"

林棨、林廷琛来，即述上意，先与对方协商条件。广寿，爵善来，并嘱与林棨等面询日来真相，以便转奏太妃。

八月初七日（9月18日）

接林棨等函称，昨商办法已告张士骏转达。但彼要求我方所查淑妃物品单须先交一阅等情。饬济煦将单迅即开来。入对，一一陈之。得旨："物品单可先交去。"

退下，即嘱济煦持所开物品单两件——一屋内所有，一库内所有，并淑妃来单四纸，往访林棨等面交，可告以连日检视经过实状。

林廷琛来言：顷见张士骏，将物品单两件面交。据云：原索款数，暂请保留，俟淑妃见单后再商增减。

八月初八日（9月19日）

下午，携家人到春和①听剧排遣，与林棨相遇。据云张士骏电告：淑妃见单内所短物品颇多，拟不领回，请折银五万元，原索费用十五万元，可减为十万元。余答以物品照检，实存此数。至珠翠饰品如何运出，淑妃当自明白。倘仍在物品上纠缠，则我方应说之话甚多，非不能说，不肯说也。似可止则止。至费用一节，既由彼方要求离异，岂能更限索费数目？我若财力有余，便多给亦未为不可。刻实只能办到三数万，难再增。可再与切实交涉。

八月初九日（9月20日）

……复又承垂询淑妃事近日谈判情形，谨举昨日林棨所述彼方要求及所拟答复各节，一一陈明。承谕"所答极是！但此事能了总宜早了"等因，退下。

夜间独往春和听戏，晤林棨，知今日觅张士骏不遇。

---

① 天津某大剧院。

八月十一日(9月22日)

凌晨，林棨到寓云："昨日张士骏电话称，物品折价可减至一万元，索款十万元则不能再减"等话。经答以："物品折价一说万难成立；至给款，如必要求十万亦断办不到。"彼云："如不能照允，调解必至停顿。"又答以："事实上万办不到亦无可如何，姑俟将所谈情形转达后，约今午后一时许答复。"

余到园即入对，详陈之，得旨"此事总期得了即了，不可使其涉讼。前拟给三万，或再加一二万亦可，至多至五万之数，无可增矣"等因。臣因陈："本月胞兄嗣芬七十生日，拟乞假赴宁省视。"承谕"淑妃事尚未了结，又当辽变①突来，一切皆赖汝妥为筹划，急切岂能远离？可函汝兄，俟各事略有头绪，再行前往"等因。

退下，林棨已到，即照上意密告给款限度，万不可脱口许加。宜先诘每月生活究需若干，若得二三百元必敷用度，倘要求过分，论理固不许，论势亦有所不能。只可听其所为，不得已，另筹付之法也。

朱益藩来，与详谈淑妃事最近办理情形，嘱回京转奏两太妃鉴及之。

八月十二日(9月23日)

林棨、林廷琛来云：昨晤张士骏，已照所嘱酌告之。辩论颇长，最后允为求加数千以至一万或可办到，彼愿转达当事者，有三日内必须办妥之语，约今日午后回话。拟到时听其来否，不必催询，以示我方并不汲汲略予掺纵等语。

八月十三日(9月24日)

入对，陈明吉林解款并淑妃事近两日交涉情形。

午后回寓接林棨等函告。张士骏尚未回话。

八月十四日(9月25日)

---

① 是日为"九一八"事变之后第四天，日本军国主义者侵略我国的一声炮响，便吸引了溥仪的高度注意。

林棨等……又报告淑妃处昨未回话,均得旨"知道"。退下,林棨傍晚来言:张士骏顷见过,云已向淑妃转达一切,并力劝不必坚持初议。其包围人等尚复怂恿力争,意在分利。经怒责之,刻下淑妃允照我方单开物品领回,不必折价。索款减至八万,决不再少。若我方不肯照允,士骏亦难为力等语。答以:"款已许至四数,至多不能过五,即此数尚须设法措借,不知遽能应手否。过此更无从着想矣。心力俱穷,理应共谅,可善为磋议,终能就范方好。"

八月十五日(9月26日)
林棨来,当嘱仍照昨谈办去。

八月十六日(9月27日)
本日与陈曾寿论事略有看牴牾,据问淑妃事最近交涉情形,既详告之乃云:"此事照此了结恐更有他变。"意盖指中闱。佘深不解,此事果措置不合,亦可各抒所见,区区何敢胶执己意!何以照此了结遂恐更生他变?万一如此,岂不肖所当任咎?实属一人之大不幸矣。试问又有何术挽救弥缝?曾寿又云:夏瑞符有言"再有变端,正经人决不在此留恋"却是有理云云。若然则我辈之坚忍支撑皆是顽钝无耻,必如瑞符之一去不顾方算高不可攀,余不能不力辩其非,未免少见声色。

林棨来言:"顷晤张士骏,告以两日来尽力商措给款,至多至五数,实属加可无可加。"彼云:"毫无可加,便起诉耶!"棨云:"我固不愿起诉,但财力只能办到此数,过此真处于无法可想,又当奈何?"彼沉思良久,乃云:"屡闻上对淑妃并未决绝,然则曷仍商别居耶?"棨云:"脱离系对方决定提出,我方实出于迁就不得已之所为。如可别居,即照现允之数存本用利,先赴太妃邸中居住,此外别无条件。自于淑妃极有利益,于上之体面保全亦多,不大胜于脱离后浮游无归乎?"士骏忽大感动,力赞其说,棨因与声明:今日所议,正文系款至五数,万无可加。贵律师既又云:"可商别居。"故有后一层办法,务望分别转达,不可含混。士骏领诺,约明午后回话而去。

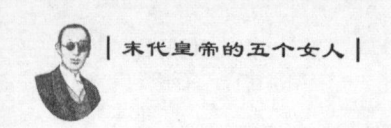

八月十七日（9月28日）

午后，蒙赐对。陈明林棨昨日来告与张士骏问答情形。窃谓："淑妃果能幡然改计，允赴京侍太妃同居，即照提五万元存本用利，此外别无条件，似面面均说得去。"承密谕："能如此，岂非委曲求全办法！但近日中宫且以脱离而又给款，时有不平之辞。实告汝，此人奇妒，种种奇想天开，不可情遣理喻。今日之局，直闹成彼归则此必求去，两害相较，只可听彼去而此留。目前暂可无事，惟汝知之而为我善处之。"

臣骥闻不觉悲愤出涕，此外，垂谕之辞及不肖密陈之语甚多，不忍记亦不敢记。此问答两小时许乃退小。归寓已三钟矣，心恍恍若有所失。

八月十八日（9月29日）

电问林棨，彼方尚无回话。

向夕，林棨来言：顷与张士骏通电话，问其两日何无回信。据云：内部捣乱，无法回信，因彼方闻其报告，忽尔大哗谓："八数万不能少，更须加索珠串翠镯等五事①"。士骏岂能代转？与之争论不听。拟即谢去不管，等语。历次接商条件士骏皆云淑妃本意如是，今忽翻三天别加条件，岂一向所云云皆士骏个人所主张耶？实不可解，等语。鄙意宜向士骏逐加质问，如真不可理喻，只可停顿听其变化。约明晨到园候请进止办理。

八月十九日（9月30日）

同郑孝胥入对，陈明林棨昨问张士骏复称各节。似此任意翻覆，我愈迁就，彼愈嚣张。拟饬林棨逐加质问，如彼词穷而仍不可理喻，只可暂从停顿徐观其变。郑孝胥亦赞同其说，得旨："可行。"

退下，林棨、林廷琛来，即如上意嘱其照办。

---

① "五事"即五件。

八月二十日（10月1日）

午后归，忧闷欲绝。林廷琛踵余至中原①楼上相见云，张士骏尚无回话，似不必紧迫作答。

八月二十一日（10月2日）

午后回寓。广寿、爵善自京来，面传太妃谕，问淑妃近日情形，因详述告之，相对嗟讶而去。

本日林棨电话报云：张士骏称昨独见淑妃，声明如取消另加条件仍照前议继续进行，自当承受委托，否则请辞。因劝以此事如果决裂，实无益处。妃云须再考虑，并与其妹文珊商之，迟日再答等语。

八月二十二日（10月3日）

电告林棨：须与张士骏声明，以彼方一味延宕，责有攸归。林廷琛来，复以此意面告之。廷琛以其白状纸二件请钤章交去。

八月二十三日（10月4日）

电话问林棨，知张士骏来称：昨向淑妃力辞调解，张绍曾、李洪岳又来坚留，因要求撤去另加索物条件，仍按前议进行方可承诺。经淑妃照允，并亲函托以全权办理。刻下所求者，所索八数丝毫不能再减，等语。

当嘱林棨答以我方所许五万，实亦丝毫不能再加。否则，限于财力，无可如何，只可静候彼方忖量办理。

余近午入对，陈明淑妃处交涉近情，愈急则愈难就范，未可再予松口。得旨："是。"

八月二十五日（10月6日）

电问林棨，据云昨答张士骏五数，万不能再加。彼谓"不加即无办法，彼惟有自请辞退等话。余答以："张士骏动云辞退，其退否与我何涉？但问五

---

① 天津的一家大酒楼。

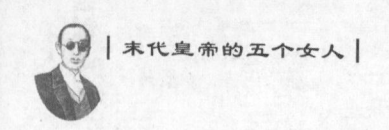

数是否成议，否则此间财力所限，只可听之。"荣云："今日下午当与通电为最后之接洽。"

八月二十八日（10月9日）

林荣来言：张士骏昨来，持有淑妃手开，内存珠宝、书画、古董单据。云："所索八数，如果现款不足，即请于现款之外给以有价值物品亦可。"此外或恐吓或软商，说话甚多，不能悉记。并谓"此八数者，在上何至再三计较！闻为载涛等所不赞成，因之耽搁许多日子"等语。此等无根浮词更不知何处传来，更不值一辩。

余入对，一一陈明。承谕："带来珠串等件都已变价，无可检给。可饬律师再与开导，不得已再加给现款若干，总以了事为主。"

退下，先以电话告知林荣，再与磋商。

八月二十九日（10月10日）

电话问林荣，知其未见张士骏，定今日午后二时晤面。

九月初一日（10月11日）

据林荣电告：昨下午见张士骏，话已照达。许以如能就范，或再求加若干，多不过五万一，办到亦未可知，过此即无能为力矣。渠许尽力去说，倘再不谐，彼亦不管云。俟回话再告。

余午后乃入对，陈明林荣电话所述情形。

九月初五日（10月15日）

电问林廷琛，知今日下午张士骏可回话。林荣赴京未归。

林廷琛来，不值，留函称：下午两次与张士骏接洽，对方已允照我方所定数目五万五千，惟须现金一次交付，并须于最短时间内办理手续，余俟明晨十时到园面陈，等语。此事或遂可收束耶。

九月初六日（10月16日）

到处即入见,陈明张士骏昨与林廷琛商定各节,即嘱该律师与之议办手续,应请予筹的款,如数拨付。得旨:"能如此了结,总算能顾大局,存款即到期,三五日当可提拨。"

九月初九日（10月19日）

顷据林榮电话,张士骏又以对方反对款项妥筹保管一条,士骏又欲辞谢不管。经榮驳诘,妃允下午再见接洽。因告林榮,此条原为对方当事人免受局外诈欺起见。彼如误会,不愿有保管之法,我亦毋庸坚持,免生枝节。

九月初十日（10月20日）

林榮来,交阅张士骏送到改拟条件,当就来协处一一指出,商定修改。

入对,一一陈明。得旨:"拟改处均甚妥,存款尚有六日方到期,约一星期准可拨付。"

夜二更已就寝,林榮乃来,言稿交张士骏,将应改各处开一清单与之,据称可照转,惟款须签字即付。榮答以"非一星期不能措齐,或先付定期支票"。彼又云:"我方代表须有主人委任手敕证明不可。榮答以:"盖用办事处小章,决无差错。"彼均允照达前途,至淑妃自出手函一节不愿照办,但于收到款项、物件各出收据,于条文内注明等语。余亦权宜许之,榮云:"俟彼方商定回话。如上午各件缮齐,下午即可签字,支票须随带前往,统容明晨电话接洽可也。"

九月十一日（10月21日）

林榮电话告知:张士骏顷间电称代表签字须我方律师去函证明,如现款已有若干,可尽数先付,余再填给支票。答以函证可酌办,现款一文俱无,非全数填给定期支票不可。榮又云:彼方定今日下午六钟签字,支票须带来。余一一诺之。一面促济煦速办支票事。

……济煦来寓,交到支票两纸:一、二万五千,定十六日取;一、三万,定十九日取。

入夜，乃得林棨等函告：彼方以文件未缮竣，改明日午后一时签字。

九月十二日（10月22日）

午前，入对。陈明淑妃事改今日午后一时在林棨等事务所签字。

午后一时，林棨以汽车迎余先到事务所，少候，淑妃偕其妹文珊，律师张士骏、张绍曾、李洪岳均到，与余隔屋不相见。

林棨、林廷琛先与看明所写条件与底稿相符，物件单与原单无异，示以证明我方签字人函件均无他说。

由妃先在对屋一一签字，条件共缮四份，由双方及双方律师分存之，各附物件清单，余仅就条件后一一占位签署毕。

妃亲书收到给款据，声明正金定期支票二纸，如届期该行拒绝支付，应请换给现款字样。签名盖章讫，余乃以付款支票二纸交林棨转付，遂分持条件各散。

余即到园，入见。面缴条件①、收据②各一件，物件单二本。仍请属下饬

---

① 经查"条件"原稿尚存，内容如下：

　　文绣与清皇室主人脱离关系一案，兹经双方律师调解，议定条件如左：（一）文绣自立此约之日起，即与清皇室主人脱离关系；（二）清皇室主人于本件签字之日，给文绣一次终身生活费五万五千元（付款另有收据）；（三）文绣于本件签字之日即将所有随身常用物件（另有清单）全部带走（付物时另有收据）；（四）履行二、三两条件之后，文绣即归北平大翔凤胡同母家独身念书安度，绝不再向清皇室主人有任何要求；（五）脱离之后文绣不得有损害名誉之事，双方亦不得有互相损害名誉之事；（六）文绣将天津地方法院调解处之声请撤回，此后双方均不得发生任何诉讼；（七）本件自签字之日生效，共缮四份，双方律师各执一份。

　　在该条件后有三方签字画押：首位为"清皇室主人代表管理驻津办事处事宜"胡嗣瑗，次位为"立约人"文绣，再位为"公证人"系林棨、林廷琛、李洪岳、张绍曾、张士骏五位律师。落款时间：民国二十年十月二十二日。

② 文绣手开的物件收据亦存，内容如下：

　　兹收到清皇室主人给予文绣所有随身常用物件，按照字据附单全数，此据。

　　　　　　　　　　　　　　　　　　　民国二十年十月二十二日

　　　　　　　　　　　　　　　　　　　　　　　　　文绣

济煦于明早先将物件点运吉野街空屋内,再饬彼方来人搬取,较为方便。

承谕:"即拟旨废淑妃为庶人。"因请明晨再办。回寓已四时矣,心中乃大不怡。

附录二 历史不能在戏说中延续

二〇〇四年以后，荧屏上出现了较多关于末代皇帝溥仪后妃的影视作品，其中有一部分以"历史正剧"为名"戏说历史"，真名实姓地丑化历史人物，惹怒了亲属后人，把一段严肃的历史"言情"化，误导青少年一代的视听。

在某些重要情节上，这些作品臆造故事，描写低俗，亵渎历史，不注重教育功能，不尊重前人的研究成果，以极不严肃的态度对待一些重大的历史问题。

作为政协委员，我就此问题向长春市政协领导反映了情况，并建议国家广电总局"采取措施，停止播映"，得到政协领导的支持。

我的建议被迅速呈送省政协和全国政协，又立即转给国家广电总局，引起高度重视，对此我深感欣慰。作为长春市政协常委和以溥仪生平及其时代为研究方向的吉林省社会科学院研究员，我理应尽这份责无旁贷的社会责任。

我们在大历史前提正确的情况下，做一点艺术上的发挥是非常正常的，不存在歪曲的问题。"问题并不在于虚构了细节，而恰恰在于"大的历史脉络"是否真实，"大历史前提"是否正确。

用文艺作品来反映现实生活这个观念已经深入人心，有些人看历史剧的时候，甚至把它当作教科书来看待。那么观众对历史剧应该如何去认知呢？既然是历史剧，就应当允许人们通过它了解历史，感受历史。然而，它毕竟是"剧"，不能等同历史，更不能把它当作教科书。

现在很多影视剧创作人员把目光投向历史题材剧的编写及拍摄上，其中

《溥仪的后半生》（天津人民出版社1988年出版、人民出版社1999年出版）书影

涉及的所谓历史原貌就遭到了很多史学专家的质疑。那么，如何看待历史剧文学创作与历史真实性的关系呢？

　　历史真实，首先就是历史大背景，那段历史的时代特征、社会环境、重要事件和真名实姓出现的历史人物等不可虚构。当然，史学界会有不同见解，所以要写历史题材的文学创作，比方历史剧，首先就要研究那段历史，真正弄懂那段历史，吸纳最新研究成果。

　　长期以来，我们习惯把历史剧分为"正说"和"戏说"，并习惯把历史正剧所说的内容当作历史真实。其实，不论历史正剧，还是戏说剧，就是风格不同，并不包括历史态度。一部历史题材的文艺作品，一部历史剧，就是不可以伪造历史。

《末代皇后和皇妃》(长春市政协文史委1984年出版)书影、《末代皇后和皇妃》(吉林人民出版社1984年出版)书影

电视作品的任务,不仅是让人们娱乐,更重要的是要给予人们科学知识,给予正确引导,培养优良观念,这才是第一位的"教育功能",是不可以忽视的。这样,我们的青少年一代也才有可能生活在更加适宜于成长的社会环境之中。在市场经济环境下,有些影视作品为了有卖点,必然要有一些情节上的虚构,应如何把握好这个度而不与真实性发生冲突呢?历史文艺作品确实必须进行艺术加工,但艺术加工绝不是大张旗鼓地歪曲历史,虚构不符合历史时代特征的细节。写历史剧,首先要尊重历史真实,历史大背景绝对不能违背,在这个前提下,细节可以虚构。比如把当年发生在三个人身上的故事集中在一个人身上,以突出矛盾,加强戏剧性,是可以的。也可以虚构细节,但必须符合历史的时代特征。而且不能玷污古人,损害历史人物的名声,特别是涉及的近代人物,更要注意不能伤害其后代子孙的精神情感。

近年来,一些投资巨大的历史剧创作由于与史实有较大出入,在拍摄完成后又不得不进行大量修改,为影视剧的制作方带来了巨大的损失。那么,对历史剧的创作如何能做到尊重史实、合理虚构、尽量减少争议呢?

第一个环节在编剧。编剧要真正弄懂那段历史、背景、社会环境、人物心态等,把最好的精神食粮奉献给人民。

第二个环节在专家论证。一部投资不菲的历史剧,应当在拍摄之前进行

《最后的皇后》（日文版，日本学生社1991年出版）书影

《淑妃文绣》王庆祥 王震中著（黑龙江人民出版社1987年2月出版）书影

专家论证，以避免在重大历史事实、人物定性方面出现偏差。剧本在进行论证时要注意邀请相关领域的专家，绝不是那种泛泛而谈的伪专家。

第三个环节，也是关键问题，就是广电部门和文化部门应当严格把握好审查关。这不是小事，这涉及社会文化大环境、国家利益和民族利益。要把爱国主义作为文艺创作的主旋律，认真严肃地考虑作品的社会效果。

在这个环节上，也必须充分发挥专家的作用，比如在剧本报批阶段就应该附上专家意见。有些演艺圈"掌门人"就怕专家太古板，会限制他们"找卖点"，其实，专家可能侧重考虑深层次的相关问题，这是非常必要的，是不可以逾越的，"卖点"只能在"大原则"里边去找，应该是社会效益和经济效益相统一的作品。

规范历史剧创作，可以说已经刻不容缓，历史不能在戏说中延续！广电总局负责同志曾对媒体记者说过，所有的影视制作公司都要慎重，不能随意篡改历史人物，如果改编甚大，那就不要冠上历史人物的名字，否则会对观众造成误导，长此以往，肯定会造成观众的反感。

近些年来，荧屏上出现了大量的历史剧，人们在关注历史剧的同时，也更关注那段历史，于是就有了历史剧与历史真实性的讨论，应该说达成了一定的共识，那就是，历史剧要在尊重基本史实的前提下进行细节虚构，要规范，要建立由相关领域历史学家把关的审查机制，绝不能粗制滥造，篡改历史。这就是这场讨论能够带来的社会意义。

（2004年6月20日写于长春）

附录三　国家广播电影电视总局电视剧管理司给王庆祥复函

王庆祥同志：

你关于以历史题材的影视作品应"尊重历史、净化荧屏、防止误导观众"的信函材料收悉，感谢你对电视剧事业的关心与关注。

电视剧作为人民群众非常喜爱的一种艺术形式，已经越来越被人们所接受并且进入了千家万户，我国已经成为电视剧的生产大国。电视剧的播出，丰富了人民的文化生活，普及了科学文化知识，弘扬了中华民族传统美德，振奋了民族精神，展示了国家改革开放的精神面貌。但是应当看到目前电视剧的创作的确还存在一些问题，我们也正在加以纠正。国家广电总局近期颁布的一系列有关文件，在尊重历史、净化荧屏、防止误导观众、遏制胡编乱造等方面作出了明确规定，目的就是要为电视剧的创作营造一个良好的氛围，让广大人民群众看到更多更好的电视剧。我们欢迎各界人士对我们的工作提出积极的建议。你的信函我们已转告相关制作单位，请他们予以注意。

再一次感谢你对我们工作的关心和支持。

国家广播电影电视总局电视剧管理司（公章）
（2004年6月7日）